現代思想の冒険者たち Select

レヴィ＝ストロース

構造

Claude Lévi-Strauss

渡辺公三

講談社

本書はシリーズ「現代思想の冒険者たち」20巻『レヴィ＝ストロース』の新装版である。

装丁——高麗隆彦

まえがき

当時は新進のある鋭い人類学者が二十年以上も前に、レヴィ＝ストロースを、個人として取り上げるに値いする今世紀ただ一人の人類学者と断言した歯切れのよい言葉は、人類学見習い中のわたしに鮮やかな印象を残した。本書はこの言葉にわたしなりに内容を与える試みとなった。

レヴィ＝ストロースにおいて、人類学はいかにして思想となりえたのか。もちろんこの問いは人類学は思想でなければならないということを意味するのでもなく、思想という言葉についてあらかじめ共通の了解があることを意味するのでもない。という以上に、人類学という限られたディシプリンの保護枠をはずしてしまったら、一人の研究者の探究の軌跡からどのような普遍的な意味が残されうるのかと問い直せるのだろう。

それはあるディシプリンに全く関わりのない他者に向けて、その研究者が何を発信しえているのか、さらにいえばその研究者がどのような他者のイメージを描きながら探究に従事しているかという問いであるともいえる。それは自然科学は別としても、人文科学にとっては基本的な問いであろう。

いわゆる「構造主義」の思想家としてのレヴィ＝ストロースのデッサンを始めてしばらくして、わたしはレヴィ＝ストロースの探究の源泉の一つはまさに「他者」をめぐる問いにあるのではないかと感じるようになり、やがてそれは本書を書くための導きの糸だと確信するようになった。その問いは裏返せば、わたしたちがわたしたちだと信じている根拠は何かという問いでもある。哲学とは異なった、開かれた場所からこの問いに答えようとした、それを開かれた問いに変えようとしたのが「構造主義」だったのではないだろうか。

深いけれども深刻ではなく、軽い足取りだが軽薄ではなく、世間的な道徳を笑い飛ばす奔放さはあっても卑俗ではなく、鋭いけれども控え目な、発想のスタイルといったものがレヴィ＝ストロースにはあるように思える。あまりにも実感主義と受けとられるかもしれないが、レヴィ＝ストロースの業績から感じられる、そうしたものの考え方の質感を読者に共有していただければ、わたしとしては目的の大半は達成されたと思う。そうしたわたしの感じ方が当たっているかどうかは、引用し、要約して示したレヴィ＝ストロースの言葉から読者自身で検証していただければと思う。

執筆方針のようなものについて一言。レヴィ＝ストロースについて論じた著作、論文などにはほとんど言及しない。誰某はこう言い、別の誰某はこう評価しているという言葉の羅列は思想の取りあげ方としては貧しいと考えるということもあるが、レヴィ＝ストロースについての膨大な論評はとても消化できないからオミットするのが公平だと考えた。引用文献については翻訳のあるものは原則としてそれを尊重した。そのため引用文と地の文で表記が違うことがある。本書の性格上、出典箇所は煩雑を避けるため明記していない。

深刻ぶったまえがきはこれで切りあげ、他者に向けて開かれたレヴィ＝ストロースの思想に接していただくことにしよう。

レヴィ＝ストロース

目次

まえがき 1

序章 構造主義のエシックス 9
1 解剖台の上のミシンと洋傘の偶然の出会い 10
2 自分という空虚な場所 17
3 地獄とはわれわれ自身のことだ…… 21
4 「自由についての考察」 29

第一章 歴史の影のなかで 39
1 いとこ同士 40
2 ブラジルへ――森と大都会 50
3 悲しき熱帯 62

第二章 声とインセスト 81
1 ニューヨークの出会い 82
2 人はみな親族として生まれる 94
3 親族の基本構造 106

第三章 旅の終わり 129
1 歴史の試錬 130

2　歴史の遠近法　139
3　歴史の余白と意識されぬものの領域　148

第四章　神話と詩のあいだに　169
1　神話論への助走　170
2　神話論のスケッチ　179
3　「猫たち」のまなざし　191

第五章　幻想から思考へ　201
1　トーテミズムの幻想　202
2　野生の思考へ　214
3　思考のなかの社会　222

第六章　新石器のビルドゥングスロマン　1――南半球の森から　237
1　鳥刺しの後を追って　238
2　変換と解読　248
3　料理と天体　259

第七章　新石器のビルドゥングスロマン　2――北半球への旅　269
1　カヌーの旅、徒歩の旅　270

2　北西海岸の鳥刺したち　279
3　「唯一の神話」　287

終章　「構造」の軌跡　299

レヴィ=ストロース略年譜　311
主要著作ダイジェスト　316
キーワード解説　321
読書案内　325
あとがき　329
索引　342

写真・図版提供、協力
C・レヴィ=ストロース
みすず書房
パナ通信

現代思想の冒険者たち Select

レヴィ＝ストロース

クロード・レヴィ=ストロース

序章

構造主義のエシックス

Lévi-Strauss

1　解剖台の上のミシンと洋傘の偶然の出会い

「構造」とは

この本の読者の多くは、「二十世紀最大の人類学者」あるいは「構造主義の大成者」と形容されたレヴィ＝ストロースの名をどこかで一度は耳にしたことがあるのではないだろうか。レヴィ＝ストロース自身の言葉によれば、モードの発信地であるパリでは、一九五八年に『構造人類学』が刊行され「構造」という言葉が一挙に普及すると同時に、構造主義は流行思想としてもてはやされ始め、その後「五月革命」の起こった一九六八年を境として関心は急激に衰え、専門家をのぞいては省《かえり》みられなくなったという。後に登場する「ポスト構造主義」という呼び方にも表れているとおり、流行の終わった後、構造主義は現代思想の、涸《か》れることのないひそかな地下水脈に変容したというべきであろう。

ひとつの思想の流行が長くて五年しか続かない移り気なパリで、構造主義が十年もっただけでも大したものだ、という少々皮肉なコメントとともに、レヴィ＝ストロースは、構造主義は思想ではなく認識の方法にすぎないという慎重な但し書きもつけ加えている。

わたしの記憶が正しければ、日本ではまさにその一九六八年、「学生反乱」が始まり、何かよく分からない混乱のなかで、既成の知と学の体系が迷いこんだ袋小路から抜け出る方向を示しているのではないかという期待とともに、レヴィ＝ストロースの「思想」が華々しく紹介され始めたのだった。それとほとんど同時にレヴィ＝ストロースよりは若いフーコーや、「ポスト構造主義」と呼ばれることになるデリダやドゥルーズの翻訳も出始めていた。何やら意味ありげな「主体の死」が語られているようだった。

「現代思想」の震源地としてのパリというイメージができあがり、その中心にバルトやラカンという名とともにひときわ大きくレヴィ＝ストロースの名が書きこまれていた。こうした知の世界の大物の間で、「構造」という名の不思議な糸を使った綾取りが繊細かつ大胆な指づかいで厳《おごそ》かに挙行され、手から手へ移りながら変容するその形のなかに仮死の人間の姿が読みとられるといった印象だったといえばよいのかもしれない。日本ではこの「構造」という言葉が耳にされたのは八〇年代のいつごろまでだっただろうか。今では、わたしたちは、ひとつのキーワードに時代の思想が凝縮《ぎょうしゅく》されるというナイーヴな考えを受け入れないほどには成長したといえるのかもしれない。

それにしても一時は人々にある呪力《じゅりょく》を、少なくともある魅力を発揮し、今も発揮しているこの「構造」という言葉は何を意味するのか、再考するに値する。むしろ流行がすたれた今こそ、そこにこめられた二十世紀の思想的な課題が何であったのか、冷静な距離を置いて考えるよい機会でもあろう。

そのための手掛かりとして、まずレヴィ＝ストロース自身が「構造」というキーワードをどのように理解しているのかを見ることから始めよう。美しく正しいフランス語を守るためのお目付け役ともいえるアカデミー・フランセーズの会員として、フランス語辞典の作成にも携《たずさ》わっているというレヴィ＝ストロースは（ディディエ・エリボンを相手に半生を詳しく語った『遠近の回想』では、たとえば「ブーメラン」という語をわずか三行で正確に定義するのはけっこう頭を使う作業だと語っている）、たった二行でこの言葉を簡潔に定義している。すなわち「『構造』とは、要素と要素間の関係とからなる全体であって、この関係は一連の変形過程を通じて不変の特性を保持する」。一九七七年の初来日の際に行われた一般向けの講演で示されたこの定義は、簡潔なだけにかえって分かりにくくなっていることも確かである。この一見抽象的な「構造」が人間の活動や文化の理解のために生きた意味をもっていることが、親族関係や神話の具体的で豊かな細部の分析を通じてどのように明らかにされるかは後に詳しく見ることになる。いわば「構造」に憑《つ》かれた探究者として、レヴィ＝ストロースのたどった軌跡をあとづけることが本書全体の目的なのだから。

この定義の三つの側面にレヴィ＝ストロースは注意を引いている。ひとつは、この定義が要素そのものと要素間の関係とを同じ平面においていること、いいかえれば「ある観点からは形式と見えるものが、別の観点では内容としてあらわれるし、内容と見えるものもやはり形式としてあらわれうる」。内容と形式をはっきり分けるといういわば常識的な見方は捨てなければならない。第二に、「不変」という概念が重要であり、「他の一切が変化するときに、なお変化せずにあるもの」こそレヴィ＝ストロースにとっての探究の対象なのだという。

そして第三に、一見「不変」の概念と対照的なものとも思える「変形（変換）」の概念の重要さであり、「構造の特性は、その均衡状態になんらかの変化が加わった場合に変形されて別の体系になる、そのような体系であること」だとされる。構造は「変形を通じて不変の特性を保持する」という逆説的な性質を帯びた何かなのだ。

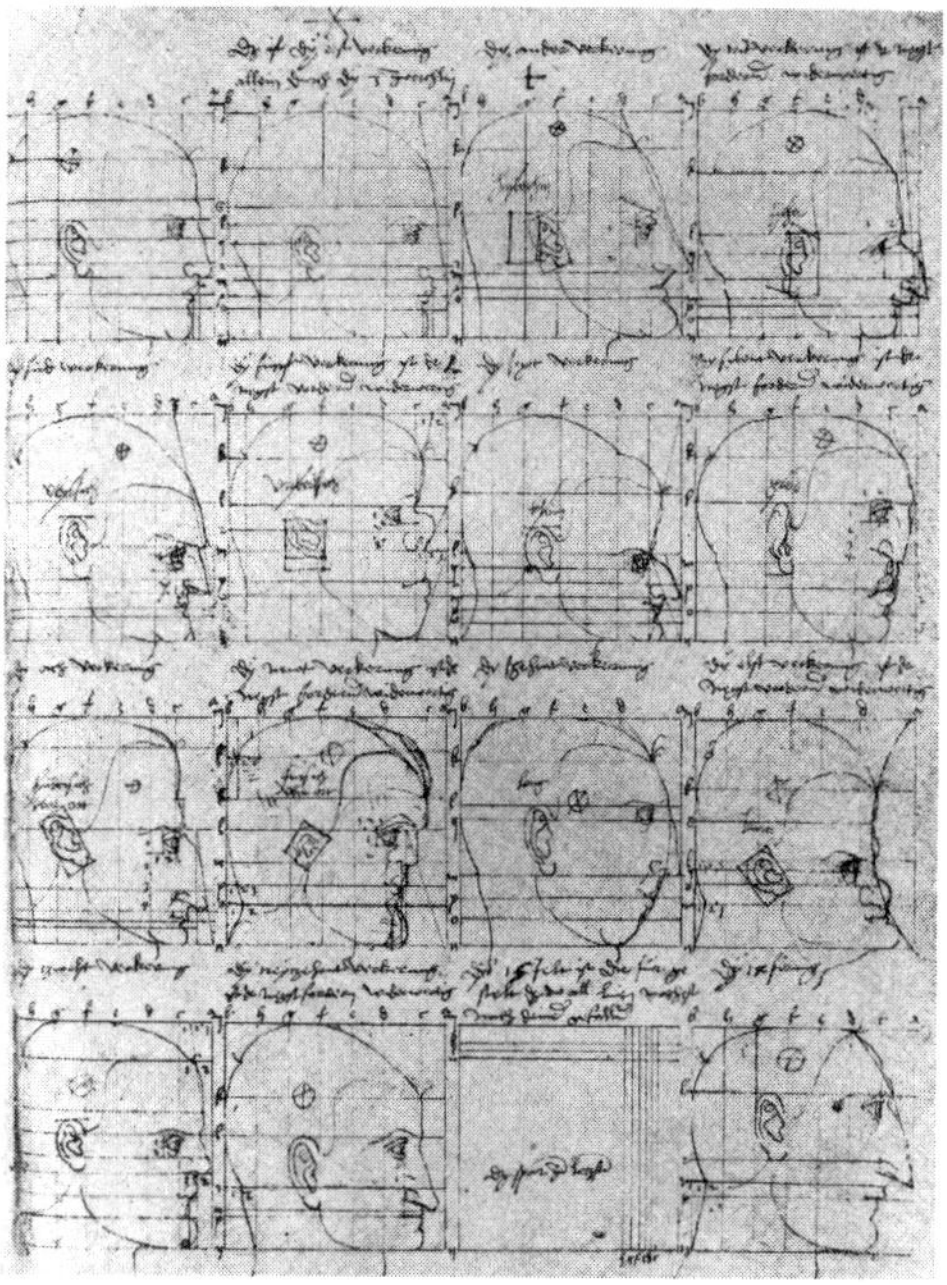

デューラーが眼・鼻・口などの比率を変えて描いた顔の絵（『構造・神話・労働』より）。

構造分析の感受性

レヴィ=ストロースは構造の理解を助けるきわめて具体的な例として、眼、鼻、口などの要素間の関係によって成り立っているともいえる人の顔をとりあげ、さまざまな顔の比率の配合の変化を比べた、画家デューラー（一四七一～一五二八）が描いた図を構造主義的直観の興味深い先例として示している。顔はほとんど現存する人の数と同じだけの多様性を生みながら、要素間の関係としては同じ顔であり続けるという事実が、「構造」の端的な例だというわけである。この例は筆者に、ある日本の画家の語る、印象的なエピソードを思い出させる。スランプに陥って絶望状態にあった画家が、電車に乗ってふと周りの人々の顔の無限の多様さに気づいた時、創作意欲が戻ってくるのを感じたという。「構造」の概念は、生きるための霊感の源である自然の喜ばしい多様性（もっとも人の顔は自然であると同時にもっとも人間的なものでもあるが）に直結していることが確かめられる。

さらにレヴィ＝ストロースは、この概念に基づいた「構造分析」の手法を、現代フランス詩の先駆者ともいえる謎の詩人ロートレアモンの有名な一節に即して印象的に例解している。シュールレアリズムの標語のようにしてしばしば引かれた「解剖台の上のミシンと洋傘の偶然の出会い」という言葉は、レヴィ＝ストロースの親しい友人、画家マックス・エルンストの座右の銘でもあった。というのもこの「瞑想的な」画家にとって、一見対立する複数の要素を、それらとも対立する平面の上で近づけることこそ、芸術の目的だったからだ。

この一節が鋭敏な芸術家たちの心にそれほどにうったえた理由を構造分析は明らかにできる、すなわち「ミシンと洋傘との解剖台上での出会いが、けっして偶然のものではなく、秘かな意味作用の総体を覆《おお》い隠している」ことを明らかにできるとレヴィ＝ストロースはいう。後に見るとおり構造主義の分析手法は、言語学、とりわけロシア出身の構造言語学のパイオニア、ロマーン・ヤコブソンの詩学との双子のように密接な関係のなかで形成された。したがって人類学者レヴィ＝ストロースにとって詩という題材との出会いそのものが、けっして偶然のものではないのだ。

まず言語学的には、フランス語のミシン machine à coudre と洋傘 parapluie は単語の組成の点で微妙な対《つい》をなしている。というのも後者の洋傘という単語は par a pluie という三つの要素に分解され、その点でミシンと対比できるようにも思える。ところが実際には後者は para(〜を防ぐという意味の形態素)と pluie(雨)の二つの要素からなっているのであり、外見上の対比にはずれが組みこまれている。

意味のレベルではいっそう明らかな対比があるとされる。ミシンは縫うため(pour)、傘は雨をよける(contre, フランス語ではこれらの語は反意語として対をなす)ためにあり、前者は布地に能動的に働きかけ変形させ、後者は水という物質に受動的に抵抗し、しかも両者ともに尖った先端をもつとはいえ、傘の先は丸くて弾力のあるドームの上に乗っているのに対して、ミシンのそれは鋭く攻撃的で下向きに置かれている。さらに「ミシンは硬質な部品の連結からなり、なかでもいちばん堅いのが針で、布地を貫く」のに対して、傘は布地で覆われており、雨が貫き通せないばかりでなく「雨自体が、硬質な部品ならぬ流体粒子の、連結ではなく並置からなって」いる。

つまりこの短い語句のなかには内的/外的、硬質/流体、貫かれるもの/貫くものといったいくつもの対比が隠されているという。物体としてもイメージの要素においても、ばらばらに解体しうるミシンと傘が、本来、解体作業のためのものである解剖台の上で出会うことで、暗黙の対比をつうじてたがいに他を変形した比喩に変貌する。そこにこの一節の人の心を騒がせる詩的な秘密がある、とレヴィ＝ストロースはいう。

こうした構造分析の小手調べにも、意表を衝《つ》いた発見があることを認め、共感できるかどうか、という点が構造主義の感受性への評価の分かれ目のひとつとなるだろう。それは、意外な対比とされるもの自体に価値を認めるかという点と、そのような対比が「秘かな意味作用」すなわち意識されぬものの領域に関わるという視点を認めるか、という二つの論点を含んでいる。

いずれにせよ、こうして分析される「解剖台の上のミシンと洋傘の偶然の出会い」という一節は、じつは誰よりもまず分析者自身の知的な感性の比喩となっているというのがわたしの意見である。レヴィ＝ストロース自身、思ってもみない領域のあいだに結びつきを見いだす意表を衝く思考に惹《ひ》かれることを、『やきもち焼きの土器つくり』の書きだしの部分で告げている。そして何よりも構造主義そのものが、のちに見るように、人類学と詩的言語学との、南北アメリカのインディアンの文化と先端的な構造言語学との、アジアやオーストラリアの伝統的親族関係の体系と現代数学の発想との、意表を衝く「出会い」から生まれたものなのではないだろうか。そしてその出会いが偶然ではなく「秘かな意味作用」によって、レヴィ＝ストロースという名の透徹した分析的思考の解剖台の存在によって可能となったことをわたしたちは考えるべきなのではないだろうか。

もしこうした視点がいくぶんか当たっているとすれば、ミシンと洋傘以上に、さまざまなものが解体され再構成される、それ自体は空虚で開かれた場である解剖台とは何なのかが問われることになる。

2 自分という空虚な場所

同一性の不在

構造という概念をその作者に即して理解するために、試みにひとつの補助線を引いてみたい。構造は変形過程をつうじて不変の特性を保つとされる。こうした定義は、わたしにただちに西欧の思考のもうひとつのキーワードともいえる「同一性」という言葉を思い出させずにはいない。不変性とは、さまざまな変化をつうじて保たれる同一性であり、差異をつうじて保持される同一性にほかならない。人間にひきつけていえばそれは、日々の成長や不測の出来事によって絶え間なく変動する精神と生命の過程をつうじて保たれる、それぞれの人の「私」の同一性に対応することになる。

変化の過程を差異に、不変性を同一性に置き換えれば、構造の概念は、差異と同一性という対の概念に分極化するだろう。ところが、こうして引いた差異と同一性という補助線に、レヴィ＝ストロースにおける構造の概念をあえて対置すると、両者のあいだに微妙なずれが感じとれる。構造は同一性に文字どおり同一化し回収されることを巧みに回避している、とわたしには思える。構造は、とりわけ「私」の同一性とは意識的に絶縁された場において構成されていると見えるのだ。構造は同一性を忌避するとでもいえばよいだろうか。そのことはレヴィ＝ストロース自身の言葉によっても確かめられる。

たとえば、一九七七年の「神話と意味」をめぐるあるラジオ講演では、「神話は人間の中において、人間が知らぬまに考え出される」という、さまざまな議論を呼んだかつて自分の書いた文章を引いて、その言葉がむしろ、レヴィ=ストロース本人が自分と自分の著作との関係をどのように考えているかを示していると述べた上で次のように言葉を続けている。

つまり、私の著作は、私の知らぬまに私のなかで考えだされているのです。

私は以前から現在に至るまで、自分の人格的アイデンティティ(同一性)の実感をもったことがありません。私というものは、何かが起きる場所のように私自身には思えますが、「私が」どうするとか「私を」こうするとかいうことはありません。私たちの各自が、ものごとのおこる交叉点のようなものです。交叉点とはまったく受身の性質のもので、何かがそこでおこるだけです。何かがそこでおこる無名の空虚な場所。交叉点すなわち二本の通路が出会う地点。それはあの解剖台を思わせないだろうか。

神話が自ら語る場所

「アイデンティティの実感」の欠如というモチーフはさまざまな機会に語られ、『遠近の回想』にも繰り返されている。功なり名を遂げた人の単なるはぐらかしでは、といいたげな対話者のやや皮肉な質問に、レヴィ＝ストロースは次のように答えている。

――あなたは自分が何者であるかを知らないのですか？

ほとんどわかっていません。……私の考えでは人間に人格的アイデンティティを押しつけているのは社会だと……

――そしてある一人の人間が自分の本に「アカデミー・フランセーズ会員、クロード・レヴィ＝ストロース」と署名するようにさせるのも、社会ですか？

そうです。あなたが誰かであることを要求するのも社会です。それはその「ある人間」が行ったこと、言ったことに責任を持たせるためです。もし仮にこの社会の圧力がなかったとするならば、人格的アイディンティティが大部分の人が現にそうだと感じているほど強かったかどうか、わかりません。

そしてこの言葉の数行前では、「自分には理解できない何者かの実験的な探究」としての人類学を可能にするものが「アイデンティティの実感の欠如」にほかならないとものべられている。「もし私が、自分が何であるかをよく知っているとすれば、何もわざわざ知らない土地にまで行って自己の探究をすることなどないわけですから……」。

こうした言葉に、何重にも巡らされた自己韜晦《とうかい》の修辞学を聞き取ることも、あるいはできるのかもしれない。しかし、同じ対談で、七年の歳月をかけて書き上げられた全四巻、ほぼ二千ページにのぼるライフワーク、『神話論』執筆の過程を語っている言葉は、単なる韜晦とは決めつけられない、ひとつの生き方にまで昇華した神話の読み方を伝えていると思えるのだ。

この作品が、著者五十代後半から六十代前半までの仕事であることを考え合わせると、その集中力がいかに人並みはずれたものであるかが想像できるように思われる。禁欲的な修道僧の生活にさえなぞらえられた、その集中の性質をよく表していると思われる部分を、少し長いが引いてみよう。

私があの神話の研究を始めたのが一九五〇年、『神話論』を書き終えたのが一九七〇年です。その二十年の間、夜明け前に起きて仕事をし、神話に酔ったようになって、私は本当にまるで別世界に生きていたようでした。……

たとえば、ある集団のある神話が、少し違った形で近隣の集団にあることが判ったとしますね。そうすると、その近隣の部族に関連した民族学的論文著作を全部読んで、それを取りまく世界のなかで、その技術、その歴史、その社会組織といったような、神話の変異に関連するかもしれない要因をすべて調べなければならないのです。私はこれらの部族たちと一緒に、また彼らの神話とともに暮らしていました。まるでおとぎ話の世界に生きているようでした。……

何日も、何週間も、時には何カ月もの間、それを温めていると、ある日突然に、火花が飛ぶように、一つの神話のある訳の判らない細部が、別の神話のやはり訳の判らない細部の変形したものであることが判って、そのつながりを伝って、二つの神話を一つに結び付けることができる、というような具合なのですからね。それ自体としては一つ一つの細部は何かを意味する必要はないわけで、それらが理解できるのは、それら相互の示差的関係のなかにおいてということなのです。

体に染み込ませた無数の神話が、たがいに共振し倍音を響かせ、対位法を構成し、自ら新たな神話の宇宙を織りなしてゆくよう、レヴィ＝ストロース自身は、自分の身体と精神をまるでそれ自体は空虚な楽器として、南北アメリカ・インディアンの神話に貸し与えたかのように語っている。レヴィ＝ストロース自身が、ミシンと洋傘ならぬ一見無関係に見える神話群が出会い交叉し合うための解剖台として自らを提供しているという言い方はけっして行きすぎた誇張ではない。

3　地獄とはわれわれ自身のことだ……

神話という他者の言葉

しかし、レヴィ＝ストロースのいう「自分には理解できない何者かの実験的な探究」としての人類学的経験を、そのまま未知の自己の探究といいかえてしまうことはできない。それではけっきょく狭い自己の境界のなかに閉じこもることになってしまう。それは、他者の存在を最終的には自己に回収する単なる迂回路ではなく、同一性とは異なった新たな質の経験の可能性を切りひらく回路を意味するのでなければならない。現代人類学がマリノフスキーの世代をつうじて開拓した「見知らぬ土地に行って自己を探究する」フィールドワークの方法とは別の人類学的経験を、レヴィ＝ストロースは神話のテクストをフィールドとして探究したのではないだろうか。

神話は何のために、いかに語られるのか。それは人のすむこの世界の起源と人がそこに生きる意味を、万華鏡のようにさまざまに変貌する構造を用いて説き明かす。レヴィ＝ストロースの神話論は神話をめぐるこうした根本的な問いと答えを提起している。しかしこうした問いは、神話をつうじて、何、あるいは誰が、何を、何に向けて、そしてどこから語るのか、という別の深い問いにとり囲まれている。

レヴィ＝ストロースは数多くの作者の書き記した民族誌をとおして南北アメリカ・インディアンの声に耳を傾ける。アメリカ・インディアンのこの過去の声はさらに二つの声と重なっている。ひとつは今、われわれと同時代を生きるインディアンの人々の声であり、もうひとつは、過去と今の彼らの声の向こうから響く声である。

この向こうから響くもうひとつの声をどう呼ぶべきかは分からない。神話という他者の言葉のなかに、「世界」の語る声を聞きとるといえるのかもしれない。もしそんなことが可能だとすれば、それはこの他者が「世界」の間近に生きているからではないだろうか。そしてその声を聞きとろうとすることは、「あなたが誰かであることを要求する」社会の外に立って、それもできる限り遠い地点に立って、この社会とは異質な「世界」の可能性に賭けることではないだろうか。

そうした賭けのなかで、たしかにレヴィ＝ストロースが自分を無名の者として、他者の言葉を借りて語る時があるように思われる。『神話論』の第三巻は「食卓作法の起源」の神話の研究に捧げられ、南北アメリカ・インディアンの神話に語られた食事の作法が、そのまま彼らが「世界」に接するときの、世界への敬意の表し方の教えに他ならないという視点を示している。

レヴィ＝ストロースは、この巻の末尾に同時代の実存主義の旗手サルトルの「地獄とは他人のことだ」(戯曲『出口なし』の台詞)というよく知られた言葉を引いている。そしてこのサルトルの言葉は「哲学的命題」というよりは、ひとつの文明についての「民族誌的証言」なのだと皮肉をこめて断定している。それは「汚れたもの」がすべて外部から、つまり「他者から」来るという恐れを子供のときから教え込む近代文明のあり方を示す、「文明」についての民族誌資料に他ならないというのである。そしてそれとは対照的に、われわれの内にこそ汚れたものを生み出す危険があることを意識している「野蛮な人々」の、一見些細な「食卓作法」にまで表れた「世界」に対する感受性のあり方を擁護している。

「野蛮な人々」の「地獄とはわれわれ自身のことだ」という主張には、「世界」に対する謙虚さへの教えが聞きとれるのだ。「さまざまな社会の豊かさと多様性という、記憶を越えた昔からの人類の遺産のもっとも素晴らしい部分を破壊し、さらには数え切れないほどの生命の形態を破壊することに没頭しているこの世紀においては」、われわれはこうした謙虚さをすでに失っただけでなく、もはや理解することさえもできなくなろうとしている。それに対して神話は、あるべき人類は「自分自身から始めるのではなく、人間の前にまず生命を、生命の前には世界を優先し、自己を愛する以前にまず他の存在に敬意を払う」べきであると教えている、とレヴィ=ストロースはいう。そしてさらにこう続けている。

人類であれ何であれひとつの生物種が、たとえ二百万ないし三百万年のあいだこの地上に生きることができたからといって、けっきょくは死滅する時をいつかは迎えるのであってみれば、この地上をひとつの物体のように恣いままにし、恥も慎みもなく振る舞うことが許される口実とはならない、と言うことが必要なのではないだろうか。

この文章が書かれたのは、巻末に記された執筆の日付によれば一九六七年九月のころだと思われる。この日付を、『神話論』の探究の出発点であり、また何度もたち戻って問題意識を確認する起点ともなっているブラジルのインディアン（一般に北アメリカの人々はインディアン、南アメリカの人々はインディオと呼び慣わされているが、本書では南北アメリカの共通性を考慮して両者ともにインディアンと呼んでおく。この呼称がコロンブス以来の誤解の産物であることは周知のとおりだが、今はこれに代わる適切な呼称は見当らない）の世界を見舞った歴史的な出来事の日付と照合する時、「地獄とはわれわれ自身のことだ」という言葉は、著者がこの言葉に託したであろうもうひとつの意味をあらわにしてくるように思われる。地獄を作りだしているのは、自分が何ものであるかを問い詰めずにはいない「文明」の側の、「われわれ自身」なのだ。そのわれわれと同時代の声が、神話と重なりあって聞こえてくる。

同時代の声

右の言葉が書かれてから数ヵ月もしない一九六八年三月、ブラジルの森の奥に住む「野蛮な人々」をめぐるニュースが世界中の新聞にとりあげられ読者に衝撃を与えた。ニュースの発信源であった『ニューヨーク・タイムズ』の一九六八年三月二十一日の第一面に掲載された「ブラジルにおけるインディアン虐殺——部族民からの土地の収奪に関わったかどで一三四人の公務員が告発される」という見出しが読者の眼をひいた。ただこの南アメリカの片隅での事件は、中国文化大革命の昂揚、フランス五月革命、チェコへのソ連軍の侵攻、ジョンソン米大統領による北爆停止など、その年「文明世界」に次々に起こった「世界史的」な事件の大波に呑みこまれたちまち忘れられてしまったように見える。

記事によれば、一九六七年に解散させられたブラジル政府のインディアン保護局（ＳＰＩ）は、もともとインディアン保護のために作られた機関でありながら、解散にいたる時期には極端な腐敗と汚職の巣窟になっていた。その事実は六四年、クーデタで権力を奪取した軍事政権下で内務省が設置した調査委員会によって明らかにされた。委員会は「ダイナマイトや機関銃、それに砒素《ひそ》入り砂糖による民族全体の大量虐殺から、十一歳の少女に学校をやめさせてインディアン保護局の役人の奴隷に使うといったことに至るまで、広範な腐敗と加虐趣味が蔓延《まんえん》している証拠を見出した」。SPIによる搾取《さくしゅ》と迫害はとりわけマト・グロッソ州のシンタ・ラルガ族やシャバンテ族などに加えられた。さらに汚職に関わった公務員は「過去二十年間、インディアン保護区の材木や鉱石を盗むことで六千万ドルを越える金を手にいれてきた」という。

翌三月二十二日付のフランスの新聞『ル・モンド』には、前日の第一報の続報が掲載され、さらに興味深い指摘がなされている。すなわち、十数年前に出版された時には、根拠のない中傷として一部のブラジル人から非難を浴びせられたレヴィ=ストロースの『悲しき熱帯』の一節が、じつは事実に裏づけられていたことが判明したというのだ。それはブラジルへ初めて渡航しようとしたレヴィ=ストロースが、一九三四年、パリ駐在のブラジル大使から、もうブラジルにはインディアンはいない、というまったく事実無根の断言を聞かされた驚きを語る一節である。十六世紀のブラジル人たちが行った虐殺のためにインディアンは消滅したというのだ。

彼（ブラジル大使）もまた……彼自身の青年時代にもなお愛好されていたあの「おなぐさみ」から

人々の注意をそらすために、十六世紀のブラジル人たちを好んで非難したのである。この「おなぐさみ」というのは、天然痘で死んだ患者の病菌で汚れた着物を病院でもらい受け、それを他の贈物と一緒にインディアンの諸部族がよく通りかかる道端に吊るしておくのである。このお蔭で、次のような目覚ましい結果が得られた。フランスと同じくらいの広さをもつサン・パウロ州は、一九一八年の地図によると、その三分の二は「インディアンのみによって居住されている未開発の土地」であったが、一九三五年に私がそこへ着いた時には、海岸に押し込められた数家族からなる一団を除けば、もはや唯ひとりのインディアンもいなかったのである。

病菌を故意にまきちらすことで行われたこうした民族虐殺は、一九三〇年代、カカオ・ブームにわいたバヒア州でも行われ、当時その州の政治的実力者で、六八年の少し前には外務大臣であった人物が関与していたと『ル・モンド』は報じている。

その数日後、三月二十六日には、レヴィ=ストロースの名で書かれたブラジル大統領宛の書簡が公開され、SPIの蛮行に対する批判と遺憾の意の表明に、多くの人類学者、知識人の署名が寄せられている。

しかし、こうした事実を明らかにした調査委員会の報告は、全容が公開されることなく「行方不明」

となってしまう。結果的には、SPIを解散し、アマゾンの開発路線をはっきりと打ち出した国立インディアン基金（FUNAI）の設立を正当化するという軍事政権の予定した使命を果たした後は、あえて振り返られることもなく闇に葬られてしまったといっておそらくさしつかえないのであろう。

六〇年代から七〇年代にかけて、「ブラジルの奇跡」とまで呼ばれた開発の熱気のなかでインディアンの人々は、狩猟や焼き畑耕作などで生きる彼らの生活の基盤としての森と土地を奪われ、その収奪が思うままにならないときには、これまでと同様、直接の身体的な破壊と抹殺の対象とさえなった。すでに一九五〇年代の終わりに、人類学者のリベイロは一九〇〇年から約半世紀のあいだにブラジルのインディアン人口は「ブラジル国家社会との接触による病気と汚染」のために、ほぼ百万人から二十万人以下に減少したと指摘している。同じ著者を引きながら一九六〇年のコレージュ・ド・フランスの最初の年の講義で、レヴィ＝ストロースは、ほぼ九十の部族が消滅し、ほぼ十五の言語が失われたとも指摘している。

開発の本格化した六〇年代以後、民族の破壊と消滅のペースはいっそう加速されたと考えるべきであろう。彼ら「野蛮な人々」にとって地獄とは、われわれ文明の側からもたらされる災厄に他ならない、つまり「地獄とはわれわれ自身のこと」なのだ。神話を生きてきた人々が、近代文明の名による開発のむきだしの暴力にさらされ続けてきたことを痛切に意識することなしにレヴィ＝ストロースがインディアンの神話に没頭し、『神話論』を書いたとは考えられないのである。

一九三〇年代のボロロ族との初めてのコンタクトから『神話論』の完成まで、レヴィ＝ストロースの半生は、いっそう深く自分を他者の声に貸し与え、インディアンとその世界の言葉を語ろうとする試みだったようにも見えるのである。コレージュ・ド・フランスの初年度の講義以降、レヴィ＝ストロースは専門的な論文においても、人々と文化の破壊が進む現代における人類学の使命を繰り返して問い直すようになる。しかしその声は世界史のざわめきにまぎれ、やがて構造主義への人々の関心も潮のように引いていった。

4　「自由についての考察」

生物種としての人間

「食卓作法の起源」の神話に、人間よりも生命を、生命よりも世界を優先し、「自己を愛する以前にまず他の存在に敬意を払う」、謙虚さへの教えを聞き取るレヴィ＝ストロースは、その教えを現代的なエシックス(倫理)として、より直接的な言葉で表明してもいる。七七年に書かれた、注目されることの少ない「自由についての考察」という小さな考察でレヴィ＝ストロースは、「自由権」を制定することを目的としたフランス国民議会の委員会の要請にしたがって、「自由」についての自分の考えを明らかにしている。その自由権の宣言の計画なるものは、近代文明の始まりを高らかに宣言したともいえる一七八九年の「人権宣言」に倣《なら》って、ふたたびフランスが歴史的使命をリードすることを世界に対して表明するという意図をこめたものであったという。

現代における自由権なるものを、もともと西欧で生まれ、歴史的、社会的にきわめて相対的な意味しかもちえない人間の「精神的な」自由の内容から規定することはむずかしい。また、時には全体主義の論拠に転化してしまうことさえある相対的な価値を、絶対的な原理にまで押し上げてしまうことは危険である。この二点を指摘した後、レヴィ＝ストロースは「どのような自由にもあてはまるほど明らかな基本原理が考えられるだろうか」と問い、それは精神的存在としての人間ではなく「生物としての」人間の定義であるとする。ただそれは、一般的な見方からすればひとつの逆説としか言いようのない原理なのである。というのも、

人間がさまざまな権利をもち得るのがまず生物としてであるならば、種としての人類に認められているそれらの権利は、他の種の権利によって当然の制約を受ける。したがって、人類の諸権利は、他の種の存在を脅かすようになるときに消滅する。

生物としての人間の自由は、他の生物種の権利を認めることで、設立と同時に直ちに制限され、必要ならば消去されなければならない。それが「さまざまな社会の豊かさと多様性を破壊し」「数え切れないほどの生命の形態を破壊することに没頭しているこの世紀」において必要な原理なのである。

種のエシックス

レヴィ＝ストロースがこの原理について行ういくつかの補足説明には、レヴィ＝ストロース自身の長年にわたる探究の蓄積がこめられているように思える。その点に注意しながらその言葉を要約してみよう。

まずこうした他の種の存在による人間の権利の制限は、人間が他の動物と同じように、他の生物を糧《かて》とすることを無視するわけではない。ただ、こうした自然の必然は「犠牲にされるのが個体である限りにおいて正当なのであり、その個体が属する種までを消滅させるようなことがあってはならない」。この地上に現在まだみられる生物種の生きる権利、自由に発展する権利のみが時効のない、けっして取り消すことのできないものなのだ。それはある種の消滅が私たちの手では埋めきれない空白を、創造体系のなかに作り出す、という単純明快な理由による。

こうした考え方は西欧におけるローマ帝国の法思想にも、インドの「ヒンズー教と仏教」にも、また「民族学者の研究対象である無文字社会」にも見られるとレヴィ＝ストロースはいう。「これらの社会は……人間を、創造物の支配者ではなく、その受益者としている点で一致している。これらの社会では、迷信と侮ってはならない賢明な慣習が、人間の他の生物種の消費を制限し、他の種に対する道義的尊重を課すと同時に、種の保存に関するきわめて厳しい規則が設けられている」のである（最近の狩猟民社会などの人類学的研究には、こうした賢明で「善良な野蛮人」のイメージが必ずしもなりたないと主張するものもある。狩猟民の獲物の量が制限されるのは、彼らが他の種に対する「道義的尊重」の念を抱いているからなのか、素朴な技術によっておのずから獲物の量が制限されてしまうのか、にわかに断定はできない。新たな効率的な銃などは、経済的手段が許せば驚くほど急速に普及し「伝統的な」狩猟民社会の変容をもたらすといった議論である）。

いずれにせよレヴィ＝ストロースのいう「賢明な慣習」が、ここで取り上げられている、食料としての生物種の問題だけに限られない、より広い文脈を含みこんだものであることを無視してはならないだろう。後に詳しく見るように、レヴィ＝ストロースによれば、神話をもつ人々は、自然の生命形態の多様性つまり種の多様性を、単に、人間が生き延びるための糧とするばかりでなく、世界と自然のなかでの自分の位置を知り、世界の秩序を生きそして語りうるものにするための基本手段として利用してきた。動物界および植物界は食料だけでなく「人間に一つの思考法を提供する」のだ。

もし人間が自然種を当座の糧とだけみなし消滅させるなら、それは自然の多様性に支えられた自らの思考法を自ら抹殺することに他ならない（そうした「野生の思考」自身が果たして「銃」を生みだすことができるのか、あるいは銃の登場そのものが、発見され外気に触れた遺跡の彩色がたちまち褪《あ》せてゆくように「野生の思考」を消失させるのか、「野生の思考」の消失こそが銃を生みだす「栽培化された思考」の生まれる条件なのか、そして「野生の思考」にとって銃は外部からもたらされる「歴史」に他ならないのか、検討が必要だろう）。レヴィ＝ストロースの自由についての小さな考察の背後には、その半生を賭けた探究があることが感じられる。後にわたしたちは、そうした探究の行程を『野生の思考』から『神話論』までの作品にたどることになろう。

種としての個体

いずれにせよ生物種を尊重することで、人間という種の権利を制限するための原理を展開するレヴィ＝ストロースの議論には「種」と「個体」についてのきわめて個性的な考察が含まれている。その部分でレヴィ＝ストロースはまず「自由権」の法案が「個体の権利」をあつかうものである以上、それを「生物の種のレベルで基礎づけられた権利から引き出すことは許されるのか」という反問を想定し、それが人間の社会生活の特性から生じる一種の錯覚にもとづく見せかけの問題にすぎないと断定して次のように答えている。

その特性は社会生活に参加する者それぞれを、種の地位にまで格上げするのだ。それぞれの個体に、機能を果たすこと、一つあるいは複数の役割をもつことを強い、ひとことで言えば一つの人格をもつことを強いることによって、集団は個体を、「一個体のみからなる種」とも呼べるものに変える。そのことを理解するには、集団全体を見るのではなく、家族が近親者の死をどのように感じるのかを見るだけでよい。亡くなった近親者は、一定の期間、独自の歴史と、身体的、精神的な資質、思想と行動の独自な体系を一貫性のあるひとつの総体にまとめあげていた。家族はその死を代えがたい総合の崩壊として心の奥深く痛みを感じる。これは自然の秩序のなかで一つの種が消えてゆくのにも似ている。自然界の種もまた、再び現れることのない独自の資質の総合なのだ。人間が精神的存在であり、その特性によって権利が生ずるとすることは、社会生活においては生物学的な個体が、個体より高いレベルに格上げされるということを確認しているだけである。……そして人間という種の場合には、それぞれの個体が個体として価値を高められるが、それは何れの種とも同じ資格においてであってそれ以上ではない。

長さを厭《いと》わず引いたのは、レヴィ＝ストロースの思考をなるべく忠実に追って欲しいからである。これは何を言おうとしているのだろうか。

たとえば最近の進化論の思想のなかには、それぞれの生物種の生成から消滅までの過程は、他の種によっては代替のできない、また同じ過程を反復することのできないものであり、その限りで「個体」として存在すると見なす立場がある。その立場をさらに拡張すれば、この宇宙とそしてそのなかの地球の存在そのものが、代替も反復も不可能な一度限りの出来事あるいは個体の歴史ということになろう。

しかしレヴィ＝ストロースの視点からはむしろ逆の見方が引き出されている。すなわち、人間という種においては「社会生活のもつ特性」から生じる光学によって、「個体」が「種」として現象し、もっと強い言い方をすれば「個体」が「種」と錯覚されると述べられている。少なくとも唯一人間という種においては、個体こそ種としての存在となる。しかし「種としての個体」というこの人間の尊大な自己評価は、自然の視点から見てすべてが許容されるべきものではなく、せいぜい他の種と同等以上のものであってはならない。レヴィ=ストロースの主張をそのようにいいかえることができよう。

上に引いた一節には、何よりも自然種の多様性を優位に置き、人間の個体が尊重されるのもそれが種に類比されるものである限りでしかないという、ある徹底した自然主義とも呼べそうな立場が表明されている。そこに交叉するいくつかの思考の糸をたぐりよせることで、この一節がレヴィ=ストロースの探究をある意味では凝縮していることを見極めておこう。

まずレヴィ=ストロースは、社会生活の特性が個体を種に格上げすると錯覚（これはやや強すぎる言い方かもしれない。ただ『野生の思考』はこの虚偽とはいえない錯覚の必然性を明らかにしているのではないだろうか）することで「人格」が成立するという。これは人格的同一性の感覚の欠如にふれた彼自身の言葉に響き合い、欠如を埋める一つの答えの素描となっている。「人格」は社会においては「種としての個体」として成り立つ。「種としての個体」という言葉が神話研究への序論ともいえる『野生の思考』の結論の導入部の表題に使われていることを見ても、こうした考察が、レヴィ=ストロースにおける理論の系と、倫理の系との交叉点にあることが確かめられよう。ここではそのことだけを確認したうえで、『野生の思考』における種と個体についての立ち入った検討は後に行いたい。

「種としての個体」という存在がもっとも明確になるのは近親者の死においてであるとレヴィ=ストロ

ースは言う。ここにはこうした思考にとって、「近親」の形づくる親族関係の領域が人間にとってある濃密な感覚を帯びた場となることが表されている。それはもっとも初期の『親族の基本構造』の主題であった。

こうしてわたしたちは、親族関係と人格的同一性の関係への問い、「種としての個体」をめぐる「野生の思考」への問い、そして「野生の思考」がいかにして世界とこの宇宙とを思考し、語りうるものとするのかという「神話論」の問いへと導かれる。ここでは、そうした問いこそがレヴィ＝ストロースの探究の軌跡の里程標となり、また構造主義のエシックスを支えているということを確かめておきたかったのである。

さまざまな形で見ることのできるレヴィ＝ストロースの肖像写真は、やや緊張した、人を寄せつけにくい、気難しそうな雰囲気の人物を写し出している。ところが実際に接したことのある人々は口を揃えて、その精神的な若々しさと、穏やかで謙虚な人柄を印象深く語る。わたし自身も、短時間ながら何度かお会いして同じ印象をもった。文化の多様性と生命の多様性を擁護し、世界に対する人間の謙虚さを呼びかける人が、単に書かれた言葉ばかりでなく、日々の何気ない挙措《きょそ》のなかでその言葉を裏切っていないということほど、その言葉の背後の思想の確かさを感じさせることはない。

わたしたちは言葉の上で異文化の価値の尊重を言う「文化相対主義」よりも、沈黙のなかで態度で示される他者への配慮と謙虚さを信じる。そのような信じ方は直接経験に固執する、思想を論じる資格を欠いた態度なのだろうか。そうだとは思わない。それは書き残された言葉という媒体のみで伝えられるのではない、同時代に生きるもの同士のあいだで交わされる思想の、受容と評価の本来あるべき姿なのではないだろうか。そうした同時代に生きる幸運に恵まれた者として、今世紀最大の人類学者の思想の形成をたどってみたい。レヴィ=ストロースはいつ、どのようにしてレヴィ=ストロースになったのか。それを知ることがわたしに課せられた主題である。

第一章

歴史の影のなかで

1　いとこ同士

画家と音楽家

『遠近の回想』の一節でレヴィ＝ストロースは、「いつも音楽を聴き、音楽のなかで仕事をしている」ことを語っている。音楽が思考を誘いだし両者のあいだに対位法的関係が生まれ、響き合ったり対立するうちやがて思考が音の流れから独立してひとりで動き始めると「もう音は聞こえなくなる」が、またしばらくすると再び音と思考は合流する。こうして思索が展開するという。

自分の思考と音楽のこのような関係をレヴィ＝ストロースは、裸体を描く画家の心理という思いがけない例にたとえて説明している。絵画において裸体がこれほど大きな位置をしめている本当の理由は、人間の身体それ自体の美しさということではないだろうと彼はいう。モデルの裸体をどれほど見慣れてしまった画家でも、「美しい肉体を見れば、かならずやあるエロティックな興奮を感じるはず」であり、「この軽い興奮が彼を刺激し、彼の感覚を鋭敏にし」うまく描かせるのだ。「意識的であれ無意識にであれ画家はこうした至福の状態を求め」ていて、自分と音楽との関係はこの画家と裸体の関係に似ているという。

さらに対談のなかでは、音楽との親密な関係は、ルソーへの愛着とも結びつけられ、また子供のころから親に連れられて聞きに行ったオペラの記憶、若いころ作曲家になりたくてヴァイオリンを習っていたこと、ワグナーや、現代の作曲家としてはストラヴィンスキーに熱中したことなどが語られている。しばしば指摘されるとおり四巻の『神話論』が、『生のものと火にかけたもの』の「序曲」に始まり、『裸の人』の「終曲」に終わる壮大なひとつの音楽作品になぞらえられていることにも作者の音楽への深い傾倒と、作者にとって神話と音楽とが切り離しえないものだという考えが表れている。もっともその「音楽」は古典的なものに限られているようだ、という批評家の指摘はおそらく当たっているのだろう。

いずれにせよ右に引いた言葉には、レヴィ＝ストロースにとって、人類学の研究が単に鋭敏な知覚ばかりでなく、裸体が画家に及ぼす効果にたとえられる、官能を刺激するある色合いをもった作業であることが示されている。そこにはまた、色彩や形や音という素材から官能的な享受に供される作品を作る画家や音楽家を身近な存在と感じ、その感性をつぶさに知っていることがうかがえるが、それも不思議ではない。というのもレヴィ＝ストロースの父は、商業学校を出て一時は勤め人になったものの、生来の希望を捨てがたくて画家になった人であり、また父の母の父はその世界ではよく知られた作曲家であり指揮者だった人物だからである。画家と音楽家とは父と父の祖父のことでもあるのだ。

父の祖父イザーク・ストロースは、一八〇六年、つまり一九〇八年生まれの曾孫クロード・レヴィ＝ストロースの百二年前に、ドイツとの国境に近いアルザス地方のストラスブールに生まれたユダヤ系フランス人であった。彼は「花の都パリに上京し」小さな楽団を率いるヴァイオリン弾きとなり、作曲家ベルリオーズや、ナポレオン三世の宮廷やパリのブールヴァールの劇場を賑わせた「ヴェルサイユの小モーツァルト」オフェンバックの協力者となった。音楽の世界では大いに出世してルイ＝フィリップ王の宮廷舞踏会の指揮者や、ナポレオン三世時代にはヴィシーのカジノの責任者を、後にはオペラ座の指揮者も務めた。骨董《こっとう》に造詣《ぞうけい》が深くその売り買いにも手を染め、コレクションの一部はパリのクリュニー美術館に残されているという。ナポレオン三世の未亡人となった老いたウジェニー妃をじかに見たことがあるというとおり、レヴィ＝ストロースの子供時代には、この曾祖父をつうじて第二帝政のいくぶん浮薄だが華やかで陽気な社交界の記憶の残り香がほのかに漂っていたといえるのだろう。

また母方の親族も画家との縁が深く、母の上の姉は少しは名の知られたカロ＝デュヴァーユという画家と、下の姉も若死にしてしまった画家と結婚していたという。いずれにせよ画家の暮らしは楽ではなく、父親は器用さを発揮して、布地にプリント紋様をつけたり、模造漆《うるし》の中国風のテーブルを作ったり、安物の日本の版画をガラスに張ってランプシェードを作って売ったりして「月末に家計の帳尻が合えば何でも」よく、あらゆる手間仕事をこなし、時には息子もそれを手伝ったという。後に『野生の思考』で「器用仕事（ブリコラージュ）」という言葉に豊かな思想的な意味を与えて使うことになる背景にはこうした経験があるのだろう。そして、日本滞在の時に示した伝統的な職人仕事への強い関心の源もここにあるのだと思われる。

母と父が知り合ったのが、画家同士のつきあいからなのか、親戚同士のつながりからなのかは分からないとレヴィ＝ストロースはいう。というのも、父と母はまたいとこ同士だったからである。くわしい親族関係は対談でも触れられてはいないが、父の姓がレヴィであり、父の母方の祖父がストロースであることから考えれば、父方の祖母と母方の祖父が、いとこ同士だったということなのかも知れない。

一九七三年、『神話論』という大きな業績を完成したレヴィ＝ストロースをアカデミー・フランセーズに迎えるにあたって、新しいメンバーの経歴と業績を紹介し讃える慣例の挨拶を行ったロジェ・カイヨワは、いくぶん意地悪さが感じられなくもない演説のなかで、またいとこ同士の親をもったレヴィ＝ストロースが、生まれる前から親族関係のうちに「文化の相互関係の複雑で強制的な体系」を見る研究を行うことを運命づけられていた、と紹介している。レヴィ＝ストロースのデビューを飾った一九四九年刊行の大冊の学位論文『親族の基本構造』が、オーストラリアのアボリジニーやアジア各地の伝統社会で観察された「交叉イトコ婚」の制度を主題としていたことを指しているわけである。

そこでは人間にとってもっとも原初的ともいえる親族関係が、イトコ同士の結婚の制度によって外の世界に対してどのように開かれあるいは閉じられるかが問題とされている。イトコは互いに、近親と他人との境界線上に位置するともいえよう（フランス語のクザンつまり「いとこ」は広い意味では「またいとこ」や遠縁の親族を含んでいる。対談においても人間関係の広がりの要所要所で「いとこ」が言及されている）。

いわばこの境界上に生を享けたレヴィ=ストロースは自己の探究としてこうした結婚制度の意味を考えずには済まなかったのだ、とカイヨワはいいたげである。ユニークな視点から森羅万象に鋭い分析を加えた批評家カイヨワとレヴィ=ストロースは、一九五〇年代に互いに敵意をむきだしにして批判しあった仲であり、アカデミーへの加入と歓迎の二人の演説のやりとりは和解の機会となるはずのものだったのだが、そのことは後にふれよう。

若き構造主義者そして社会主義

画家である父の家計は安定した生活とはほど遠かったが、文化あるいは教養の点ではきわめて恵まれた環境のもとに成長したと、レヴィ=ストロースは回想している。そしてクロード少年は、知的にも鋭い子供だったのであろう。まだ自分で歩くこともできずもちろん字も読めなかった頃のエピソードとして、母が話してくれた次のような話があるという。乳母車に乗せられた幼いクロードは、「肉屋(boucher)とパン屋(boulanger)の最初の三文字は『ブー』(bou)という音を表しているに違いない、だって両方とも同じような形をしているじゃあないか」と叫んだというのである。「もうその年で不変の要素を見つけようとしていたらしい」、とは自分自身のコメントだが、わたしは、むしろこの頃すでに言葉の「音と意味」の探究に自らを捧げた言語学者、ヤコブソンとの出会いが予感されていたと言ってみたくなるのである。

小学生の頃には父は学校の成績がいいと、紙ばさみから安いものとはいえ日本の浮世絵を取り出してご褒美にくれた、それが幼いときから自分の異国趣味を育てたという。今日レヴィ=ストロースが子供時代の趣味に忠実に、立派な浮世絵のコレクションをもっていることは、テレビで放映された川田順造との対談でも披露されている。

今世紀の激動の時代にさしかかる第一次世界大戦では、国内での看護兵となった父親は幸い無事に動員が解除され、たいへん優秀ないとこが一人戦死した以外親族には犠牲者はなかったという。大戦の終了とロシア革命、レーニンの権力掌握と世界各国における共産党の結成（フランスでは一九二〇年）、レーニンの早すぎた死（一九二四年）、それに続く党内闘争など激動の台風の眼としてのロシアの動向も、ドイツの賠償問題の紛糾をきっかけとするフランス軍によるルール占領も、それに続くヒトラーによるミュンヘン蜂起（一九二三年）も、パリにすむクロード少年の生活にはまだ直接の影響を及ぼすことはなかったのだろう。

13歳のレヴィ=ストロース（1921年）。

後に親友となる一八九六年生まれで十二歳年長のヤコブソンは、学生時代からすでに新進の「フォルマリスト」言語学者としてモスクワで活発に活動した後、おそらく共産党支配への違和感からロシアを離れ一九二〇年には活動拠点をプラハに移していた。ほぼ二十年後『親族の基本構造』の理論的基礎のひとつともなる、フランス人類学の指導者モースの『贈与論』が『社会学年報』に発表されたのも、まだ束の間の平和の続く一九二五年のことであった。

国際的な政治情勢の直接の影響はなかったとはいえ、高校生となったクロード少年は、すでに子供の頃のパリ近郊や休暇中の南フランスでの山谷を歩き回る生活とは異質な、同時代の知的な世界に次第に踏み込み始めていた。それも鋭敏な少年がみなそうであるように、学校教育の枠外での、いわば独学による探究だった。人類学的研究の途上で繰り返し吟味し批判してゆくことになる精神分析理論のフロイトの著作は、クラスの級友の父親が、当時フランスにおけるフロイト主義普及の中心人物であったマリー・ボナパルトの協力者だったという縁から関心をもち、フランス語の初めての訳が出版されるのとほぼ同時に読んでいたという。

このころからほぼ三十年後に書かれた『悲しき熱帯』でレヴィ=ストロースは、自分にとってフロイトの思想は、山谷を歩きながら体得していた地質学の意味に対応していたと述べている。フロイトと地質学の出会い……。「蒼ざめ、混沌とした線、岩の残片の形や密度の中にある、しばしば知覚しがたいような差異が、現在私が見ているこの不毛な地に、かつては二つの大洋が相次いで存在したことを証明している」。それは空間と時間が境を失って融合し、一方は大地の構成において、一方は精神の深みにおいて、「現在の瞬間を生きている多様さが、歳月を並置し、それを朽ち果てないものとして定着させる」ことを理解するという経験なのだ。

フロイトにわずかに遅れて、父親の友人として知り合ったベルギー人の社会主義者からマルクスの著作の手ほどきを受けたのは高校の高学年の時であった。おそらく共産党と分裂した後、再建のために志気が高まっていた時期にあって、このベルギーの社会主義者も鋭敏な若い同志の教育には熱心だったらしい。やがて高校の哲学の授業で出された課題についてまとめた小論が、ベルギー労働党の印刷局から出版されレヴィ=ストロースの知られざる処女出版となった。それはフランス革命後期に無産者の主張を代弁したとされるバブーフについて論じたものであったという。

マルクスは「物理学が感覚に与えられたものから出発してその体系を築いていないのと同様、社会科学は事象という次元の上に立つのではないことを、ルソーに続いて、私には決定的と思われる形で教えてくれた」とされる。そしてマルクス主義は、地質学や精神分析とは、「実在の異なった次元でしかし同じ遣りかたで」働くように思われたという。「探究によって三者が目指すところも同一である。すなわち、感性の領域を理性の領域に、前者の特性を少しも損なうことなしに統合することを企てる、一種の『超理性論』である」。

『悲しき熱帯』では、ここに引いたとおり精神分析とマルクス主義とが、体験に裏づけられた地質学の直観と重ね合わされ、青年クロードの「超理性論」的な精神形成を方向づけたと語られている。エリボンとの対談では、こうした理論のレベルだけでなく、青年時代に社会党の組織内で行った政治活動についてもかなり詳しく語られている。「当時の私は政治に熱中していました」という言葉は（ただ、すぐに「政治問題を考えることにです」と言葉を補っている）、わたしにはかなり意外なものだった。きわめて知的な構造主義の理論家というすでに定着していたレヴィ＝ストロースのイメージと、社会党の青年活動家とはどうにも結びつきにくかったからである。本人の言葉によれば、学生時代には社会党の学生組織の書記長を務め、若手活動家で「建設的革命」というグループを作り、後に人民戦線内閣の農業担当大臣となった党の若手代議士の秘書として、いくつかの法案の説明文の作成さえもおこなったという。

法学士号を取得し、さらに難関として知られた「哲学教授資格試験」の準備の間はさすがに政治活動は休止したが、一九三一年に三位という優秀な成績で合格し、曾祖父の故郷アルザスで兵役を済ませ、高校の哲学教師に就職した後は政治活動を再開し、自ら地方議員選挙に立候補しようとしたこともあるという。戦後、サルトルが唱えた政治参加（アンガジュマン）とは違った意味で、青年時代のレヴィ＝ストロースはきわめて実践的に政治に関わっていたのだ。一面では青年期の決算として書いたという『悲しき熱帯』にこのことが余りふれられていないのも、むしろ興味深いことである。

こうした社会主義の信条と人類学的な関心の結びつきは、上の世代のモースやフランス社会学の創立者デュルケームにおける社会主義思想と社会学の理論的探究との微妙な関係にも呼応する。またユダヤ系知識人の思想的伝統の問題にもつながるものとして、フランスにおける近現代思想史のより大きな枠組みのなかで考えられるべき問題だろう。

経済大恐慌が起こり世界に影がさし始めていたこの時代、二十代になったレヴィ=ストロースは、一九二九年の教育実習では、サルトルの伴侶となるシモーヌ・ド・ボーヴォワール、そして将来の親友となるメルロ=ポンティと出会い、資格試験では夭折した思想家シモーヌ・ヴェイユと同期であったという。

エリボンが引用するボーヴォワールの言葉によれば、教育実習の時の二十一歳のレヴィ=ストロースは、その沈着さが「私に気後れを感じさせた。しかし彼はそれを巧みに演じており、私は、彼がその抑揚のない声と表情のない顔つきで、情熱というものがはらむ狂気について生徒たちに話しているのを見ると何か奇妙な感じがした」という。沈着さと情熱。この両極の一致の観察は、案外レヴィ=ストロースの一面を衝いているとも思える。

父が1935年にパステルで描いた肖像。おそらくブラジルへの出発直前であろう。

2 ブラジルへ——森と大都会

出発

「私は旅や探検家が嫌いだ。それなのに、いま私はこうして自分の探検旅行のことを語ろうとしている」。『悲しき熱帯』の第一部「旅の終わり」の冒頭、「出発」という章はそう始められている。そのように書くレヴィ＝ストロースが、熱中していた政治活動も捨ててブラジルへと旅だった理由は何だったのだろうか。

人生の転機が明快で意識的な決心で選ばれることはむしろ稀なのだろう。レヴィ＝ストロース自身必ずしも互いに結びつくわけではない、いくつかの理由をあげている。高校哲学教師を二年経験しただけで彼は「自分の残りの人生のすべてが、同じ授業の繰り返しのうちに終わるかもしれない、ということを感じ取って慄然《りつぜん》とした」という。「未開人が耕地にするために草原を焼く火」のように、新しい領域を求める「私の知能は新石器時代の人間の知能なのである」。そして自分が研究対象として選んだ人々の文化の構造と「自分の思考の構造とのあいだの親近性のために、それとは気づかないうちに私は民族学に心を惹かれたのではなかったか」とも回想する。

とはいえこの親近性に気づき始めたのは、三四年ころアメリカ人類学の中心人物ローウィの『原始社会』を読み「理論家とフィールドワーカーが混然一体を成して」いるのに「圧倒された」という後なのかもしれない。その五、六年前、ちょうど二十歳ころに、『金枝篇』などの大著でつとに名声を確立していた、晩年のフレイザーが、パリを訪れソルボンヌ大学で講演を行った時には、レヴィ=ストロースはそのことを知りながら聴講に行こうと思い立つことさえなかったというのだから。

いずれにせよ、当時フランスでは人類学（民族学）は新しい分野として、学問を志す若い知性の関心を惹き始めていた。レヴィ=ストロースより数年年少で、後にインド研究から近代西欧についての比較社会学へと進むことになるルイ・デュモンが、モースの講義を聞き始め人類学に引きこまれたのもこのころであった。またレヴィ=ストロースは言及してはいないが、モースの第一世代の弟子たちが組織したアフリカ横断の「ダカール・ジブチ探検隊」が帰国して成果を刊行し始めたのもこのころだった。

そして哲学教授資格試験合格者から人類学に転向した最初の例として、アステカ帝国やインカ帝国の研究で名を成すことになるジャック・スーステルがメキシコに出発し、また自分のいとこの夫でありすでに作家としてデビューした年長者として距離を置きながら敬意をもって見ていたポール・ニザンが、アラビア滞在の経験をもとに本を出したこともレヴィ=ストロースにとって刺激となったらしい。『悲しき熱帯』に詳しく描かれている経過をたどってレヴィ=ストロースが、新設のサンパウロ大学で社会学を担当するために慌ただしくブラジルに赴任したのは、一九三五年二月、二十七歳の時であった。「旧世界」から「新世界」へと向かう船上で書き留められた「日没」の描写が、『悲しき熱帯』の一章として数ページにわたって引かれている。洋上で見渡すことのできる、天球全体で繰りひろげられる光と空の色彩のオペラともいえる「日没」の刻々の微妙な変化を描く試みをレヴィ＝ストロースは人類学的記述への修練にたとえている。「同じ状態では決して再び生ずることのない一つの事象の、さまざまな段階とその移り行きを他の人々に伝える能力が与えられていたら、そのとき私はただのひと跳びで、恐らく私の仕事の奥義に達していたことであろう」。ある透徹した批評家は、「恩寵《おんちょう》にひたされた状態」で書かれたというこの日没の描写に、著者レヴィ＝ストロースにとっての「絶えず反復される終わりの意識」としての「西欧」の歴史意識のドラマの隠喩を読みとっている。

西欧に別れを告げた「新世界」への導入は「無風帯」という章から始められている。「両半球に固有の風が双方から来てこの地帯で止まり、何週間ものあいだ、船の帆は、それに生気を与える一吹きの風もないままに、垂れ下がって」しまう、かつて航海者たちに恐れられていた無風帯。そこでは「微風さえもなく、雲はただ重力にだけ感応して海面に徐々に低下し、消えてゆく」。かつてコロンブスが口火を切ることになった、「両半球に固有の」未知の者同士の出会いから生じた誤解の悲劇と「新世界」にもたらされた災厄を振り返りながら、日没の色の饗宴とは対照的な、無彩色の暗鬱《あんうつ》な重い大気のなかで、レヴィ＝ストロースはいくぶん高揚した口調で呼び掛けている。「ヒューロン族よ、イロクォイ族よ、カリブ族よ、トゥピ族よ、私はとうとうやって来たのだ」。

一九三五年当時のサンパウロは、日々姿を変えてゆく生成途上の大都市であり、「地理学者や社会学者や民族学者に、興味のつきないスペクタクルを提供した」という。大学での講義のかたわらレヴィ＝ストロースは、フォークロアを研究する最初の妻（後に離婚する）とともにこの歴史と開拓の前線都市周辺の調査を試みるいっぽう、サンパウロから遠くないパラナ州のインディアン保護局（ＳＰＩ）管理下のカインガング族を訪ね、その荒廃した生活ぶりを眼にしたりする。そして大学の休暇の始まる三五年の末には、その時を待ちかねていたかのように、直ちにブラジル内陸部の数ヵ月にわたる調査に着手している。

森と荒野の人々

まだ人類学を専門的に修得する前に試みられた（本腰を入れて人類学を勉強したのは後のニューヨーク滞在の時だと自ら回想している）ブラジル滞在中の調査旅行が、いわば誕生以前の経験として、のちのレヴィ＝ストロースの人類学に消すことのできない刻印を記したことは言うまでもない。いわば引き延ばされた青年時代（二十六歳から三十歳まで）の重要な転換期に当たるブラジルでの四年間を、まず順を追って確かめてみよう。

初年度の学期が終わった十一月にはすぐに首都を離れ、荒野を重い足取りで進む汽車と蛇行する川をゆっくりと遡《そ》行《こう》する船を利用してサンパウロの北西方向の奥地マト・グロッソ地方のカデュヴェオ族とボロロ族のもとへと向かった。カデュヴェオ族のもとでの滞在は、数週間ほどの短いものだったらしい。『悲しき熱帯』では、彼らの土地にたどりつくまでのパンタナルと呼ばれる巨大な沼地の困難な横断の情景と、その周辺に点々と孤立して暮らす白人開拓者たちのいくぶんか狂気じみた暮らしぶりの描写が印象的である。

短い滞在で「言語をならうことは問題にならなかった」とはいえ、レヴィ=ストロースは眼に見えるものについては細心の注意を払って観察し、家の構造の細部や家財道具、紋様をほどこした土器、双子の母を表した木彫などについてノートを取り、かなりの数の物品を資料として購入したらしい。そして彼の注意はなによりも、カデュヴェオの女性たちの顔に施された幾何学紋様の装飾にひきつけられた。その特徴的な様式のなかにレヴィ=ストロースは、かつては精緻に組み上げられていたが、人口のほぼ四分の三を失って見る影もなく崩壊した身分制社会の痕跡を見ようとする。その分析は後にふれよう。

カデュヴェオ族のもとを発ってブラジル・パラグアイ国境の街コルンバに至り、そこからマト・グロッソの州都クイアバまで、外輪船の旅は、水位の高い雨季には一週間、砂洲の露呈する乾季には少なくとも三週間かかるものだったという。クイアバからはほとんど道もない荒野を、砂金採取人たちのキャンプ「ガリンポ」をたどって、寸刻みのように遅々としたトラックの移動でサンロレンソ川のほとりに出るまで野宿の日々が続く。そこからはカヌーでボロロ族の村に近づく以外、方法はない。ようやく河畔の森に囲まれたボロロの村にたどりついた時の高揚をレヴィ=ストロースは次のように言い表している。

まだそれほど汚染されていない文明をもった原住民の一村落に初めて辿り着いた人間に襲いかか

る、あの深くしかも混乱した印象の数々を、どう順序だてて記述したものだろう？　カインガング族のところでもカデュヴェオ族のところでも、近隣の小農民の村と似た集落は、何よりもまず度外れの惨めさによって注意を惹いたし、最初の印象は、うんざりする、気力を挫《くじ》かれるようなものだった。だが、まだ生きており、しかも自らの伝統に忠実な一つの社会を前にした時の衝撃は、私をうろたえさせるほど強いものだった。

調査の原光景

一九三六年一月から二月にかけてのこのケジャラ村での滞在が、レヴィ＝ストロースの人類学の原点となった。その経験の衝撃がどれほど強いものであったかは、ほぼ三十年ののちに書かれた『神話論』で、数百にのぼる南北アメリカ・インディアン神話分析の起点に、何度も立ちもどって検証される基準神話としてボロロの神話が選ばれていることにもうかがえよう。成熟した後に企てられた神話研究は、一面では著者自身の青年期の衝撃を再現し、増幅し徹底的に精査し体験し直すものだったと言えるのかもしれない。

この最初の調査の成果は同じ三六年度の『アメリカ学会誌』に早くも掲載されたレヴィ＝ストロースの処女論文「ボロロ・インディアンの社会組織研究への寄与」に従って後に手短かにふれよう。このボロロの村でもレヴィ＝ストロースはかなりの数の資料とりわけ弓矢、極彩色のオウムの羽根などで作った祭り用装身具などを入手した。

二年目の一九三六年の開講期間の余暇は獲得された資料の整理、処女論文の執筆などにあてられたのであろう。しかしそのいっぽうで、いちおう見切りをつけたはずのフランスでの政治動向にも熱い視線が注がれていた。左翼勢力の拡大と選挙での人民戦線の勝利、そして六月の人民戦線内閣の成立のニュースをレヴィ＝ストロースはラジオにかじりついて短波放送で追ったと、あるインタヴューで語っている。かつて秘書をしていた若手代議士が大臣となったことを知り、いつでも帰国できるよう荷作りをして待機した。「もしこの時呼び戻されていたら私は政治家としての人生を送っていたことでしょう」。しかし、ついに召還の手紙は来なかった。

そして二回目の冬休み（南半球のサンパウロでは夏となる）は、収集された資料をパリに持ち帰り人類学博物館の後援で、「ブラジル、マト・グロッソのインディアン」と題した展示会を開くことに当てられた。最初の論文とこの展示会によって、レヴィ＝ストロースはフランスの人類学の世界で新進の研究者として一定の評価を受け、次の長期調査旅行への精神的支援と財政的援助を獲得することができた。

この休暇中、レヴィ＝ストロースは、かつて自分が活動していた社会党支部を訪れ、政権の座についた党が昔の熱気と親密さを失い、出世主義の巣窟となってしまったことを確かめて失望したと述べている。その年の二月、人民戦線内閣は経済政策の行き詰まりから、改革休止宣言を出すことを余儀なくされている。

ブラジルにもどったレヴィ=ストロースは、翌一九三八年にはサンパウロ大学を辞職し（すでに三七年のうちに辞職していたのかも知れない）、五月には再びブラジル内陸部のサバンナと森への入り口であるクイアバに赴き、ほぼ八ヵ月を予定した旅行の準備にとりかかった。旅行の全期間を支える食料を運ぶ三十頭の牛、その世話をする十五人の牧童、そして牧童一人一人に騾馬《らば》一頭とライフル一丁を支給し、収集品の運搬用の大型トラックを調達するという編成は、かなり大規模な探検隊と呼んでさしつかえないものであった。それは「クイアバからマディラ河まで高地地帯の西部を横切って、ブラジル民族学——そして地理学——の一種の断面図を作ってみよう」という試みであった。

六月にクイアバを出発した隊は、十数年前に完成し、首都リオデジャネイロと北西の奥地を結びつけた電信線に沿って、荒野を進んだ。電信線に沿って、かなりの距離を隔てて置かれた駐在員の白人家族が、時には狂気と紙一重の絶望的に孤立した生活を送っていた。『悲しき熱帯』は、極端なものに直面しても沈着さを失わぬユーモアで、悲劇的なまでに滑稽なやりきれなさをかろうじて支えるこうした人々の生への情熱を描いている。時にはその文体は、後にラテンアメリカ文学が生み出す「魔術的リアリズム」を予感させるものとなっているとわたしには思える。

森と荒野のさなかでインディアンに襲われて殺される恐れも、現実的なものであった。レヴィ=ストロースがしばらくの間生活をともにしたナンビクワラの一団は、まさに数年前、ある電信局の白人との間に誤解が積み重ねられたあと、彼らを襲って殺した者たちだということが会話から確かめられたという。

人間の原初の姿

精緻な手仕事や身体装飾をおこない複雑な社会を作り上げたカデュヴェオやボロロの人々とは対照的に、このナンビクワラの人々は、ほとんど物的な装備ももたず、服を着ることもなく、雨季には村で簡単な農耕を行い、乾季には乏しい食糧を求めて遊動する、一見「人類の幼年期」とも思える原初的な生活を送っていた（ただ、この素朴さはむしろ高度な文明からの脱落と一種の退化の結果であろうとレヴィ＝ストロースは推測している）。彼らは南米のインディアンの発明品であるハンモックさえ使わず砂地に直に寝る。家財道具は女が背負う籠《かご》一つに収まってしまうほどだ。現実的にも比喩的にも裸で、余りに無防備ともいえるその生き方に触発されて書かれた調査ノートの一節が『悲しき熱帯』に引かれている。

……初めてインディオと共に荒野で野営する外来者は、これほどすべてを奪われた人間の有様を前にして、苦悩と憐みに捉えられるのを感じる。この人間たちは、何か恐ろしい大変動によって、敵意をもった大地の上に圧《お》し潰《つぶ》されたようである。覚束なく燃えている火の傍らで、裸で震えているのだ。……しかしこの惨めさにも、囁《ささや》きや笑いが生気を与えている。夫婦は、過ぎさって行った結合の思い出に浸るかのように、抱き締め合う。愛撫は外来者が通りかかっても中断されはしない。

彼らみんなのうちに、限りない優しさ、深い無頓着、素朴で愛らしい、満たされた生き物の心があるのを、人は感じ取る。そして、これらさまざまな感情を合わせてみる時、人間の優しさの、最も感動的で最も真実な表現である何かを、人はそこに感じ取るのである。

こうしてナンビクワラ族において、いわば人間の原初の姿に接し、三ヵ月ほど生活を共にしたのち、レヴィ＝ストロースは調査旅行を続け、「すべてを奪われた」乾いた荒野を抜けマディラ河支流の森林地帯に入り、森の恵みに生きかえる思いを経験する。その喜びは「私たちは食べることへの熱狂に取り憑かれ……三日間というもの料理と食事に掛かりきりだった」と語る言葉や、フィールドノートから引かれた「蜂鳥の針刺し焼きウィスキー・フランベ、鰐《わに》の尻尾《しっぽ》焙《あぶ》り焼き、焼き鸚鵡《おうむ》のウィスキー・フランベ……」などが次々に列挙されたいかにも風変わりな森の料理一覧表によく表れている。

しかし森はレヴィ＝ストロースにとっては、食べることの喜びだけでなく、むしろそれ以上にさまざまな感覚の覚醒の喜びを与える場だった。「森で」という章は、自然と官能との相互作用の新鮮な描写に溢れた『悲しき熱帯』全体の中でもとりわけ印象的な部分である。それは夜の火の傍らで、果てしなく広がる荒野の空間のただ中で裸で眠る人々の、寂しげな群れの情景とは鮮やかな対比を成している。森は冷やりとした植物的生命で人を包むのだ。

草と花と蕈《きのこ》と昆虫の一社会が、そこで或る独立の生活を自由に営んでおり、その生活に仲間入りを許されるかどうかは、われわれの忍耐と謙虚さにかかっているのである。何十メートルか森に入って行くだけで外の世界を捨て去るのに十分であり、一つの世界がもう一つの世界に席を譲る。そこでは視覚はあまり楽しまないにせよ、聴覚と嗅覚という、視覚よりさらに魂に近い感覚がその所を得るのである。すでに消滅してしまったと思われていた様々な富——静寂、爽やかさ、平穏——が甦る。今では海がわれわれに拒んでいるものや、山があまりに高い代償を払わせるものを、植物界との親密さがわれわれに譲り渡してくれる。

森に入ってからは、かつて一度存在が確認されていただけの未知の集団にも遭遇し、さらにトゥピ＝カワヒブ族の小さな集団の村を訪ねる。こうしてようやくレヴィ＝ストロースの一隊は所期の目的を果たし終えたのである。

一九三九年初頭、旅の終りに滞在していた内陸の町でたまたま見つけた新聞によって、レヴィ＝ストロースは、ほぼ四ヵ月遅れで、三八年九月のミュンヘン協定の締結と、急テンポで戦争の破局へと向かうヨーロッパの動きを知ったという。人間のか弱い営みの痕跡をたちまち消し去り風化させてしまいそうな過剰な生命力の支配する森と、過剰な自然の支配する荒野を九ヵ月ほどさ迷い歩いたあと、レヴィ＝ストロースは再び歴史の支配する現実にひきもどされたとも言えるのかも知れない。

『悲しき熱帯』の終わり近くには苦い自問の言葉が記されている。「何をしにここまでやって来たのだ？

……民族学の調査とはそもそも何なのか？」そして「私がフランスを去ってからもうやがて五年になろうとしていた。私は大学の職を放棄していた」という言葉に続いて、次のように語られている。この一節は回想のなかで「政治への関心」が直接語られているほとんど唯一の箇所でもある。

このあいだに、もっと賢明な私の同級生たちは、大学人としての梯子を先に登っていた。私もかつてそうだったように、政治に関心をもっていた連中はもう議員で、やがて大臣というところだった。そして私はといえば、僻地《へきち》を走り回り、人類の残り滓《かす》のようなものを追い求めているのだ。

「人間の優しさの、最も感動的で最も真実な表現」さえも、個々人の成功を目指す「力の探求」の場である苛酷な歴史の光のなかでは、色褪《あ》せた「人類の残り滓」でしかないというのだろうか。いやむしろレヴィ＝ストロースの真意を理解するには思考の順序を逆転すべきなのだろう。西欧から自分を引き離すことで「人類の残り滓」とされるもののうちに身を置いて、その「真実」をつきとめること。この「真実」を照らし出す新たな歴史の光学を作りだすこと。「無風帯」での呼び掛けの意味はそのようなものだったと思われる。

3 悲しき熱帯

構造以前

一九三九年の始めにレヴィ＝ストロースは、ブラジルのサントスの港を出てフランスに帰国する。その後ドイツ占領下のフランスを脱出してアメリカに亡命し、プラハから北欧を経てやはり亡命してきた言語学者ヤコブソンと出会い、「構造」というキーワードをめぐってすでに言語学が達成していたことについて教えられ、構造人類学の形成へと導かれる。このいわば放浪と出会いの時期については次章で見ることにしよう。

一九四〇年代から五〇年代にかけての一連の考察は、『親族の基本構造』を大きな核として互いに網状に結びついた問題群の星雲を成している。その構造主義の生成過程が「歴史学と民族学」の関係についての考察や「民族学におけるアルカイスムの概念」など、後に『構造人類学』という論集に収められる論文、そして『人種と歴史』に示されることになる独自の歴史理解の深化と同時に進行してゆくこと、いいかえれば、しばしば誤解されているような「構造」か「歴史」かという二者択一などではなく、「歴史」がむしろリードしつつ、両者が微妙な相互関係のなかで対比される概念として仕上げられてゆくことにも後に注目しよう。

こうして「構造」概念が触媒となって一挙に問題系が織り上げられるのに先立って、いわば加工以前の生の素材としてのブラジル経験をレヴィ＝ストロース自身はどう考えていたのだろうか。この問いは、その探究の起点を見定めるためにもけして無意味な問いではない。しかし同時にきわめて答えの出しにくい問いでもある。というのも三七年から四三年辺りまで、ブラジル滞在の後半から「放浪」の時期にかけては専門的な論文はほとんど書かれておらず、その後の業績はいわば第一次「構造革命」ともいうべきヤコブソンとの出会いを経た後の仕事になるからである。ただ「歴史」への鋭い意識がむしろ先行していたことは、後にふれるとおりである。

この、第二次世界大戦の激動を目前にして、歴史の影のなかで、あるいは歴史の余白でおこなわれた、自然のさなかに生きる「異なる者」たちとの遭遇はレヴィ＝ストロースに何を教えたのだろうか。『悲しき熱帯』がカデュヴェオ、ボロロ、ナンビクワラ、トゥピ＝カワヒブの四つの集団をさまざまな意味で見事に構造的対比を示すものとして描いていることは、単に回想録を構成する上での工夫から生まれた作為ではないだろう。構造的対比というのは次のことである。

カデュヴェオとボロロは高度に精緻な社会構造と、それに関連した形象表現の体系を作り上げた点で、素朴なナンビクワラと鋭く対比され、しかも前者のうちカデュヴェオにおいては精緻な構造はすでに失われ、それを文献資料によって再構成しなければならないのに対して、ボロロにおいては活力に満ちた伝統が生き続けていて同時代的な観察が可能である。

半遊動生活のナンビクワラは、その組織の簡潔さによって政治社会生活の始源への考察を誘い、その過去も文献ではなく（文献はほとんど存在していなかった）きわめて波長の長い言語学的事実を手掛かりに推論しなければならない。

いっぽうトゥピ＝カワヒブは小さな遊動集団にまで縮小され、その点でナンビクワラに似た状態にあるとはいえ、もともとはブラジルの主要部分を占めていた大集団であるトゥピ語系の一員としてかれらの習俗のかなりの部分は、十六世紀以後に残されたヨーロッパ人の旅行記という文献資料による照明を当てることが期待できる。

こうして四つの集団は、定着・遊動という生活形態、形象表現の有無、社会構造の複雑さの度合いにおいても、また文献利用と直接観察の適否という研究法の上でもくっきりと対比されるのである。その意味で四つの集団の見聞は「ブラジル民族学の一断面図を作る」ことを目指す、いわゆる広域調査にとって、満足すべき多様性の幅を示すものだったともいえるだろう。

ボロロの人々

そのなかでもレヴィ＝ストロースにとってとりわけ大きな意味をもったのはボロロとナンビクワラという対照的な二つの集団であった。これら二つの集団の経験の間に、遠い祖国での社会的変革の実験と現実における行き詰まり（そして個人的にも参加できなかったという事実）を置くと、彼の社会への視線の奥行が見えてくるように思える。

ボロロ族に関する処女論文でレヴィ＝ストロースは、とりわけそれ自体は目に見えるものではない社会組織がどのように眼に見える形を与えられるかということに関心を注いでいる。そこでいう社会組織は、かなり乱暴にまとめれば、ボロロ社会の基礎となる「氏族（クラン）」がどのような特徴をもったカテゴリーであり、それらの間にどのような婚姻関係が結ばれてそれぞれの氏族が再生産され、社会が維持されてゆくかということ、そしてそうした集団の編成と首長の権威がどのような関係をもっているかということに要約されよう。

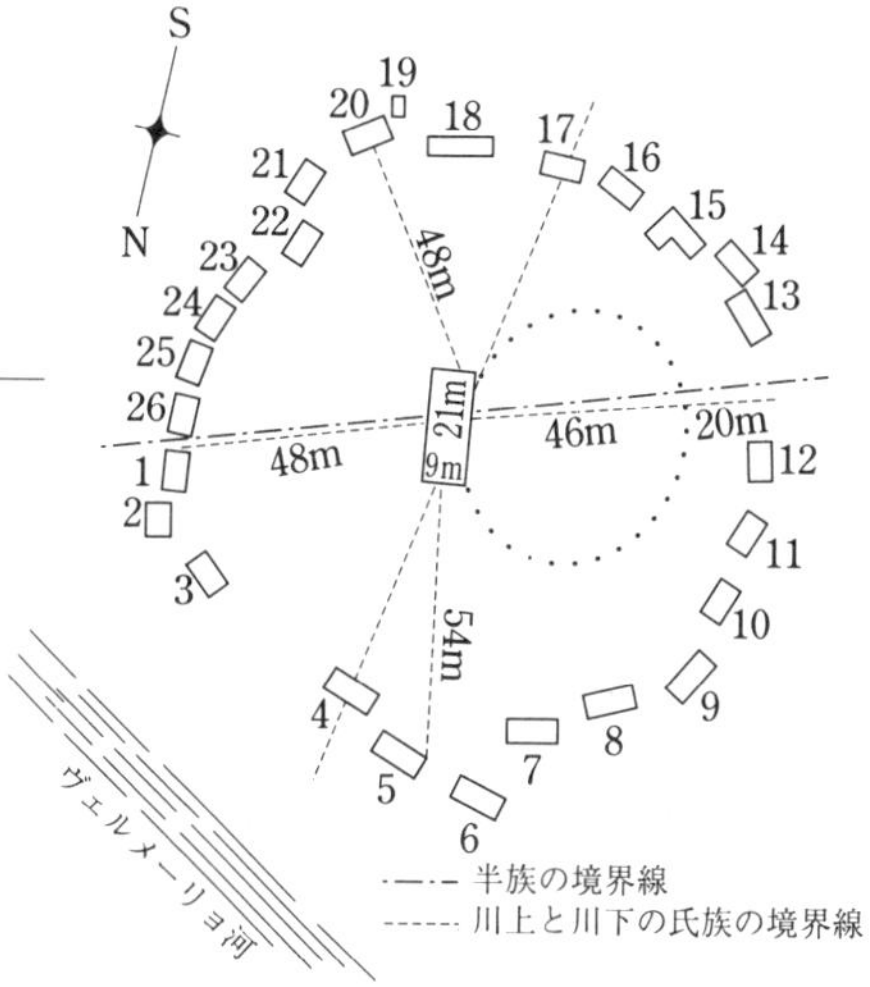

ボロロ族のケジャラ村の平面図
(『悲しき熱帯』より)。

「自らの伝統に忠実な」ケジャラの村では、河畔の林間地に、十の氏族から成る約百五十人の人々が住む合計二十六の家屋が、中央の大きな「男の家」を中心に、直径約百メートルのほぼ円環をなして配置されていた。ハリネズミ、トキ、バクなど主に動物の名をつけた氏族（しかしこれはいわゆるトーテミズムとはいえないとレヴィ＝ストロースは断定している）は、村の東西の軸を挟んで大きく二つの部分に分けられていた（著者はこれらを胞族《ほうぞく》という人類学用語で呼んでいる)。

人々は女性を通じてたどられるいわゆる母系の系譜によって母と同じ氏族に属し、男たちは成人するとまず「男の家」に移り、さらに「優先的結合」とレヴィ=ストロースが呼ぶ規則によって、反対側の胞族の女性と結婚し、妻の家に移り住んだ。村が二つの部分からなるこのような形の社会を人類学では「双分《そうぶん》組織」と呼ぶが、処女論文ではレヴィ=ストロースはこの用語を使っていないことが注目される。あるいはこの用語にまつわる議論に係わることを避けたかったのかもしれない。

この地域のボロロの人々全体に権威をもっていた大首長がケジャラの村に住んでいたため、首長についてはこの人物についての観察が記されている。それによれば首長は産児制限のための嬰児《えいじ》殺しを引き受けるほか、死者が村を訪れると見なされた死者祭宴の主催者となる。また日々の夕方、男たちに翌日なすべきことを命ずる光景や、祭具を購入しようとするレヴィ=ストロースとの手のこんだ交渉の様子など興味深い記述があるが、首長権の継承のしかたなど、多くの点が不明なままに残されている。

具体的な社会関係が、村の幾何学的な、さらにいえばトポロジカルな空間的配置にどう表現されるかという関心は、おそらく「感性の領域を理性の領域に、前者の特性を少しも損なうことなしに統合することを企てる」というルソーやマルクスから学んだという志向が、ボロロの社会に触発されて形をとったものといえるだろう。氏族の違いを鮮やかな鳥の羽根の色の組み合わせなどで表す、「紋章」としての矢羽根の意匠への関心にも同じ方向をみることができよう。さらにそこには手仕事の細部への注意力も表れている。

同様の視線は、男たちが祭りの時に装身具（？）として着ける陰茎鞘《ペニスケース》の観察にも発揮されている。これは長さ五十センチほどのヤシの葉の一端を巻いて先端の開いた三角錐状にし、残りの八センチから十六センチくらいの部分を旗のようにして氏族ごとに一定の紋様を描いたものである。「巻いた部分

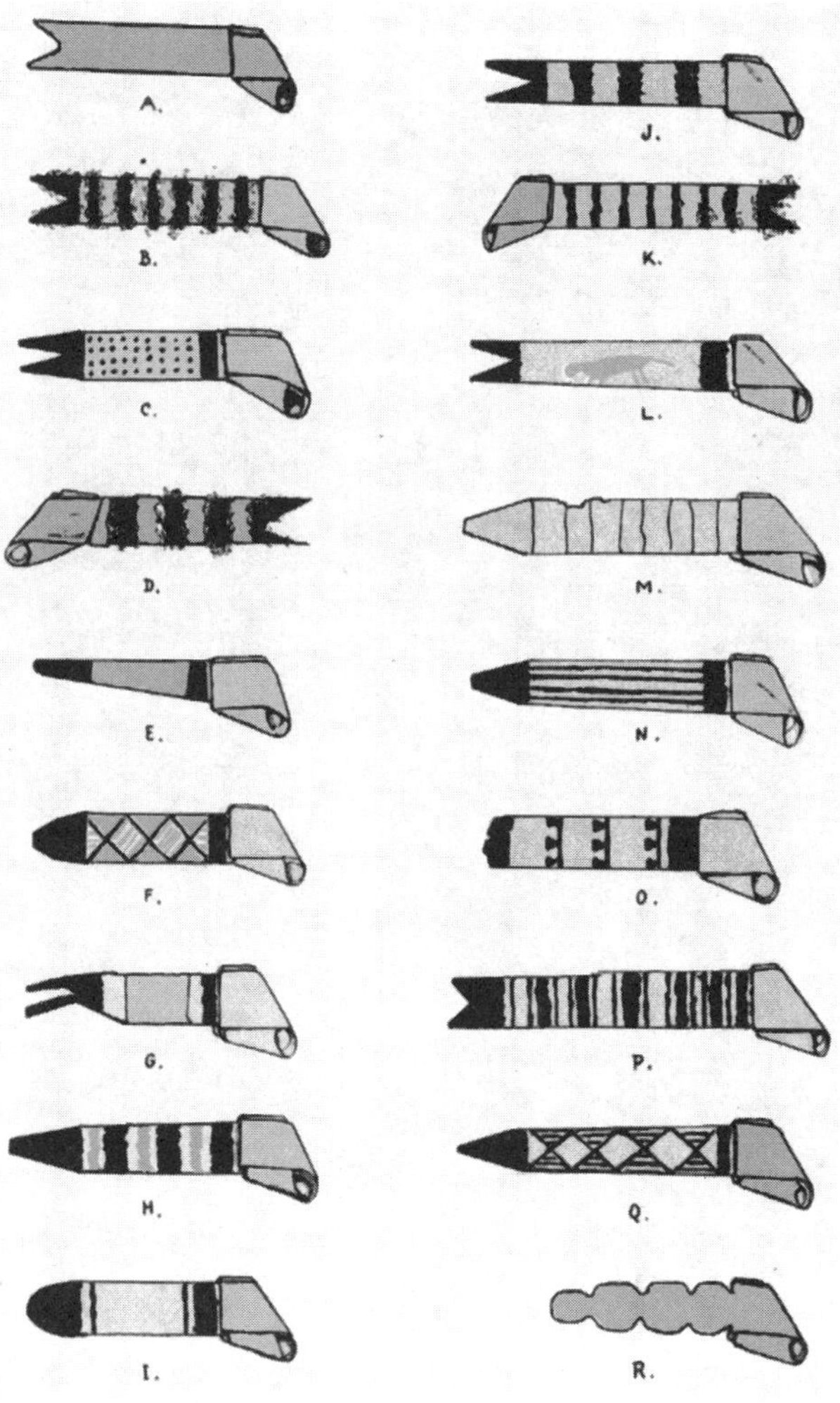

ペニス・ケースのさまざまなスタイル（「ボロロ・インディアンの社会組織研究への寄与」より）。

を陰茎の先にかぶせ、穴から包皮を引っ張り出すと、これが（弾力のある）縁取りになって鞘全体を固定する」という装着法の観察には、もの珍しい習俗への一抹のユーモアを帯びた好奇心も発揮されているようにも見える。

少し脇道にそれるかも知れないが、陰茎鞘は今も着想の源になるらしく、この処女論文から約五十年後の一九八八年に書かれた「出エジプト記をめぐる小喜劇」という、表題（'Exode sur *Exode*'）そのものが気のきいた言葉遊びとなった綺想《きそう》の小品ともいえる小論文で再びとりあげている。そこでは旧約聖書の「出エジプト記」の割礼の起源を描く文章と、ボロロにおける成年式での陰茎鞘の着け初めの儀式とが対比され、聖書の文章の曖昧な部分に後者が一つの照明をあてることが論じられている。

南アメリカのインディアンと旧約聖書の民との出会いは意外なものだが、著者によれば、実はこれら二つの儀礼は無関係ではない。というのも「包皮は自然の陰茎鞘であるという仮定を立てれば……陰茎の自然な一部である包皮を切除する代わりに、ボロロでは人工の、したがって文化のものである鞘を陰茎に付加するのだ。したがって文化の陰茎鞘を取り付けることと、自然の陰茎鞘を取り除くことは、付加あるいは除去によって陰茎に文化の記号を印すことなのだ」から。

この文化の記号を刻印されて初めて、旧約の時代にも、またボロロにおいても男は一人前になったことが認められ結婚することを許される。そしてレヴィ＝ストロースによれば、どちらの儀式においても名付け親あるいは義理の親が関与し、また包皮自体が嫁の比喩となっていると思われるという。

また割礼と陰茎鞘の装着とは、「いっぽうは亀頭を露出させ、いっぽうは隠す」が、ほとんど服らしいものを身に着けないインディアンにおいては、裸であることの羞恥心は、着衣と脱衣の差ではなく、少なくとも男にとっては、平静であることと、亀頭を露出し、したがって興奮状態であることを見られることにあるのではないだろうか、ともレヴィ=ストロースは言う。

こうした話題をどこかユーモアを感じさせながら、しかしいかにも学問的に冷静に語ってみせる口調には、先にふれたボーヴォワールの指摘する「沈着さ」を装った「情熱」が表れている、あるいは身体にまつわる官能性へのレヴィ=ストロースの関心の一面が表れているといえば考え過ぎだろうか。いずれにせよ、こうした文化の細部への視線は、『神話論』の冒頭に置かれたボロロ神話で、神話的先祖が氏族ごとの装身具を発明して社会的な区分を創出したと語られている一節の鋭い分析へと直接結びついてゆくことになる。

ナンビクワラの人々

ボロロ文化の洗練とは対極にあるともいえるナンビクワラについては、学位論文として書かれた『親族の基本構造』に添えられた副論文「ナンビクワラ——その家族・社会生活」がある。これは最初、アメリカ亡命直後、四一年から「語学の勉強のために」直接英語で書き始めたのだという。したがって構想の輪郭は、調査旅行の時にまでさかのぼるものであろう。わたしはこの原論文を見てはいないが、著者は、要点はほぼそのまま『悲しき熱帯』に再録されていると述べている。ほぼ十五年後に書かれた『悲しき熱帯』の描写が、素材としてのブラジル経験をそのまま提示しているわけではないにしても、ナンビクワラについては初発の経験をかなり忠実に反映しているのであろう。

数ヵ月の共同生活のなか、生活条件の厳しさなどを考えれば驚異的な集中力で、社会学的想像力が発揮され、ナンビクワラ社会を手掛かりに人間社会への根源的な問いの多くが提起されている。ここではその話題の主要なものを、『悲しき熱帯』の叙述の順（それはほぼ調査の経過と対応していると思われる）にしたがって列挙するにとどめておこう。

ナンビクワラの人々の生活の概観　十月から三月までの雨季の村での生活とそれ以外の時期の食糧を求めての遊動生活、言語の特徴、物的な装備の簡素さ、身長が低く、全員の血液型が0型であることなど身体生理的特徴が記述される。その全体が民族誌のエチュードとなっている。子供同士の喧嘩で相手をおとしめるために、本来他人に教えてはならない名前を調査者に告げ口に来たことを理解してから、レヴィ＝ストロースは、親たちがこの姦計《かんけい》に気づいて禁ずるまで、子供たちからご褒美と引き換えに群れの人々の名前を聞き出したというエピソードは、無形であるけれども人の同一性の核心に関わる「名」というものへの、ナンビクワラの人々の配慮と、人類学者の関心の共鳴を示して興味深い。きわめて簡素な道具立ての中で行われる家族生活、夫婦間の分業のありかたとそれに支えられた情愛に満ちた関係、その印象的な情景と、レヴィ＝ストロースの共感のこもった見方は、すでに引用した調査ノートの一節にも読み取られよう。

文字の発生と権力の問題　レヴィ＝ストロースの要求に従って、ある群れの首長が、別の群れと落ちあう手筈が整えられた。この時ならぬ集合によってナンビクワラの人口規模を推測する手掛かりを得たいというのが調査者の目論見だった。すでに調査者の行動を見知っていたその首長は、集合の場で、明らかに調査者の存在を計算に入れて自分を権威付けるために、もらっていた紙にジグザグの波線模様のようなものを描き、あたかもそれを読んで何か決定事項を新しい群れに伝達するかのように振る舞ったという。

この出来事が、レヴィ＝ストロースに、文字の発明をめぐる問いを抱かせた。すなわち土器製作、織り技術、植物の栽培化など、いわゆる「新石器革命」とよばれる人類史上の飛躍的な変化が、狭い意味での文字なしに達成されたのだとすれば、文字はどのような必要に応えようとして生まれたのか、文字は権力を保証する装置として発明されたのではないか（この後半の仮説の有効性についての批判的検討は、川田順造の『無文字社会の歴史』に詳細におこなわれている。また哲学者ジャック・デリダの『根源の彼方へ〈グラマトロジー〉』には哲学的視点からの批判が含まれているが、そこには逆にレヴィ＝ストロースの議論の衝撃を読み取ることができよう）。いずれにせよ、文字なしに達成されたと考えられる新石器時代の飛躍についての前半の問いは、そのまま残されているといえよう。

交易と戦争　ナンビクワラの人々ばかりでなく調査隊の一部にも悪質な眼病が伝染したのでその治療の

ナンビクワラの人々（『ブラジルへの郷愁』より）。

ために大部分の隊員を後に残して、レヴィ＝ストロースは二人の隊員とともにカンポス・ノーヴォスの電信局まで進んだ。そこに交易を目当てに新たな二つの群れが集まってきた。彼ら同士が出会った際に行われた挨拶に見られる、接触への要求と敵意の入り混じった独特の形式から始まって、あたかも何事も起こっていないかのようにして行われる交換と交易の光景、そして再び分かれてゆく様子までをレヴィ＝ストロースは観察する。その交易は緊張に満ちた一種の黙劇であり交換の対価の決定は全面的に「取引相手の公正さに頼って」行われる。

交換の終了後に相手が決めた対価への不満が募ってゆくことは避けられないが、交換は常にその場限りでやりなおしのきかないものでもある。そうした不満の鬱積した者のイニシアティヴによって相手の群れへの報復が行われる時、戦争となる。この戦いへの傾斜は、交易のための緊張に満ちた出会いそのものにすでに素描されているのである（この主題は後に「双分組織」における対をなす二つの集団間の緊張関係も視野に入れて、一九四三年の「南アメリカ・インディアンにおける戦争と交易」という論文にまとめられる）。

イトコ婚の戦略　さらに歩を進めて次の電信局でレヴィ＝ストロースはまた別の異なった方言を話す二つ

の群れが共存しているのに出会う。二つの群れは最近同居を始めたことは明らかだった。それにもかかわらず異なった群れの男同士は、互いに「交叉イトコ」(父の姉妹の子と母の兄弟の子同士であるイトコ)という呼び方で呼びあっていた。これは「義理の兄弟」に相当する姻族の呼び方であり、次の世代の者は互いに「潜在的配偶者」となり、したがって「通婚が行われることによって、二つの群れは次の世代ではもう融合してしまうはずであった」。

こうしてレヴィ＝ストロースは、つい最近まで疎遠だった群れが、いわば互いの生存戦略として、対をなしてひとつの集団になろうとしている現場に立ち会ったことになる。また婚姻は交易と戦争を両極とする関係のスペクトルの一部をなしてもいる。この観察が後に『親族の基本構造』において、世界的な規模で「交叉イトコ婚」制度の分析を試みるひとつの出発点となった。

首長の存在　これら二つの群れは、いっぽうが実務家だとすればいっぽうは宗教者といえるほど対称的な、著しく個性の違う首長によって率いられていた。それまでに遭遇してきた群れも含めて、彼ら首長の個性の相違と、首長としての地位の共通性を観察し考察することによってレヴィ＝ストロースは、人類学的な首長権論を素描する。ナンビクワラの首長はすでに成員の範囲の決まった集団のなかから選ばれた権力者ではなく(この点はボロロの首長と暗黙の対比が行われているといえよう)、むしろ自らの能力と影響力によって人々を自分のもとにひきつけ、「気前のよさ」によって不断に人々を引き止めておかねばならない存在なのだ。

それはさまざまな財貨を人々に与える（たとえば調査者からの贈り物は即座に群れの人々に分配されてしまう）ということだけでなく、「知的な面で気前がよい」こと、すなわちさまざまな技を身につけていて、貴重な矢毒を作って与えたり、遊びに使う野生ゴムの球を作ったり、人々の気晴らしのため「上手に歌ったり踊ったりできる陽気な男」であることが求められる。遊動圏の範囲にある食糧源について正確な知識をもって、群れを適切に導き彼らの生活を保証できなければ、人々は別の首長のもとに去ってしまうかもしれないのだ。「首長は絶えず偵察や踏査に出かけて行き、群れを導くというより、むしろ群れの周りを飛び回っているように見える」という描写は印象的である。首長は知能と芸能を兼ね備えていなければならない。そして「首長はただうまくやるだけでなく、他の集団よりもうまくやる」よう努力せねばならない。

いっぽうこうした首長には、集団内での男女の数の不均衡を代価に、複数の妻をもつ特権が認められる。こうした事態をレヴィ＝ストロースは、集団の成員が一夫一婦制によって保証されている「安全の個人的な要素」を、首長から期待される「集団的な安全」と交換することであると理解する。それは、首長という上位の権威と、それに服する者たちとの間に交わされる、原初的な「縦の」契約、同意にもとづく縦方向のギヴアンドテイク、いわゆる「互酬性」の関係の受容であるとされる。

旅の教え

以上のようなボロロそしてナンビクワラの社会をめぐるレヴィ＝ストロースの考察について、わたしは二つだけ補足的なコメントを加えておきたい。

民族誌的な観察が、対象それぞれの違いに応じてきわめて繊細な注意力を働かせておこなわれていることは驚きであるが、その基本的な視角は共通しているように見える。すなわち、集団のまとまり（ナンビクワラ社会ではボロロの場合ほど「氏族」のカテゴリーは明瞭に浮かび上がってはこないが）と婚姻（イトコ婚）および交易による再生産の仕組みという緯《よこいと》と、首長との関係という経《たていと》の交叉によって社会が織り上げられているという視点である。とりわけ後者についてはナンビクワラの社会は、その単純明快な構成によって「首長権の原初形態」ともいうべき考察を誘い出している。

ところがこれ以後のレヴィ＝ストロースの探究を先取りしていえば、首長権に凝縮される「垂直的な」社会関係の問題は後景に退き、「水平的な」婚姻や交換の体系つまり「コミュニケーションの構造」にもっぱら注意が集中され、縦の関係すなわち「従属の構造」はほとんど主題化されることがなくなるのである（これら二つの「構造」の区別については、後に公表され『構造人類学』に収録された論文「民族学における構造の観念」を参照）。

果たしてこのことは、後の一九五〇年代以後の「構造主義者」レヴィ＝ストロースが、広い意味での政治への断念、政治からの離脱を果たした後に登場してくる（ようにわたしには見える）ことと無縁だろうか。そのことが構造主義に、さまざまな形の「主体」を前提とした近代主義とは違う、批判的な思想としての可能性を孕ませるものとなったのではないか。そしてまた『悲しき熱帯』が、ある意味で「政治」への訣別の宣言とも読めることと無縁だとは思えないのである。

果たして「構造」の概念は、政治的権威の問いを括弧に入れることと引き換えに成立したのか。そのような問いをたてて見ると、わたしとしては『悲しき熱帯』の終わり近くに置かれた「神にされたアウグストゥス」の寓意的な劇の素描を、この問いに間接的に肯定の答えを与えるものとして解釈してみたい誘惑にかられるのである。

ブラジルでの調査のときのレヴィ=ストロース
（『ブラジルへの郷愁』より）。

調査の終わりに滞在していた奥地の町でレヴィ=ストロースが退屈しのぎに書いてみたという、このコルネイユの古典劇の翻案ともいうべき戯曲には、当時の現実のレヴィ=ストロースを色濃く反映したと思われる、シンナという人物が登場する。シンナは、荒ぶる自然の試練をかいくぐって冒険の旅から帰還したという意味で聖性を帯びている。そして政治的権威の頂点に登りつめ神格化されようとしているローマ皇帝アウグストゥスとシンナが、シンナに好意を寄せるアウグストゥスの妹であるカミーラを挟んで対決するという構図が描かれ、いわば冒険者と対置された首長の権威そのものが主題となっているのである。

アウグストゥスは調査旅行中に出会った何人もの首長たちの像と響き合うばかりでなく、「大臣になる」こともありえたかも知れぬかつてのレヴィ＝ストロース自身とも重なるはずであろう。劇の結末をどう考えたかは忘れてしまった、と著者自身は述べている。ただ断片的な記述からは、首長と冒険者は、手のこんだ作劇術のもたらす意味の重層化によって互いに他にとって代わりうる役割を演じながら、両者共々否定し去られることになっていたらしい。

少なくとも『悲しき熱帯』という作品に組みこまれた未完の戯曲では、レヴィ＝ストロース自身の二十代の前半と後半に対応する「政治」と「冒険」の経験は、「冒険」の終わった直後の三十代始めには共に否定され、四十代半ばにさしかかった自分自身によって、いわば本の世界に封印されたと理解されるのだ。政治と冒険という二通りの「行動」を封印し文字のなかに埋葬することが、構造の認識者の誕生を告げたということなのだろうか。

第二のコメントは、事実経過に関わっている。アメリカの人類学者ローウィが、一九四一年に「アメリカ人類学誌」に掲載した「ブラジルの北部ジェ諸部族に関するノート」で興味深い事実にふれている。そこでローウィは「レヴィ＝ストロース教授が一九三八年八月二十二日、マト・グロッソのカンポス・ノーヴォスから寄せた」という手紙に言及し、当時の最新のデータをてがかりにしながら「双分組織」について論じているのである。それはおそらくレヴィ＝ストロースが、眼の伝染病の治療のために隊員を残して数名だけで先にカンポス・ノーヴォスに進み、ナンビクワラ族の新たな二つの群れが到着するまで「半ば無為のうちに二週間を過ごした」という時に書かれたのであろう。

その手紙の内容そのものは示されていないが、いくつかの論文をたどってゆくと、それが書かれた経過が判明する。三〇年代後半、ローウィはブラジルの調査に関心を抱き、ドイツ人宣教師から民族誌家に転じたクルト・ニムエンダジュから多くの情報を得ていた。そうした時にレヴィ＝ストロースのボロロについての処女論文が発表されローウィの眼にとまった。そのデータについてローウィは三七年の「アメリカ人類学誌」掲載のニムエンダジュとの共同論文でコメントした。三八年のフィールドからの手紙はこのコメントへの応答である。それに対して再びローウィが答えたのが四一年の論文であり、レヴィ＝ストロースの見解にふれながらオーストラリアのアボリジニーの事例が引き合いに出されている。これにはレヴィ＝ストロースは四四年に別の雑誌の「南アメリカにおける双分組織」と題した論文で答えている。そしてその論文の大半の部分が後の「民族学におけるアルカイスムの概念」にほぼそのまま再録されることになる。

この一連のやりとりのなかで、問題の焦点のひとつがどのように「双分組織」に収斂《しゅうれん》し、それが『親族の基本構造』の導きの糸となってゆくかについては後にふれる。ここでは、レヴィ＝ストロースがフィールドからの手紙ですでに、ボロロの現実を理解するにはこの社会の歴史的な変化、それもコロンブス以前のインディアン社会の歴史的変化を考慮しなければならないと強調していることがローウィによって紹介されていることを指摘しておきたい。レヴィ＝ストロースによれば、森林の辺縁に住むボロロを含む「ジェ諸部族」や、荒野に住むナンビクワラなどは、もともと恵まれた森林の住人が、より有力な他の集団に押されて森から閉め出され、厳しい環境に適応することを強いられ、文化面での単純化と退化を余儀なくされたと理解される（先に引いた調査旅行の経験が、荒野に比べて森がいかに恵まれた場であるかという、彼の確信のより所となっている）。

ボロロそしてナンビクワラという「世界史」の影に埋没したようにも見える人々と接しながら、レヴィ＝ストロースはむしろ「彼らの歴史」がどのように理解されるのかということに思考を凝らしていた。そうした問題意識は一九三〇年代の初めての調査以来、いわば構造以前から一貫していることをこのフィールドからの手紙が証明しているのだ（調査から半世紀以上経って、レヴィ＝ストロースが今も歴史的視点を堅持していることについては、レヴィ＝ストロースの写真集『ブラジルへの郷愁』の「プロローグ」および訳者、川田順造による「あとがき」にふれられている）。

第二章

声とインセスト

1　ニューヨークの出会い

亡命

三九年初めにフランスに帰国したレヴィ＝ストロースは、すぐに応召し、数ヵ月後にはベルギー国境のマジノ線に連絡将校として配属された。その前後に最初の妻と離婚したという。ドイツ軍の総攻撃開始の時には、偶然の積み重ねによって直接の戦火はまぬかれ、南フランスに退却して除隊となった。その後一時は南フランスの都市で高校の哲学教師を務めたが、次第にフランス全土に浸透し始めていたユダヤ系市民の排除政策のために、それも短期で終わり、南フランスに疎開していた親の元で、ブラジルでの調査の成果をまとめる余裕もないまま所在ない生活が続いた。

やがてすでに述べたようにボロロについての処女論文をきっかけに文通のあったローウィ、南アメリカの研究者としてすでに名を成していたアルフレッド・メトローなどの助力や、すでにアメリカにわたっていた叔母のカロ＝デュヴァーユ夫人などの努力が実って、一九四一年にレヴィ＝ストロースはニューヨークの「社会研究院」に職を得て亡命することになる。

この不安定な時期に、構造主義の生成に向かう二つの重要な出来事があった、と本人はさまざまな機会に語っている。ひとつは、ヤコブソンの『音と意味についての六章』への序に、「一九四〇年五月の始め、ルクセンブルグ国境に近いある場所で、野生の花を眺めて得た夢想」としてふれられている出来事で、花の幾何学的な規則正しい形を見ながら「構造」の直観を得たとされること、そしてもう一つは、南フランスで哲学教師をしていた束の間の時期に、出版されて間もない中国研究の大家マルセル・グラネの『古代中国における結婚のカテゴリーと近親関係』を読んだことである。

グラネは古代中国の複雑な親族組織を分析しながら「ちょうど機械を分解するようにそれを分解して、それがどのような要素からできているか、またどのような機能を持っているかを」理解しようと努めていた。その努力は感動をもたらすものだったが、「グラネが非常に複雑なシステムを理解しようとしてそれ以上に複雑な解決策を考えだしていることに、私はいらだちました」ともいう。おそらくレヴィ＝ストロースは、複雑なものの背後にあるはずの「単純なもの」の追求に知的な闘志をかきたてられたのであろう。

野生の花とグラネの著作が与えた直観を「首尾一貫した観念群に結晶させることができた」のはヤコブソンによる「構造言語学の啓示」だったという。そのヤコブソンとレヴィ＝ストロースが出会ったニューヨークは、ヨーロッパの戦争を避けて多くの学者、知識人が行きかう場となっていた。

一九四一年の始め、ブラジルへの往還で知った顔馴染みの船長の計らいもあって、ゆったりした船室を確保できたニューヨーク行きの船は、亡命者たちが雑踏のように溢れていたという。偶然そこにロシア革命でレーニンの同志であった人物が乗り合わせていたこと、またシュールレアリズムの中心人物アンドレ・ブルトンが乗り合わせていて知遇をえたことについては『悲しき熱帯』にもいきいきと描かれている。そのこともあってレヴィ=ストロースは、ニューヨークで一群のシュールレアリストたちと交友することとなった。

そのなかでももっとも親しいつきあいの続いたのはマックス・エルンストであった（エルンストは一九七〇年に出版されたレヴィ=ストロースの六十歳記念論集巻頭の口絵作品を寄せている）。その交友には、とりわけアメリカ・インディアンの作品を骨董《こっとう》として収集するという共通の趣味が大きな役割を果たしていたことが、「これはもう公表されていることだから話してもいいと思いますが」と断って、エリボンとの対話に語られている。

馴染みの骨董屋が掘り出し物を教えてくれるのだが、それはさる大美術館が「重複した」収蔵品を処分するために骨董屋に回したものだったという。エルンストは、有名な現代美術の美術館の出資者でもあった資産家ペギー・グッゲンハイムの愛人だった間は羽振りがよかったが、彼女と別れて一文無しになった時には、友人たちが彼のインディアン美術コレクションを買取り、「その時の歴史的記念物はパリの人類博物館に入っている」という。

シュールレアリストとの出会いは同時にインディアン美術との出会いでもあり、それらの作品は彼らの手を経て「さる大美術館」からパリの人類博物館へと居場所をかえていったわけである。その「さる美術館」がレヴィ=ストロースの「北西部海岸の芸術」という論文で「そこでは子供たちの夢が落ちあい、何世紀も経た木の幹が歌い、語りあう」と形容されたアメリカ自然史博物館ではないかと想像するのも一興ではある。

いずれにせよこうした交友のなかで、父から受け継がれた彼の造形への感覚はいっそう研ぎ澄まされたに違いない。そのことはカデュヴェオ女性の顔の装飾から「アジアとアメリカにおける図像表現の分割性」の論文を経て、北西部海岸の美術を主題とした一九七五年の『仮面の道』にいたる、視覚的なものにおける構造探究の系列を形づくってゆく。

声と構造

だが、何と言ってもレヴィ=ストロースにとってニューヨークにおける最大の出会いはヤコブソンを知り、構造言語学に接したことであろう。そのきっかけはむしろ気軽なものだった。「三、四年前、中央ブラジルの諸言語を正確に表記しようとして、経験不足のためにぶつかった困難がまだ身にしみていた」レヴィ=ストロースは、基礎知識を得ようとヤコブソンに教えを乞い、まったく期待もしていなかった大きな収穫を得たのだった。それは視覚に対比していえば、音声すなわち聴覚的なものの系列における構造（それは「構造」そのもののモデルとなった）の探究を啓示した。

もっとも、大言語学者とフィールドの記憶もまだ新鮮な人類学者のニューヨークにおける出会いには、ミシンと洋傘ほどの対比ではないにせよ、最初小さな行き違いもあったらしい。「……ヤーコブソンの話では、彼は私を見て『やっと一晩でも飲み明かせる人間に出会った』と考えたそうです。ところが、私は酒と夜更かしは我慢できないし、嫌いだ」。しかしそれは、四十年間続く「無傷の友情」の始まりとなった。十二歳年少のレヴィ＝ストロースは「私の方からすれば、それはけっしてやむことのない尊敬だった」という。

先にふれたとおり一九二〇年代にはすでにモスクワからプラハに移っていたヤコブソンは、ウィーンに住む同僚で「構造言語学」を共同で創立したともいえるトゥルベツコイをしばしば訪ねて議論を重ねていたが、この探究の同志は完成まであと一歩だった『音韻論の原理』を残して、政治的な脅威のなかで進行を早めた病いのため、三八年六月に死亡してしまう。ヤコブソン自身は三八年、ナチスの脅威が迫るのを感じてデンマークへ移る。その後四二年、ニューヨークに行き着くまでは、妻ポモルスカとの対話『詩学から言語学へ』に語られるとおり厳しい放浪の年月だった。

三九年九月一日（「戦争の最初の日」という）にはデンマークを出てノルウェーに到着。四〇年五月、ストックホルムに移る。そして四一年、レヴィ＝ストロースを含む亡命フランス人学者たちの創立した「自由高等研究院」に招かれ、「危険をおかして」ニューヨークへと向かう。

その間、ヤコブソンは不安定な生活のなかで次々に重要な業績をまとめている。すでに三六年ころ

ロマーン・ヤコブソン（1943年）。

にはほぼ問題点を把握していた子音の音韻論的分析について、三八年初頭に構想を固めトゥルベツコイと議論し、ベルギーで行われた国際学会で発表した。それは「子音分類について」という論文にし上げられた。三九年にはデンマークで「一般音韻論の手引き」を執筆し、四一年にはスウェーデンで「幼児言語、失語症と一般音法則」を書き上げる。この放浪の時期の数年を、三六年の初めての調査から三八年の長期調査前後のレヴィ＝ストロースの動きと比べると、年齢の差や、知的な多産期と懐胎期の違いにもかかわらず、ある種の並行と対比が感じられて興味深い。

　レヴィ＝ストロースによれば、一九八二年、ヤコブソンの死去する数日前に送られてきた抜き刷りには「わが弟なるクロードへ」という献辞が書かれていたという。その「兄弟的な友情」は、精神的なつながりからすれば、年齢違いの双子という矛盾した言い方をしてみたくなるほどの強さだったのではないかとも思われる。そうした知的な相互啓発の出発点は、一九四二年から四三年にかけて行われた「自由高等研究院」におけるヤコブソンの講義であった。またヤコブソンは「社会研究院」と並行して、そこでも講義していたレヴィ＝ストロースの人類学の授業にも参加した。こうして相互の問題意識の共通点と領域ごとの対象の差異を確かめ討論したのであろう。

　この講義は、一九七六年、レヴィ＝ストロースの序文（以下「序」と略す）を付して初めて、『音と意味についての六章』と題する本として刊行された。表題どおり「音と意味」の関係、あるいは意味ある音としての声とは何かという問いをめぐる六章は、音韻論の誕生の要点を示す研究小史から、ヤコブソン本人が第一線で推進しつつあった「弁別特性」の分析まで「あざやかな語り口」で展開され、読む者（おそらく講義を聞いた者はいっそうのことそうだっただろう）を飽きさせずソシュールへの内在的な批判の結論まで引っ張ってゆく。ここではその魅力的な全体のなかで、「音素」から「弁別特性」の対立による二項関係の分析への展開の部分に限って、要点を取り出しておきたい。いくつかの論文でレヴィ＝ストロースが繰り返し構造言語学を参照する時の中心もそこにあるからである。おそらくそこには、グラネの議論に感じられた苛立《いらだ》ちとは対極にある、「単純なもの」の探究の模範が見いだされたのではないだろうか。

ソシュール以前の言語学では、同じ言葉でも人によって時によってさまざまに発音されるという言語音の現実の多様性に焦点を当てた「音声学」が中心だった。それに対してソシュールは、現象としての音ではなく、意味を区別する役割をもった音の単位つまり「音素」と、それが形成する体系の研究を言語学の中心におくことを主張した。たとえばフランス語では魚はプワソン［pwasɔ̃］、飲み物はブワソン［bwasɔ̃］という。二つの単語はpとbの音だけで区別される。こうした、それ自身は音の区別しか示さないが、意味を区別する役割を果たす音の単位を「音素」と呼ぶ。この働きは人によってpやbの音がどう発音されるかにかかわらず、その音の違いが聞き分けられるかどうかが重要なのである。こうしてソシュールは言語音の多様性に、ある体系性を与えることに成功した。

ヤコブソンは、しばしば引用され広く認められたソシュールによる音素の性格づけを再確認する。

すなわち「音素は、まず何よりも対立的、相対的、消極的な実在体である」。つまり音素にとって音の「違い」だけが重要なのだ。そしてこの規定から「差異の体系としての言語」というソシュールの視点も導かれる。しかしここでいう対立とはどのような事態をさしているのだろうか。たとえばトルコ語には八つの母音がある。八つの音素は二つずつ組み合わせれば二十八の対ないしはそれだけの差異を生むことになる。ソシュールの言う通り言語が差異の体系であるとすれば、これらの二十八の差異こそが第一義のもので、八つの音素は差異を可能にする派生的な存在ということになる。しかしこうした推論には何かしら転倒がある。それはソシュールが直観的で正確な見通しを散発的に示しながらも、結局は音素を分析不可能なものとみなしたことからきている、とヤコブソンは指摘する。ところが音素はさらに小さな単位に分析されうる。なぜならトルコ語の八つの母音は開／閉、前方／後方、円唇化／非円唇化という三つの対立する「弁別特性」の組み合わせに分析され、したがって二十八の対立はこれらわずか三組の対立からの派生物にすぎないことが判明するからである。

三八年から三九年にかけてのヤコブソンの研究の深化はこうした音素の「弁別特性」への分析が、それまで手つかずであった子音についても可能であることを解明した点にあった。たとえばpとbの音はともに破裂音として他の子音とは区別されると同時に、pは「無声」、bは「有声」の子音として対をなしている。「有声性」の有無によってpとbが対をなすように、すべての子音は一定の「弁別特性」の有無という二項関係によって体系化されるのである（後にヤコブソンは、原理的には全ての言語に共通な十二の「弁別特性」に整理している。ヤコブソンおよびレヴィ＝ストロースは、音素がこうした少数の要素に分析できるという構造言語学の成果を、しばしば染色体が少数の塩基の配列組み合わせに還元できるという分子生物学の成果に対比している）。その成果は、『音と意味についての六章』でもフランス語の子音体系の分析によって例証され、さらにソシュールのもうひとつの基本的視点への反駁の根拠とされる。すなわち一つ一つは不変の音素が、時間軸にそって珠数玉のように線状に配列されて言葉になるという見方である。つまり音素それ自体は時間の流れからは影響を受けないとされている点である。

しかし、たとえばいくつかの言語に見られる母音連鎖（開母音の後には開母音が続くといった現象）のように、音素ではなく「弁別特性」のレベルで時間軸にそった前後の影響による音変化が起こりうる。こうした「結合変異体」は時間軸上の前後の影響による音変化が生じることを示している。言語とは固い粒のように結晶した音素が、単に線状に配列される固定的なものではないのだ。それは進行方向にも振動するという光のような多方向の波動体ととらえるべきものだともいえよう。

こうして弁別特性のレベルへの探究が、分析を許さぬ硬い粒子のような音素の連鎖という硬化したソシュールの言語像をふたたび柔軟で動的なものとすることになる。こうした音素の分析をヤコブソンは、「音韻論」と名づけて「音声学」に対置したのである。

もう一つの出会い

ヤコブソンが厳しい批判を加えるいっぽうで、ソシュールの鋭い直観を讃え、強調する点がある。それは音素（ヤコブソンにとっては弁別特性）が、話し手の心理状態を反映する何かではなく、聞き手の聴取能力に働きかけるものであり、しかもその機能が無意識の過程で果たされるという視点である。レヴィ＝ストロースはこうした視点を「序」で、次のように表現している。「他のあらゆる社会制度と同様、言語活動は、無意識のレベルで働く心的機能を予想するということを認めてこそ、人ははじめて現象の連続性を越え、一般には話す主体、考える主体の意識を逃れる『組織原理』の不連続性に到達することができるのである」。現象としての音の多様性の基底に、音素の体系さらには「弁別特性」の体系が発見されたように、社会制度そして文化の底にも「組織原理」つまり明確なしかし無意識の秩序が探究されねばならない、というのである。

ヤコブソンは、実践的なフィールドにおける言語研究をとおして、こうした言語的無意識のレベルを独自に発見していた先駆者として、当時のアメリカ人類学会の最長老であったフランツ・ボアズの功績を、いくつかの論文で言葉を尽くして讃えている。ボアズの見解は、とりわけ一九一一年に最初の版が出された『アメリカ・インディアン言語のハンドブック』に付された「序論」の「言語の無意識的特徴」の章に展開されている。

少年時代からフロイトの著作にふれて無意識の主題には強い関心を抱いていたレヴィ＝ストロースに

とって、ヤコブソンとボアズからフロイト的無意識とは異なる言語的無意識とも呼べる主題を、明確な問題系として提示されたことは大きな意味をもったと思われる。この言語的無意識との出会いの後、レヴィ=ストロースの考察においては、暗黙のうちにそれをフロイト的無意識と突き合わせ、どちらかといえば前者によって後者を判定する作業が試みられてゆくように見える。

「弁別特性」の差異と対立、あるいは「文法」の構成する、無意識に機能する「組織原理」、すなわち多様な文化現象の底にある規則に相当するものを、まず最初は親族関係の領域で、次いで神話の領域で探究すること、それがレヴィ=ストロースの関心の中心に置かれることになったともいえよう。

レヴィ=ストロース自身、アメリカに到着して間もなくアメリカ人類学界の高名な指導者としてボアズのもとを訪ねている。そしてその後ヤコブソンに誘われて再度訪問した時の鮮やかな印象は何度か語られている。ボアズは一九四二年に死去しているので二人の交流の期間は短いとはいえ、ボアズの著した北西海岸部インディアンのクワキウトル、トリンギットなどの文化についての浩瀚《こうかん》かつ詳細な民族誌は、レヴィ=ストロースにとって貴重な情報源として、その後もとりわけ親しみ活用するものとなった。そうしたボアズへの敬意は例えば次のような言葉で表現されている。

ある時ボアズは情報提供者の一人に、その人の所属する部族の料理の作り方をすべて書いてよこすように依頼しているのですが、彼はそれをすべて翻訳し出版しています。全部訳したのは重要なものとそうでないものとを予断することはできない、という考えからです。……クワキウトルの料理法は、私が神話に関するいくつかの問題を解く場合、その鍵を提供してくれたのです。

観察者の判断をカッコに入れ予断しないという態度は、当事者によっても気づかれていない細部に思いがけない意味が隠されていることがあるという、文化における無意識の重視と呼応するものであろう。レヴィ=ストロースはヤコブソンという最適の導き手を得て、こうした文化への接し方の基底にある、ボアズが無意識に与えた重要な位置に眼を開かれることになった、あるいはすでに独自にそうした視点をもっていたとすれば、ボアズによってそれを再確認するよう導かれたのではないだろうか。

ボアズの『ハンドブック』は、もともとアメリカ政府の「民族学局」によって出版されたものであった。レヴィ=ストロースにとって、インディアンの人類学的調査の中心ともいえるこの民族学局の出版物を見つけたことは、もう一つのニューヨークでの出会いと呼ぶにふさわしい出来事だったという。そのことは、一九六五年にアメリカで行われた「民族学局の作品とその教え」という講演を「一九四一年のある日、ブロードウエーを下ったところにあった政府刊行物専門の古本屋で、民族学局の出版物を偶然見つけた時ほどの感動をアメリカで味わったことはないほどです」という言葉で始めていることにも読み取れる。そこで手にいれた数十冊にものぼる分厚い調査記録が、ある意味ではその後のレヴィ=ストロースの研究の重要な資料源となってゆく。

それらの記録には、「オマハ族の首長の息子、フランシス・ラ・フレッシュやスキディ・ポーニー族の一員であるジェームス・ミュリーや、クワキウトル出身のジョージ・ハント」などインディアン出身者で、民族学局に籍を置いて、自らの文化のかけがえのない記録を残した人々の業績が含まれている。ボアズの指導を受けた者も少なくない。レヴィ＝ストロースは、文化的多様性と生命の多様性の破壊に没頭する今日の文明の渦中で、こうした失われつつあった文化を、当事者自身が書き残した記録が持つ意味を再考することを呼び掛けている。ちょうどそのころから刊行され始めていた『神話論』は、まさにそうした再考をレヴィ＝ストロース自身が試みたものでもあった。それはニューヨークでの出会いへの、二十年余りを隔てた回答だったといえよう。

シュールレアリストを通じたインディアン芸術との、ロシア革命のさなかに誕生した構造言語学との、ボアズに体現されたアメリカ人類学のインディアン研究との、そして消失しつつある文化を記録した民族誌を通じたインディアンとの、精神的出会い、それがニューヨークがレヴィ＝ストロースに用意していた出会いであった。

2　人はみな親族として生まれる

親族関係への問い

言語音としての「声」の構造の解明という音韻論そのものが、「感性の領域をその特性を保ちつつ理性の領域に統合する」試みと受け取ることができるだろう。あるいは、他者の声がいかにわたしたちの理性を眼覚めさせ形づくるのかという問いへの導きの糸と受け取ることができるだろう。ここでいう理性の領域は、いうまでもなくヤコブソンが『音と意味についての六章』の「音韻論の誕生」の章で、「人が話すのは、聞いてもらうためだからである」「人が聞いてもらおうとつとめるのは、理解してもらうためである」と、傍点を付して強調する、言語という目的論的存在に重なりあうコミュニケートする理性の領域に対応している。

このヤコブソンの「教え」を深く聞き取ることからレヴィ＝ストロースの親族関係研究が始まったといえよう。主題として設定した親族関係論と、構造言語学の系統的なつき合わせの作業を始めて、やがて一九四七年に『親族の基本構造』を完成する（刊行は四九年）までの探究の比較的初期に書かれたらしい四五年の「言語学と人類学における構造分析」という論文の次の一節にも、この教えが反響している。そこでは言語が「伝達の役に立つ」ことはよく知られていたが、そのための手段は音韻論によって初めて明らかにされた、つまり言語学者にとって「機能は自明だったが、体系が知られていなかった」のに対して「社会学者は反対の状況に」あるとされる。というのも、

親族名称が体系をなすことは、ルウィス・H・モーガン以来はっきりとわかっている。それに反

して、これらの体系が何のために用いられるかをわれわれは依然として知らないのである。出発点となったこの状況を見誤ったために、親族名称の構造分析の大部分はまったくの同語反復に陥っている。それらは自明のことを立証し、未知のことをそのまま放置しているのだ。

したがって言語学の構造分析を愚直に文化のレベルにひき移して適用することには意味がない。そうした安易な解決が与えられる問いにレヴィ=ストロースが取り組んでいたわけではないし、その親族関係論はヤコブソンの思想を「応用」したものでもない。「彼が言語について言っていることが、親族関係について、結婚の法則について、さらに一般的に社会生活について私が漠然と感じていたものに対応している、ということに気付いたのです」という対談での発言は、『音と意味についての六章』序文の「こうした(ヤコブソンの音素論に表れた)革新的な見方は、おそらくわたし自身の省察が先取りしていたのだが、わたしにはまだそれに形を与えるために必要な大胆さも概念装置もなかった」という言葉と呼応する。この証言を、自分が先行していたという狭量な自己主張と理解してはならないだろう。

親族関係の体系の目的論的性格とも呼ぶべきものについての考察は、『親族の基本構造』の第一部、第一篇の「交換の基礎」全体で検討され、その要所要所で言語学との対話が試みられている。次節以下にレヴィ=ストロースの親族関係論の基礎論に当たるこの部分を中心に検討する前に、レヴィ=ストロースが「自明のことを立証し、未知のことをそのまま放置」すると辛辣《しんらつ》に評した当時の親族関係研究の状況を、モーガン以来の略史をふまえてごく簡単に見ておくことにしよう。

モーガンの進化論的体系

先の引用にもあるとおりモーガンは、世界中で観察された親族名称の多様性が、単にでたらめに形成されているのでなく、一定の規則性と体系性を備えていることに気づいていた。したがって、モーガンは親族名称の体系の多様性にいくつかの型を区別することで秩序を与えることができた。その上でさらに、型の間に時間的な進化の系列を想定した。

この親族名称の進化の系は、モーガンにとっては、婚姻制度の進化、それと並行する家族形態の進化の系と対応し、さらに親族集団によって構成される社会組織の進化の系、技術の進化の系、財産などをめぐる法体系の進化の系などと対応する（『古代社会』）。こうしたいくつかの系のうち、親族名称を具体的なデータとして、婚姻制度、家族形態、親族集団の形態などの相互関連が描かれる社会組織の領域が、モーガン以後の人類学における親族関係研究の分野となってゆく。

当事者には自明とも思える親族関係のあり方が、人間の研究の重要な糸口になる。そのためには、まさに人々の日常的な親族関係のデータの収集から始めなければならない。モーガンがこうして新たな領域を発見した功績は、記憶され讃えられるべきものであろう。ただそれが余りに日常的な関係に関わるだけに、構築された理論の枠組みは、人はみな親族として生まれるという自明な事実を、そのまま驚嘆に値することとして再発見させる異化作用とも呼べる逆説的な力を備えていなければならない。モーガンにとって進化という視点にそのような意味があたえられていた。

モーガンは、こうした領域を進化という枠組みでとらえるためにいくつかの仮説と、仮説を導く基本的な視角をもっていた。モーガンにとって多様な親族名称のあり方は、大きく「類別的名称」と「記述的名称」に分けられる。前者は例えばハハやチチという基本的名称が一人の人を指すのではなく複数の人を指示する（それはモーガンにとって驚くべき状態であった）ような、「野蛮」「未開」と形容される社会に見られる体系であり、後者はこうした名称が唯一の個体を指示する（これは文明人としてのモーガンにも見慣れた状態だ）ものとして使われる「文明」世界に見られる体系である。この二分法にしたがってモーガンは関心を前者に限定する。もう少し正確に言えば、前者からの進化の到達点として後者を導き出そうとする。そのためにひとつの仮説が立てられる。すなわち、言語と制度を比べると前者の方が変化しにくく、したがって進化の前段階を反映する。この仮説にしたがって、類別的名称は、今は変容して姿を消した婚姻制度に対応するとされる。

こうした理論構成は、制度と秩序の進化についての独特の視角によってあるリアリティーを与えられている。すなわちモーガンにとって制度、秩序の進化とは、より特定化し個別化した存在を対象とするよう変容することなのだ。人類の形成期には婚姻制度はまだ存在せず、「原始乱婚」つまり「秩序の零度」と呼ぶべき状態が想定される。

やがて初期人類は「関係」の原初的観念として同じハハを共有する血族関係を獲得する（チチはまだ特定されない）。婚姻は血族の内部でおこなわれるが、男女の対は特定個体同士の安定した持続的関係ではない。やがて血族間の通婚が反復されることの生物学的に否定的な帰結が意識され、血族同士の通婚を避け（インセストの禁止）兄弟集団が別の兄弟集団と姉妹を交換しあうようになる。しかしこうして通婚した男女集団の内部にはまだ特定化し安定した対関係は形成されない（したがって生まれた子は複数のチチ、複数のハハを区別しない、とモーガンは考える）。

こうした「集団婚」は次に、男あるいは女の個体対姉妹あるいは兄弟集団という組み合わせの「対偶婚」の段階を経て（この段階でチチと父方のオジ、ハハと母方のオバが区別される）、さらに父性意識と父系親族関係の強化を伴って、男女個体つまり一夫一婦の持続的な関係としての「単婚」という文明の秩序に至るというのである。

モーガンの体系の解体

以上は一八七七年に刊行されたモーガンの『古代社会』のきわめて粗雑な要約にすぎないが、こうした大掛かりな進化図式は、すでに前世紀末から、とりわけアメリカの人類学者によって厳しく批判された。今世紀に入ってからはモーガンの業績は、地理的に限定された集中調査と詳細な民族誌を重視するボアズの方法によって実践的に否定され、その弟子に当たるクローバーやローウィによって、ある部分は理論的に否定され、ある部分は無意味なものとして却下された。クローバーは、一九〇九年の小さな論文で、モーガンの探究の起点ともいえる類別的名称と記述的名称の区別には根拠がないことを論証した。それは急所への鋭い針の一突きで、膨れ上がったモーガンの体系を破裂させる趣きがある。

また一九二〇年に初版の出た（レヴィ＝ストロースはその仏語訳を読んで感動した）ローウィの『原始社会』も、約半世紀の間に蓄積された調査のデータを根拠として、モーガン体系の徹底した批判解体作業をおこなった結果を示したものだった。その要点のいくつかを著作の構成の順序にこだわらずに挙げれば次のようになろう。

◇モーガンのインセスト禁止の発生についての仮説は、社会学的には意味がない。インセストへの嫌悪感を説明するのは「民族学者の任務ではなくて生物学者か心理学者の任務である」。いくつかの種類の関係が禁じられているという事実が与えられさえすれば、社会学的研究は始められる。

◇モーガンは、進化の初期に姉妹交換が始められたとする。姉妹交換は二つの（母系の）氏族集団が対となって姉妹を与え合って通婚する社会、すなわち「双分組織」の形成を予想させる。ところがローウィによれば、多くの双分組織はきわめて複雑であり、そうした低い進化段階での形成という仮説は疑わしくなる。また双分組織の例の多くは三つ以上の氏族の一部が欠損した結果にすぎない。

◇世界的に広く見られる交叉イトコ婚は「双分組織」を成す半族と矛盾せず共存しうるが、両者の分布は重なり合うわけではなく、後者が前者の発生原因であるとは断定できない。

◇単婚家族が進化の最終段階に形成されると考える根拠はない。むしろそれは広範で一般的に観察される社会集団の基本単位である。

◇モーガンは親族集団の構成が、母系から父系へと移行すると考えているが、これらの系譜意識は一対の親のどちらかの系統を重視して一方を後景に追いやる。しかしこうした一方の系の選択は、両親双方のつながりを共に認知する家族レベルでの関係観念に比べて二義的なものにすぎない。つまりもともと類別的である親族関係がしだいに限定されて家族が派生するというモーガンの進化論の視点は転倒している。

以上の論点はローウィの主張の一部にすぎないが、ローウィは一貫して否定的な、徹底した批判によってモーガンの体系を解体し、現象の断片それぞれの固有な特性と歴史的な過程を回復しようとする。体系の骨格となる因果連関による説明の効力を極度に制限し、さまざまな現象の実体を抜き去り、レヴィ＝ストロースの言葉を借りれば「原子論」と「名目論」に踏みとどまるのである。

新たな体系化へ向けて

こうした論調が支配的な雰囲気のなかで、たとえフランス語で書かれたものであれ、新たな体系化を標榜した大論文に「ルウィス・H・モーガンを記念して」という献辞を付けて出版することは、かなり大胆で挑発的な企てだったと思われる。と同時にそれは批判という形をとったアメリカ人類学へのオマージュでもあった。
レヴィ=ストロースによる新たな体系化を導くのは、ヤコブソンの教えと呼応する、コミュニケーションするものとしての人の存在である。先に引いた論文で、レヴィ=ストロースは、親族関係の分析における問題点であり続けていた母方のオジの位置というきわめて専門的な主題に新たな照明を当てながら、親族関係の機能とは何かという問いに対して一つの答えを示している。親族関係においては、母方のオジとその姉妹であるハハ、その夫であるチチそしてコという四者の組み合わせこそ「基本単位」であるとされ、さらにこの基本単位がインセストの禁止の直接の結果として根拠づけられる。なぜならオジがその姉妹を自らは放棄してチチに与えたからこそ、そのコが生まれたのだから。インセストの禁止こそ女性の交換という形でのコミュニケーションが可能となる条件なのだ。またこのオジの存在の重視は、チチとハハとコによって閉じられた「家族」という発想への批判ともなっている。

近親相姦（インセスト）の禁止とは、人間社会において、男が女を獲得するには、これを別の男から得るよりなく、後者は女を娘なり姉妹なりの形で前者に譲り渡すということである。したがって、なぜ母方のおじが親族構造の中に現れるかを説明する必要はない。おじはそこに現れるのではなく、そこに直接与えられており、その構造の条件をなしているのである。在来の社会学の誤りは、在来の言語学のそれと同じく、項を考察して項の関係を考察しなかったことである。

右の最後の一行にも構造言語学の教えが表れているが、言語と対比された親族関係の「機能」とは、女性を他者に与え、他者から女性を得ることを通じておこなわれる交換あるいはコミュニケーションに他ならない。この視点には、ブラジルの荒野で互いの群れの女性を相手側の妻として与えあうことで新たな集団を形成しようとしていたナンビクワラの人々を眼のあたりにした記憶が組みこまれている。またそこには、チチとハハとコによって作られる家族の閉じた三角形のヴィジョンとは根本的に異なった見方が示されている。

いずれにせよ、こうした交換関係が成り立つためには、人は互いに近親の女性を自ら放棄しなければならない。すなわちインセストの禁止と、交換としての親族関係の成立は同時的なもの、あるいは端的に、同じことなのである。

したがってレヴィ＝ストロースのいう「インセスト」を性関係に限定された近親相姦と呼ぶことも、制度としての婚姻における逸脱と理解された近親婚と呼ぶことも適切ではない。また、親族関係の機能を成立させる条件としてのインセストの禁止を、血族関係の意識化の後の二次的な形成と見る（モーガン）ことも、社会学的な意味を欠いた現象として検討対象から除外する（ローウィ）ことも正しくない。むしろレヴィ＝ストロースの『親族の基本構造』では、「交換せよ」という命令ともいえるインセストの禁止が、親族関係論の端緒とされているのである。

著者が四年間をかけたというこの大論文（わずか四年で完成したのは驚異的な集中力だが）の構想が、著者の頭脳のなかで成長した過程と、実際に書き上げられた論理展開とがどのように対応するのかという興味深い問いに答えを出す手掛かりは余りない。著者自身は、その内容が一九四二年から四三年にかけ、ヤコブソンの講義と並行して「自由高等研究院」で話したことを基礎にしていること、ある日、ヤコブソンに講義内容を本にすることを勧められ、「私には本が書けるとは思ってもいなかった」が「彼に刺激されて」四三年に書き始めたことを述べている。

『親族の基本構造』は、時には大きな壁面を彩るフレスコ画にたとえられたとおり、広大な地域を対象にしている。まず全体の約三分の一を占める「交換の基礎」の考察に続いて、出発点に、グラネの研究においても中国と対比される思考実験の場の役割を果たしたオーストラリアの伝統社会の「古典的体系」が選ばれて詳細に分析され（オーストラリアの事例はフランス社会学の創立者デュルケーム以来、決定的な思考実験の場とされていた）、その成果を試す形で、ビルマ（現ミャンマー）の諸民族の検討をおこない、次いで中国古代についてのグラネの理論が立ち入って再検討される。さらにチベットやシベリアの「辺縁部の諸体系」を経てインドのデータを分析した上で、最後の二章が結論にあてられる。

対象地域はオーストラリアから東アジアおよび東部シベリアの広い範囲を覆っている。南北アメリカは補助的な資料として参照されるにとどまる（あるいは『親族の複合構造』で詳しく検討する計画だったのかもしれない。南北アメリカの資料は、後にふれるように『親族の基本構造』刊行のほぼ十年後に行われた「社会組織および宗教表象における双分制」の講義で検討され、それが『野生の思考』につながってゆく）とはいえ、親族関係論を交換の視点から総合するというモチーフそのものは、すでにふれたとおりブラジルのインディアンたち、とりわけナンビクワラの人々と接した経験なしには生まれえなかったものであろう。後に『悲しき熱帯』で詳しく描かれることになるエピソードが随所に物語られ、そのことを深く印象づけている。

広い地域のさまざまな社会における親族関係を縫って、「構造」の概念がいわば神経系のように論述の全体に縦横に張りめぐらされているが、その意味はある一貫性をもちながら問題を検討する文脈によってかなり重層的な多様性を与えられているとも思える。言語学における弁別特性の対立のような明快さを念頭に置きながらも、人類学的対象の必要とする一定の複雑さをどのように術語のなかに保持してゆくかということに、レヴィ=ストロースは細心の注意を払っているとも考えられる。そのことに配慮しながら、この大著の基本的なモチーフを「交換の基礎」の部分を中心に取り出してみよう。

「初版の緒言」に直ちに述べられているとおり、親族関係の基本構造とは、社会の全成員を親族として扱いながら、親族名称によって、通婚できる人々と通婚できない人々の二つのカテゴリーに分類する体系を指している。これと対比される「複合構造」とは、親族の範囲を限定するだけで、通婚対象の選択を経済的な理由や心理的な理由など親族関係外の機構に委ねるという、アフリカやヨーロッパなどに見られる体系を指している。『親族の基本構造』では、結論部分に「複合構造への移行」の章が置かれ、やがて「複合構造」を研究することが予定されていたが、この計画はさまざまな理由から放棄された。

通婚関係を軸に「構造」を定義していることにも明らかなように、親族関係とはすなわち交換関係であり、それはインセストの禁止と表裏をなすという視点が『親族の基本構造』に一貫し、それが新たな体系化の軸となっていることは、すでにふれたとおりである。こうした視点は、親族関係の問題を、人間へのどのような新たな問いに変えたのだろうか。

3　親族の基本構造

親族関係の「組織原理」と双分組織の問題

『親族の基本構造』の理論的考察は、インセストの禁止を、人間という生物における自然と文化の接点、あるいは自然から文化への移行の契機として位置づけることから始められている。すべての人間に共通な普遍的なものは生物としての人間の「自然」に属し、制度あるいは規則は「文化」ごとに多様性を示す。ところがインセストの禁止は普遍的に観察され、しかも規則のなかでも際立った規則としての性格を帯びているという点で「自然」と「文化」の交叉点に位置することになる。

このインセストの禁止はおもに三つのやり方で説明されてきた。すなわち、「自然」の結果についての「文化」的反省と見るか、あるいは自然と文化の一方の極を消去し、単なる「自然」過程の結果と見るか、「文化」の側の純粋に社会的な過程の結果と見るかである。

モーガンのように生物学的な事実を人間が認識した結果として見る第一の視点は、インセストの禁止に言及した古代文献にそうした反省が一切見当たらないこと、今日の遺伝学の知見からも明らかな根拠が与えられないことによって無効となる。さらに交叉イトコとの婚姻の優先ということが問題になる時には、遺伝学的な意味では親等の等しいイトコが二つのカテゴリーに区分され（交叉イトコと平行イトコ、詳しくは後述）、その一方が優先されるという事実を説明しえない点で、理論的な価値を決定的に失ってしまう。

第二の、近親間の慣れが性的興奮を失わせインセストが回避されるといった主張は、問題になっているのが「規則」であることを忘れている点で効力を失う。次に、オーストラリアにおける「トーテミズム」の例を根拠としたデュルケームの説明に代表される第三の視点は、トーテムを共有する同族の女性の血を見ることへの恐れといった、歴史的出来事と見なすことのできる個別的な事象から、人間にとって普遍的な現象を引き出そうとする点で、論理的に破綻している。

こうした検討の上で、レヴィ＝ストロースは、生物学的に決定される親子関係（子は親を選ぶことはできない）と恣意的な選択の介在しうる婚姻関係（結婚相手は自由に選ぶこともできる）を対比し、インセストの禁止を後者の恣意性を制限する規則として位置づける。さらにこの禁止という否定的な規則には、家族以外の者と婚姻せよという肯定的な命令、つまり外婚制の規則が暗黙のうちに含まれていることを指摘する。こうしてインセストの禁止が、「私が妻を得ることができるという事実は、結局のところ、（妻の）兄弟や父親が彼女をあきらめたという事実の結果である」交換と一体の現象として現れてくるのである。

こうしたインセストの禁止と外婚制を統一的に把握することを可能にするのは、マルセル・モースが『贈与論』で論証した「互酬性」の原理である。すなわちモースによれば、物を受け取ったり、そこから生じる負い目やお返しの義務など、贈与と交換こそが、太古の時代から人間関係を生み出し支える役割を果たしてきた。この交換による関係生成の原理にレヴィ＝ストロースは、双分組織や交叉イトコ婚を貫く組織原理の位置を与える。ただし『親族の基本構造』においては、互酬性は単に互いに何か価値ある「物」をやりとりすることだけでなく、女性も交換対象と見なされる。そしてさらに意味を広げて、否定性（断念）の共有ともいうべきいわば精神的な事態も含むことになる。というのも、「私は、隣人も同じように断念するという条件でなければ自分の娘や姉妹を断念しないからである」。

すでにふれたようにモーガン以後、双分組織は人類学の基本問題の一つとされ、人類史の初期に生まれた古い制度なのか、交叉イトコ婚と原因、結果の関係で結ばれるのか、という点をめぐって論争が行われてきた。一九三六年のレヴィ＝ストロースのボロロ社会についての報告も、ローウィによって「農業を始めたばかりのきわめて原始的な社会」にかなり複雑な双分組織が見いだされた珍しい例として受け取られていた。ローウィは双分組織を人類史上比較的新しいものと見ていたが、ボロロの事例をきわめて原始的な社会で「独立発生」したものと見なしたのである。それに対してレヴィ＝ストロースはすでにふれた手紙で、むしろ視点を逆転してボロロが高度な文化の退化した例と見なされるべきだと主張したのだった。

『親族の基本構造』では、双分組織を実体と見なすことを止め、したがって伝播か独立発生かと問うことも止め、半族すなわち対となった単位からなるこうした社会形態を繰り返し生み出した、一つの「組織原理」を探究すべきだとされる。それは、多様な条件のもとで多様な機能を果たすべく、世界の多くの地域で双分組織を発現してきたと見なされる。単に祭りで対抗試合を行うだけの半族も、通婚関係も含むこみいった関係を維持している半族も、組織原理の表れとしては対等になる。アメリカの二大政党制さえも、対となった集団が対抗し合ってダイナミズムを生むという一種の双分組織原理の（弱い形での）表れとも見なしうるのだ。

具体的な表れ方の多様性ではなく、原理の単純さを追求しなければならない。現象の多様性の基底に、単純な原理を探求するということの方向にはヤコブソンの構造言語学の教えを聞き取ることができる。しかもヤコブソンの偏愛する「二項」関係、「対」の形象とも共鳴する「双分組織」の問題にレヴィ＝ストロースが注意を集中する仕方には、ヤコブソンとの精神的な双数関係の影、「二人であることの知的昂揚」さえ感じられるというのは、わたしの解釈のしすぎだろうか。

構造の三つのレベル①——互酬性の「精神構造」

人類学における「構造」の観念が最初に徹底して検討された親族関係の領域では、「構造」は三つの方向から探究される。すなわち第一に、女性の授受という広い意味での交換行為が人間のどのような精神構造によって成り立つかという意味での「精神構造」。第二に、交換行為としての通婚関係がオジ、チチ、ハハ、コといった個人間の関係をどう形成するかという「関係の束」としての構造。第三に、交換関係が集団のカテゴリー間の関係として表現される「社会構造」。第一の「精神構造」が基底にあってそれが個人間の関係、そして社会全体のレベルにどう表れるかをレヴィ=ストロースは問うともいえる。

レヴィ=ストロースは、第七章「古代への幻想」でそうしたある普遍性をそなえた「精神構造」とは何かと問い、答えとして次の三つをあげている。すなわち、第一に、規則としての規則の必然性、第二に、自己と他者の対立を統合しうるもっとも直接的な形式としての互酬性の概念、そして第三に、ある個人から別の個人への価値物の移動が、二人をパートナーに変え、価値物に新たな性質を与えるという贈与の総合的な性質である。

ここでは「精神構造」が対他関係という交換の場において考えられていることにあらためて注目しておこう。交換という行為は、一人一人の自分勝手な恣意によっては成り立たない。つまり一定の規則の共有（それは言語の規則のように常に意識されるとは限らない）によってパートナーとなり、物に新たな価値を与えて初めて成立するのである（この「精神構造」については後出、第三章3を参照）。

こうした精神構造の視点が双分組織の問題に一つの解答を与える。

ただし、双分組織を厳密な意味での婚姻交換の点で検討する時には、あらかじめ親族関係分析の概念の上で一つの区別を明確にしておくことが必要となる。すなわち系譜によるまとまりが強調される父系あるいは母系氏族（クラン）と、あるカテゴリーと別のカテゴリーとの通婚が積極的に規定されている、系譜とは関係なく構成された婚姻クラスの区別である。

氏族（クラン）と区別されたクラスという用語には、交換の体系としての親族関係という視点が鋭く表れている。互いに通婚する半族からなる双分組織は二つの婚姻クラスで構成されている。したがってローウィのように三つ以上の氏族（クラン）の一部が欠損して二つになって双分組織が生じうるという言い方は、婚姻交換の視点からは誤りということになろう。

交換の視点からの親族関係論にとっては、双分組織におけるクラスは交叉イトコ婚と密接な関係をもっている。というのも、クラスが社会全体での通婚可能なカテゴリーを明確に示す「包括的な（総体的な）」規則を表すのに対して、交叉イトコ婚はある個体にとっての個別的な通婚可能範囲を緩やかな形で示すというように、それぞれが互酬性の原理の異なった表現となっているからである。つまり「二つの制度は、結晶化したものと柔軟なものの如く対立している」。したがってさまざまに試みられてきたようにインセストの禁止と交叉イトコ婚と双分組織との歴史的前後関係や因果関係を論じることには意味はない。それらは、互酬的な交換を支える精神構造が、異なったレベルで発現したものに他ならないからである。こうして双分組織に含まれていた問題は、交換から生じる同一の構造の個人間関係のレベルでの表れと、社会全体のレベルでの表れに分けられる。そのそれぞれは「家族」及び「氏族」とは根本的に異なった問題として提示されるのである。

構造の三つのレベル②——「関係の束」の構造

レヴィ＝ストロースは、関係の項と見なされた各人が対となった関係（夫／妻、兄弟／姉妹、父／子、オジ／オイ）の親密さと疎遠さを＋と－の符号によって表記し、その布置を一つの仮説的な構造としてとらえている。こうした「態度の体系」のレベルでの構造という視点は親族関係の微視的なレベルに、基本家族（あるいは核家族とも呼ばれるチチ、ハハ、コの三者）の閉じた関係ではなく、オジの存在をとおして通婚関係を組み込むという分析上の要請から着想されている（図1）。それは親族関係の基本単位として「親族（関係）の原子」と呼ばれ、この後も何度かさまざまな社会について分析が試みられることになる。

親密さと疎遠さの対比はきわめて多義的な分け方であることは著者自身も認め、正確には四つの態度がありうると説明を補っている。「すなわち、親しく愛情にみちた気のおけぬ間柄、給付と反対給付という互恵的交換から結果する間柄、そしてこの二つの相互的関係に加えて、一つは債権者の態度に対応し、他は債務者のそれに対応する、二つの一方的な関係がある」。それは相等性＝、互恵性±、権利＋、義務－とも言い換えられている。
　これら四種の関係のうち権利＋、義務－の対比は、婚姻における女性の「贈与」によって女性の受け取り手が債務者の立場に立つことから生じる、世代を越えた関係の連鎖という視点に関わっている。レヴィ＝ストロースによれば、こうして決定される＋と－の符号の布置が、イトコ間関係において交叉イトコと平行イトコの社会的な区別を、もっとも明快かつ直接的に基礎づける。つまり系譜上のつながりやクランへの帰属をもちだすことなしに、＋と＋、－と－同士が平行イトコであり、＋と－の対つまり交叉イトコの間では通婚が上の世代で生じた女性の授受を帳消しにする形で適合的となるというのである。

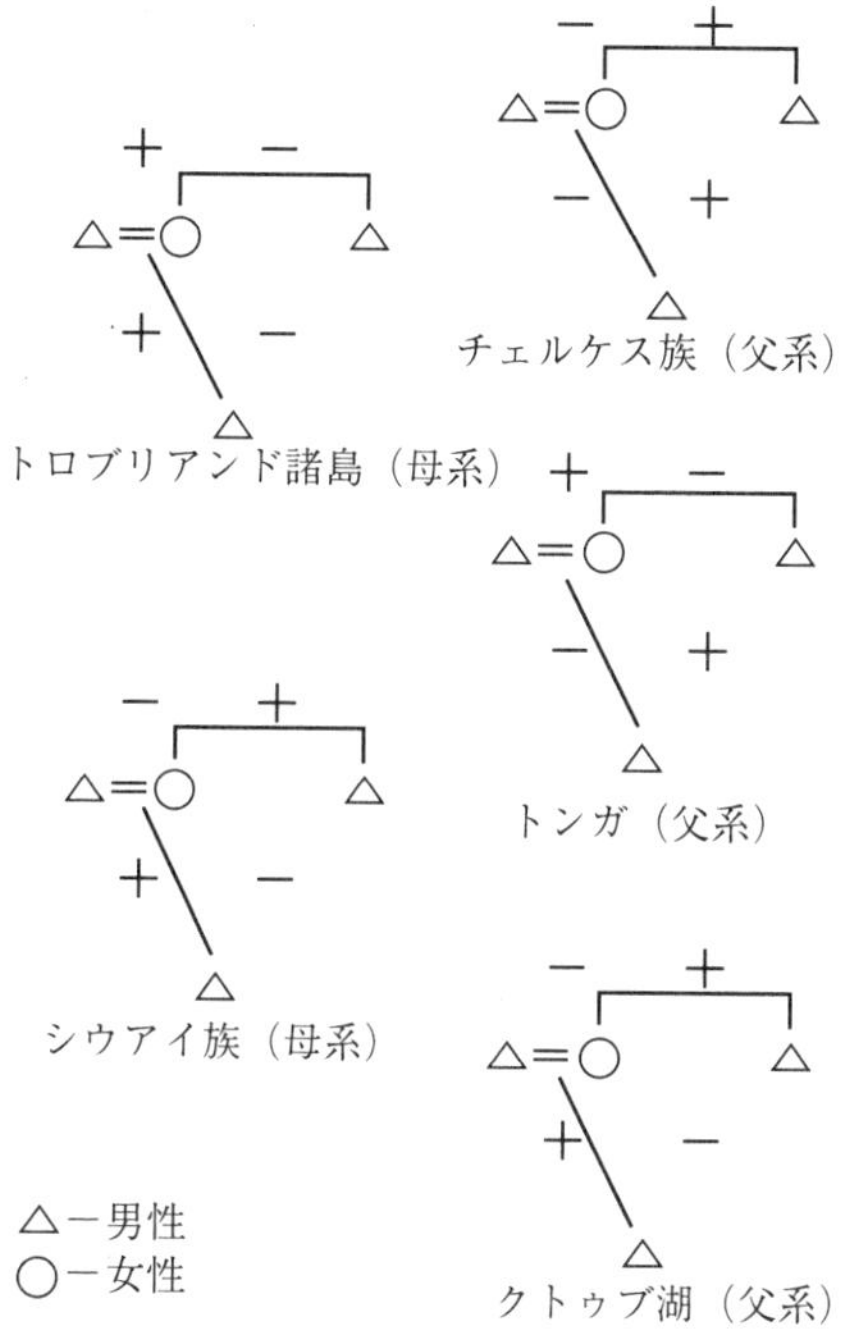

図1　こうした「親族関係の原子」における符号の布置は母系父系の系譜のあり方とは直接関係がない。

　こうした交換の効果も交叉イト

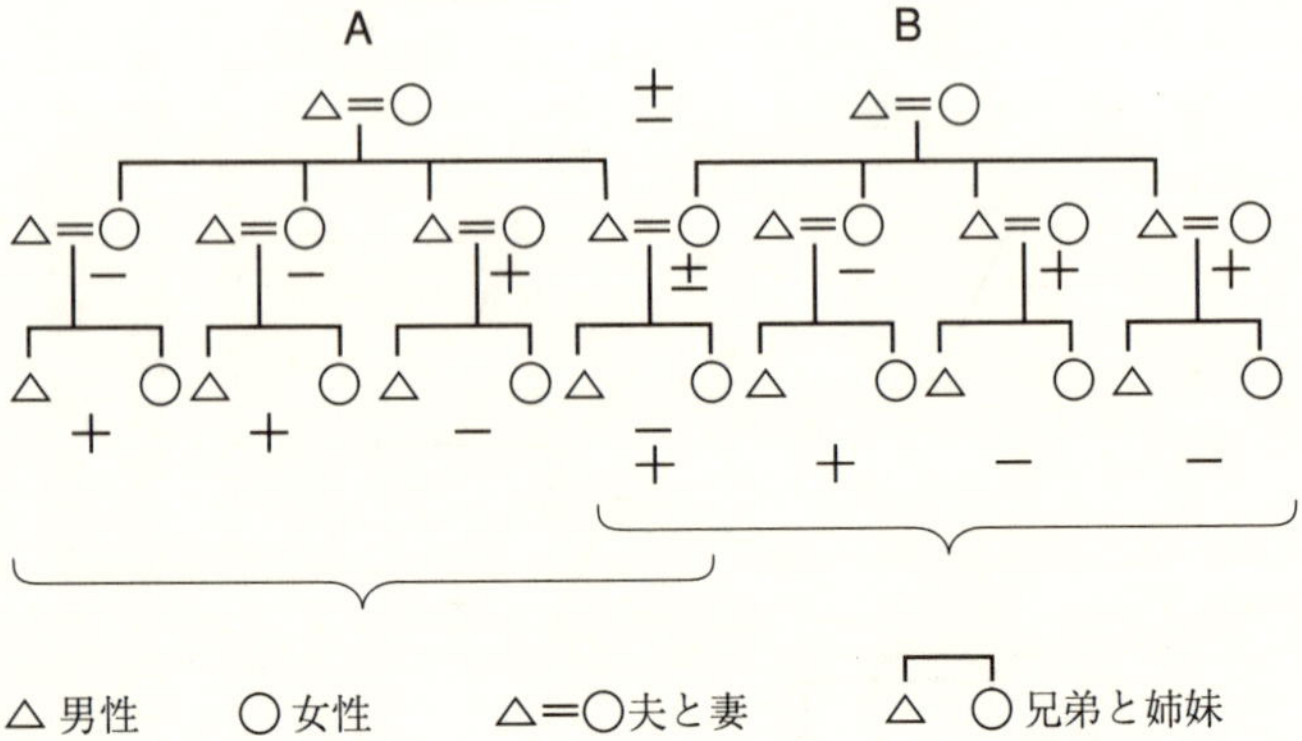

図2　（＋－）の関係にあるのは交叉イトコで、（＋＋）ないし（－－）の関係にあるのは平行イトコである。

コのレベルでの微視的な構造ととらえられている（図2）。

フレイザーの交叉イトコ婚解釈を批判しながら、こうした構造の生成を説明する次の文章には、構造言語学が明確にした「対立」の発想をレヴィ＝ストロースが親族関係の分析にどのように取り入れようとしたかはっきりと読み取れるだろう。

我々は（フレイザーとは）逆に、まず一つの対立の意識を原理として提出した。すなわち二種類の女の対立、というよりむしろ、男が女に対して持ち得る二種類の関係の間の対立である。たとえば譲渡される女である姉妹あるいは娘と、獲得された女である妻との対立、つまり、血族の女と姻族の女との対立である。また我々は、獲得した集団は返さねばならず、譲った集団は要求をし得るような互酬的構造が、この原初的対立からいかにして構築されていくのかを明らかにした。その結果、いかなる集団においてであれ、その中の平行イトコたちは静的均衡状態にある同じ形式的立場にある家族に由来する者であるのに対し、交叉イトコたちは形式的に相互に敵対的立場、すなわち動的な不均衡状態……にある家族の出であることを我々は確証した。

交叉イトコとは親同士が性別を異にするイトコ同士であり、交叉イトコ同士の結婚は、上の世代で起きた女性の授受を帳消しにして均衡を回復することから、通婚に適合的であるとされる。言いかえれば、与えられた女性の娘は手放され、与えた女性の娘はとりもどされることになる。

その交叉イトコには父方（父方のオバの子）と母方（母方のオジの子）とがあることはすぐに見てとれる。人類学の報告には（男の立場から見て）母方交叉イトコとの通婚が好ましく、父方交叉イトコとの通婚は避けるべきであるとする社会が多く見られる。逆に父方を好ましいとする社会も少数だがインドなどに見られる（親等を同じくするイトコの一方を優先するこうした規則はインセストの禁止の生物学的解釈によっては説明されない）。

またオーストラリアの体系など、父、母双方の交叉イトコを通婚相手とする事例もある。したがって交叉イトコ婚には、母方交叉イトコ婚、父方交叉イトコ婚、双方交叉イトコ婚の三つのタイプが区別される。レヴィ＝ストロースは、民族誌のさまざまな混乱した解釈を総合する視点から、すでにふれたように、交換の構造がこうした個体を中心にした交叉イトコ婚の規制として、そして婚姻クラスのレベルでの関係としてどのように現れるのかという問いを出す。こうして交叉イトコ婚の三つのタイプと結びついた、クラス間の女性の交換として表される通婚関係が、もう一つのレベルの構造となる。

構造の三つのレベル③——社会構造

イトコ間の個体間関係のレベルとは違って、社会全体における婚姻クラス間の通婚関係のあり方が、包括的なレベルでの構造としてとらえられる。『親族の基本構造』の分析のほぼ三分の二を占める、オーストラリアの「古典的体系」から中国を経て北アジアにいたる、各論と呼べる論述は、こうしたクラス間の関係の分析にあてられている。

たとえばオーストラリアの「古典的体系」のなかでも比較的単純なカリエラ型（集団名をとってこう呼ぶ）においては、四つの婚姻クラスが二つずつペアとなって通婚し（A・BとC・D）、しかも男女をそれぞれクラスの大文字と小文字で表せば、Aとbの子はDとd、Dとcの子はAとa、Bとaの子はCとc、Cとdの子はBとbとなる。これは親の一定のクラスの組み合わせから、子のクラスが規則的な変換によって生じると規定する「変換モデル」と理解することができる（図3　そうした視点からレヴィ＝ストロースの依頼にしたがってクラス間の関係について変換の数学的分析を試みたのが、『親族の基本構造』に付された数学者アンドレ・ヴェイユによる付録の論文である。レヴィ＝ストロース自身は、こうした変換構造が当事者の意識しないレベルで機能していると考えている）。

図3　カリエラ族の婚姻規則

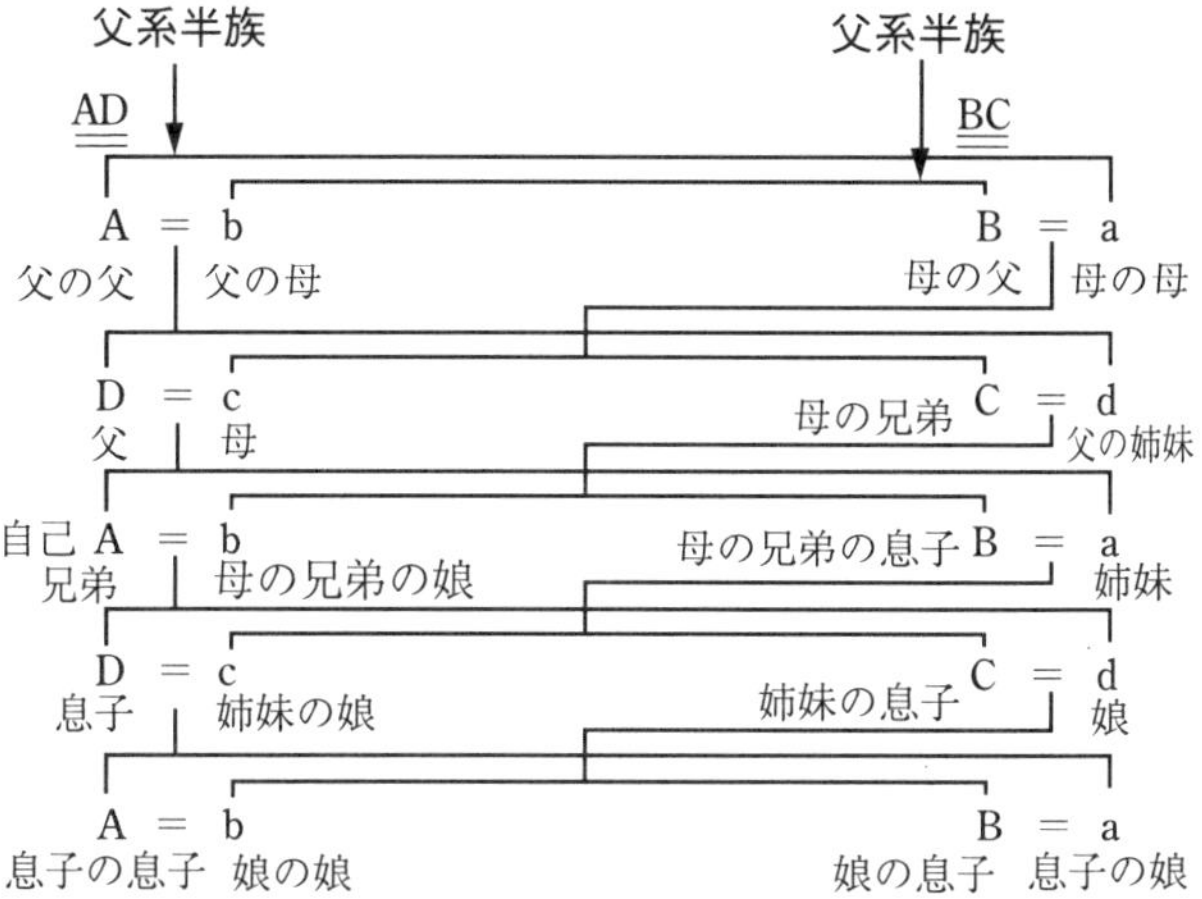

図4　カリエラ体系　「自己」の妻bは母方のオジの娘であると同時に父方のオバの娘でもある。

いっぽう同じモデルを、AとD、BとCというクラスが父系で交替する半族同士で通婚しているという事態と見ることもできる（図4）。またAとC、BとDというクラスが交替する母系の半族間の関係と見ることもできる。こうした系譜関係に基づく二とおりの解釈ができること自体、婚姻クラスに対して、父系あるいは母系の出自に基づく氏族（クラン）が論理的には二義的な枠組みでしかないことを示している。またこれらの系の一方は地縁の系列となる。

しかし、こうしたクラス間の関係はまた、個体間の関係として見れば、父方と同時に母方交叉イトコである者同士が通婚する状態だと解釈することも可能である（図4）。したがってこうした四クラスからなる体系とその変異形は、双方交叉イトコ婚の体系と呼ぶことができる。これは交換のあり方からは、二あるいはその倍数のクラス間での閉じた通婚関係としてレヴィ＝ストロースによって「限定交換」

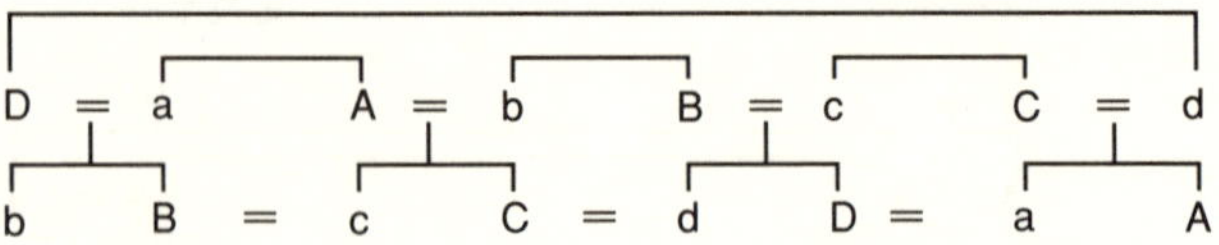

図5　四クラス間の一般交換

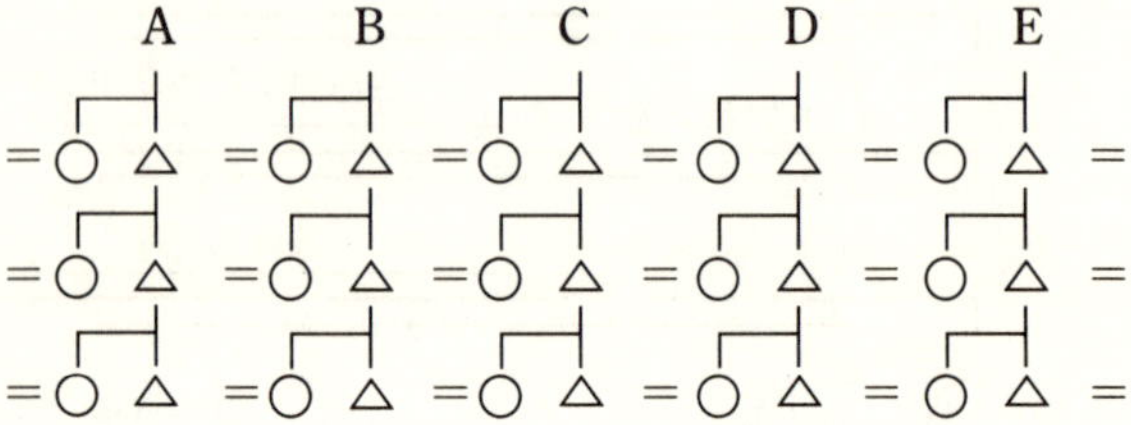

図6　カチン社会のタイプ。A，B，C，D，Eは父系の氏族で，しかもそれぞれが村を作る地縁的な集団でもありうる。またAの女性がEの男性の妻となれば円環は閉じる。女性の流れはE→D→C→B→A→Eというきわめてシンプルな形となる。

と呼ばれた。このモデルは、かつて姉妹交換と呼ばれたものに対応している。

こうした体系を念頭に置くとうまく分析できない例として、ムルンギン型と呼ばれる体系が研究者を悩ませていた。これもまた四つのクラスからなるが、レヴィ＝ストロースはその背後にある交換の体系を、限定交換とは異なるものと見て仮説的にモデルを構成し、「一般交換」と名づけた（図5）。このモデルでは親の世代でも子の世代でも女性がA→D→C→B→A（つまりaはDとdはCと……というように通婚関係が成立する）と、一方向に受け渡されてゆく形となる。そしてこの図にあるとおり父と子の系譜はAとCのクラスの組み合わせ、BとDのクラスの組み合わせで交替し、母と子の系譜はA→B→C→D→Aとクラスへの所属を変え、四つの世代が一つのサイクルをなしている。

その体系をイトコ婚のレベルで見れば、双方の交叉イトコのうち、母方のみを優先する形となっている

（図5でaはDの、dはCの、cはBの、母方交叉イトコ婚である）。

このモデルでは世代を連ねた系譜の視点からはチチーコ、ハハーコのクラス所属が変わることになる。ただこうした交換の体系そのものはより単純な、父系でしかも地縁的にもまとまった氏族（クラン）間の通婚関係としても成立する。別の言い方をすれば、親族のまとまりと地縁的なまとまりがともに系譜で表される氏族（クラン）のあり方は、通婚関係を中心に見れば、婚姻クラスのあり方のきわめて特殊な例にすぎないのである。またこうした一方向に女性が流れる一般交換は、体系そのものはクラスあるいは氏族（クラン）は奇数であっても成立する。そうした、より単純な氏族（クラン）間の通婚の例はビルマ（現ミャンマー）のカチン族社会の報告に基づいて分析される。こうした明快な構造を備えた一般交換の体系は広く見出される（図6）。

しかし、レヴィ＝ストロースによれば、この体系は、方向づけられた交換であるという事実から、構造自体にある矛盾を抱えることになる。すなわち原理的にはn個の交換の単位が参加できるこの開かれた体系は、単位数が増えれば増えるほど交換の輪が閉じるかどうかの保証は減少し、参加する社会成員にとっての構造への信頼性は小さくなる。つまり与えた姉妹の代償としての女性が、循環の最後にとりもどせるかどうかは確実でなくなるのである。また女性の与え手と受け取り手の間には地位の差が前提されることが多く（カチンでは与え手のほうが上と見なされる）、循環の二つの末端の間に地位の落差が生じて、その点でも構造の安定性ひいては構造の成立可能性は縮小される。

　これら二つのイトコ婚に対して第三の父方交叉イトコ婚はどのような意味をもつのだろうか。図7に示されるとおり父方交叉イトコ婚においては、親の世代の通婚の方向と子の世代での通婚の方向が世代ごとに逆転する。このことをよりマクロなレベルで見れば親の世代でA→B→Cの方向で生じた女性の流れが、次世代ではA←B←Cとなり、各ペアごとに見れば上の世代での女性の贈与が次世代で直ちに返還されるという形となる。

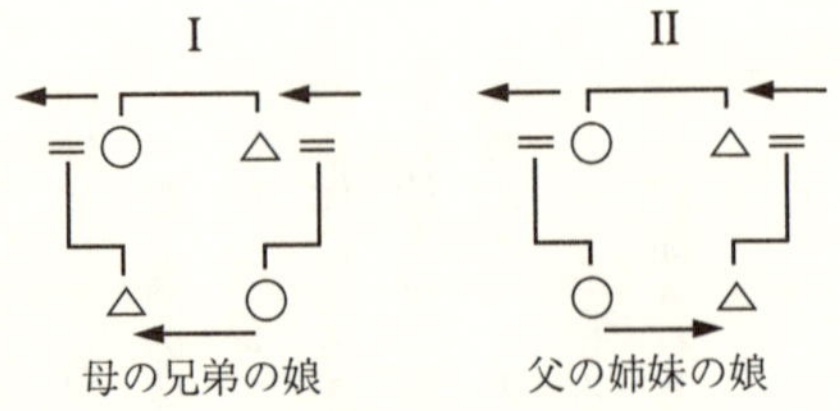

図7　世代による女性の流れの方向。

　したがってレヴィ＝ストロースの解釈によれば、この体系では女性の授受のサイクルは短く、母方交叉イトコ婚におけるような長い交換のサイクルが成立しえず、与えた女性の代償がいつ戻ってくるかという不確実性は減少する代わりに、交換のやりとりはその都度二世代だけで完結して長期的な社会的結合を生まないことになる。

　以上は、三つの交叉イトコ婚と婚姻クラスのレベルでの構造との相関についての『親族の基本構造』の議論のきわめておおまかな要約にすぎない。とはいえレヴィ＝ストロースが構造言語学との対話のなかで、女性の交換という視点からの親族関係の一貫した解釈をどのように展開しているか、その大筋は理解していただけると思う。

結論と展望

結論の部分の「複合構造への移行」と題された最初の章で著者は、個別分析において強調しているとおり、交叉イトコ婚の三つの基本形態がモデルとしては明確な対比を示しながら、現実の社会においては多くの地域で三つの極の間でさまざまな度合いの振れを示していることを再確認している。たとえば母方交叉イトコ婚にはまるで影のように父方交叉イトコ婚への傾向が伴っている。レヴィ＝ストロースは、こうした三つのモデル相互の関係を、ヤコブソンが音韻論において音体系を示すのに用いる図にならって示している（図8）。さらにアフリカとヨーロッパ古代の親族関係の資料を概観しながら、初版の緒言にふれた「複合構造」への移行の視点を素描している。

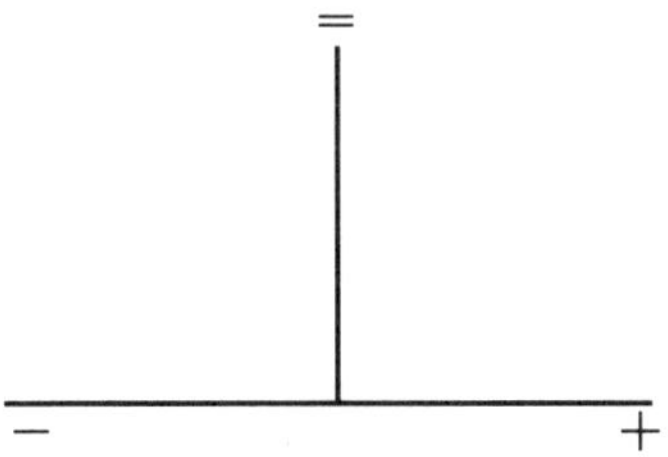

図8　交叉イトコ婚の基本形態間の対立の体系
＝：双方婚／ゼロサイクル／定式A↔B
－：父方婚／短いサイクル／定式A→B
A←B
＋：母方婚／長いサイクル／定式A→B→C

　最終章「親族関係の諸原理」は、著者の立場の要点をまとめた上で、親族関係論をチチ、ハハ、コによって形成される生物学的家族によって基礎づけようとする立場への批判を、再度、マリノフスキー批判として展開し、婚姻が「自然と文化」の出会いであること、言い換えれば親族関係の社会的意味は、生物学的関係（とそれに対応する基本家族）すなわち「自然」からの隔たりによってこそ測られることを強調し、さらに家族とインセストの禁止の起源について、『トーテムとタブー』で展開されたフロイトの説を批判する。その上でコミュニケーションを対象とする言語学と人類学的な親族関係研究の深い並行性を再確認して、意図においても規模においても、また資料の範囲と理論の検証においても雄大なこの論考を閉じている。

この章の最後に、とりわけ意義深いと思われる『親族の基本構造』のいくつかの論点をわたしなりに再確認しておきたい。それは、「同一性」と「歴史」と「他者」と「女性」という四つの主題にまとめることができよう。

レヴィ=ストロースの考察において、モーガンの十九世紀的進化論はすっかり克服されている。と同時にローウィの個別的歴史主義ともいうべきものも否定され、その点ではモーガンの提起に含まれていた普遍的な原理の探究の方向が再評価されている。モーガンの親族関係論は、たいへん大づかみに言えば、「氏族」に代表される血族を単位とした集団から一夫一婦の対関係における個人間関係へ、「集団から個人へ」という社会秩序の基礎の進化を描くというモチーフに導かれていた。それに対して、批判者としてのローウィのそれは個人間関係としての「家族」の普遍性を強調し、氏族などのより大きな社会単位は小さな単位の合成から生じ、多くの場合、伝播によって広まったとする。いずれにせよ、関係の担い手としての「個人の生成」と、個人間関係からの「社会の生成」という対照的な方向をたどりながら、両者は個人の存在とは何かという問題の核心を、根本から問い直すことはない、と言うことができよう。いっぽう、レヴィ=ストロースは、「人はみな親族として生まれる」という普遍的な事実を、他者とのコミュニケーションの可能性から導き出したのである。

レヴィ＝ストロースの企ての射程を測るために、序で試みたように、ここでふたたび人間における「同一性」という補助線を引いてみることにしよう。またそのためには最終章で表立って批判の対象となるフロイトの存在を念頭におく必要がある。

モーガンとローウィが、進化論的視点をめぐっていかに厳しく対立したとしても、「同一性への問い」という地平においては氏族と家族というレベルは、むしろ互いに補い合うものである。モーガンの進化論の遠近法は、集団への帰属としての人間の同一性への問いによって内部から支えられていた。氏族集団はまた、多くは動物を先祖とみなす「トーテム集団」とも呼べる。周知のとおりトーテム動物と人間の「同一性」という主題は、『トーテムとタブー』を書いたフロイトを通じて、世紀替わり目における西欧の人間理解——誤解？——に大きな役割を果たした（その点については第五章を参照）。

ローウィの視点には家族という人間の再生産の現場における同一性の生成という問いが内包されている。いっぽう家族の場での父や母との同一化が人間の意識の構造形成に決定的な意味をもつとフロイトが見なしたことはあらためて言うまでもない。たとえばローウィは、家族が親族関係を父方と母方双方に展開する結節点となることを次のように述べている。

ホーピ族が、われわれと違って母姓制であるというのは、われわれの姓にあたるものが母から子へうけつがれるからである。しかし、個人の名前《パーソナル・ネイム》は必ず父の親族のなかの女によってつけられ、その親族集団を象徴するのである。同様に、母姓制のヒダッツァ族のあいだでは、……聖なるものは父から子へと伝えられ、父の親族はあらゆる場合に贈物を受ける権利をもち、あだ名はしばしばその個人の特徴ではなく父の親族の特徴にたいしてつけられ、葬式をとりしきるのは父の親族である。

父方親族、母方親族、名、姓、聖なるものの継承、贈物などの交差する、生誕と葬礼によって区切られた場に、家族のさ中に生をうけた個人の同一性が成立する。従来の人類学において親族関係は、父系であれ母系であれ氏族（クラン）への帰属に規定された同一性によって、あるいは家族の閉じた空間で形成された同一性によって、人間が自分とは何かを考える枠組みを与えると見なされてきた。『トーテムとタブー』を書き、「エディプス・コンプレックス」を論じたフロイトは、こうした人類学的な親族関係論の一つの総合を試みたと見ることができる。だからこそ、フロイトはレヴィ＝ストロースによる厳しい批判の対象とされるのである。

交換論を軸とする親族関係の解読は、こうして近代人類学における親族関係論の核心を暗黙のうちに形成してきた氏族あるいは家族を枠組みとする「同一性への問い」とは異なる地平に自らを位置づけて、コミュニケーションすなわち交換という他者との関係がどのように親族関係を形成するかを問うたのである。これまで見てきたように、こうした視点からは「氏族（クラン）」や「家族」は、親族関係研究上の重要性を失う。これらの観念は、強い言い方をすれば、同一性にとりつかれた近代人の幻想にすぎないのである。

レヴィ=ストロースにとって、新たな親族関係論を作り上げることがそのまま、切実な他者としての存在であったブラジルの人々を理解する方法でもあり、また「方言を異にする」ほど異なった集団同士でありながら「交叉イトコ」と呼び合うことで互いに他を自分に引き寄せ、関係を設立しようとしていたナンビクワラの人々の対他関係の現実の意味を内面的に再構成しうる人類学理論を構築する試みでもあったのだ。

戦後の西欧の思想のさまざまな潮流のなかで、レヴィ=ストロースが占めることになる独自の位置も、構造主義人類学の考察に組み込まれた、こうした同一性の視点とは異なった対他関係、さらに言えば関係そのものの生成への視角を無視しては、十分に理解できなくなるだろう。『今日のトーテミスム』や『野生の思考』はそうした方向の一つの発展とも見ることができる。そのことは後に検討しよう。『親族の基本構造』の基底には「自分とは何者か」という自己同一性への問いを強く意識した主体ではなく、他者へと開かれた交換の主体のヴィジョンがある。交換の体系は、ある整合性を備えたとき、無意識のレベルに根をおろしていると見なされた組織原理によって統御される。それではこうした展望のなかでは「歴史」にはどのような意味が与えられるのだろうか。

わたしたちはその答えを『親族の基本構造』のしばらく後に刊行された諸論文や『人種と歴史』に確かめることになる。しかし、そうした歴史への問いには、歴史の主体と自任する西欧の人間にとって「他者」とは何かというもう一つの問いが影のように寄りそっている。このモチーフこそ、すでにふれたとおり戦後思想において、レヴィ＝ストロースに独自な位置を与えてゆくものだとも思われる。

他者へと開かれた交換というモチーフは、親族関係における自然からの隔たりという視点、すなわち生物学的な閉じた基本家族を文化のレベルでの普遍的条件と見なすことへの批判と表裏をなしている。こうしてレヴィ＝ストロースは、結論の末尾で言語学と親族関係研究の並行性を確認しながら、自然の普遍性とは異なった、文化における普遍的なものの探究を目指す象徴体系研究への展開を示唆している。そこには『神話論』への予感を読み取ることができる。

ブラジルにおけるインディアンたちとの出会いから始まった交叉イトコ婚の意味の探究は、女性の交換による他者とのコミュニケーションという人間における不変の原理を導き出した。こうした視点は、しばしば言われたように女性を交換対象と見る不当な男性中心主義だろうか。レヴィ＝ストロースによって交換が男性中心に概念化されていることは否定できない。ただ、著者はその探究の最後に「他者としての女性という謎」に行き当たるとも見える。『親族の基本構造』の最後の一つ前の節は次のように始められている。

……象徴的思考の出現が、女性は言葉と同じように、交換されるものであるということをきびしく要求せざるをえなかった。それは実際、……女性を両立しえない二つの相のもとで知覚させる矛盾を克服する唯一の方策であった。つまり女性は、一方では、自分の欲望の対象であり、それゆえ性本能と占有を刺激する。そして同時に、他人の欲望の、そのものとして知覚された主体、すなわち彼と縁組を結ぶことによって彼をつなぎとめる手段なのである。しかし記号であってそれ以外のなにものでもないものになることは、女性にはけしてできなかった。というのも、男性の世界においても、女性はまさにひとりの人格であり、ひとは女性を記号として定義するかぎりにおいて、彼女のうちに記号の産出者を認めざるをえないからである。

交換論を男性を中心に構成することが不当であるかどうかは、自らの思考に導かれて『親族の基本構造』が「他者としての女性の謎」を確認することで閉じられていることをどう評価するかにかかっていると思われる。ほぼ二十年後に刊行され、『神話論』のなかでもっとも完成度の高い自信作であると、著者自身の言う第三巻『食卓作法の起源』には、文化世界内部への女性の生成ともいうべき主題をもった神話群の分析が展開されている。『親族の基本構造』の結論は、その伏線になっていると考えることができるだろう。

余談ではあるが、エリボンとの対談でも名のあげられていない二番めの妻との再婚と再度の離婚は、おそらく『親族の基本構造』執筆の時期に重なると思われる。

第三章

旅の終わり

1　歴史の試練

帰国そしてさまざまな試み

一九四四年八月、ドイツ占領下のパリが解放されるとレヴィ＝ストロースは『親族の基本構造』の執筆を一時中断してフランスに帰国し、政府の文化交流関係の事務職に就いた。その時期に、すでに『行動の構造』を出版し、やがて『知覚の現象学』を完成しようとしていた教授資格試験の同期生、メルロ＝ポンティと再会した。しかし、四五年の始めには大使館の文化参事官としてニューヨークにもどり、図書館にかよって資料を集めては執筆するという日々を再開し、四七年に草稿を完成した。戦後の思想界で一躍脚光を浴びたサルトルやボーヴォワールあるいはカミュなどが、この数年の間にニューヨークを訪れ、レヴィ＝ストロースは文化参事官として彼らを迎えたのだという。

四七年の暮れには、学位論文として完成した『親族の基本構造』を携《たずさ》えてパリにもどり、ブラジルへ出発した時から数えれば、実に十二年間にわたる新旧世界の往還に終止符を打ったのだった。その翌年には「ナンビクワラ——その家族・社会生活」を副論文として学位審査を受けた。その次の年に刊行された『親族の基本構造』が学問的に高い評価を得たことは、さまざまな反応によって確かめられる。

サルトルの主宰する『現代（レ・タン・モデルヌ）』誌上で、いちはやくボーヴォワールがきわめて忠実な紹介を兼ねた好意的な書評を寄せ、後には作家のジョルジュ・バタイユが『エロティシズム』でインセストの禁止をめぐって、性と死の意識、労働の発生の同時性という自らの主題に引き付けてコメントを加え、また精神分析家で親しい友人でもあったジャック・ラカンが、五三年にローマで行われた学会の「精神分析における言葉と言語活動の機能と領野」という講演で引用するというように、『親族の基本構造』はフランスでは人類学の専門に限られないさまざまな領域で反響を呼んだ。レヴィ＝ストロース自身は「これで学位を得たことは私にとって大きな意味がありました。大学に就職する道が開けましたし、また私は一人前になったと感じることができました」と、あるインタヴューで答えている。

文化参事官時代のレヴィ＝ストロース（1945〜46年ごろ）。

四十代にさしかかってようやく「一人前になった」ということの言葉には、人生に対する息の長い処し方が表れていると理解すべきなのだろう。長寿を得て、五十代から六十代に大きな仕事を完成していることを見れば、時間をかけた息の長い熟成ということ自体、一つの思想の結実であるとも思える。ただ、ヤコブソンに勧められるまで自分に本が書けるとは思っていなかった、という言葉や、若い時には、フランスでは最も名誉ある研究機関であるコレージュ・ド・フランスに自分が足を踏み入れることなど考えもしなかった、とエリボンに語る言葉は、見せかけだけの謙虚さを演じているものとは思えない。

フランスでは、高校生の時から猛烈な受験勉強を自らに課し、厳しい関門を突破して高等師範学校(エコール・ノルマル)に入るというのが、自他ともにエリートと認めた知識人、文科系の学者のお決まりのコースであり、それと比べれば、レヴィ＝ストロースは自分でもどこかで述べているとおり、さまざまな道草を食って、絵画や音楽の造詣を深めるだけでなく、社会主義思想や政治活動に関わり、法学や哲学を修得し、人類学のフィールドワークをおこない、亡命を経験するなど、知的にも現実にも放浪を重ねた後ようやく、「新石器時代の人間のように」火を放つための草原として人類学というまだ豊かな開拓の可能性をもつ領域を発見し、ほとんど独学で征服したのだった。エリートコースをまっしぐらに駆け上がったという自覚とは正反対の思いがあったのではないだろうか。いずれにせよ学問の世界で実績を認められ、レヴィ＝ストロースはレヴィ＝ストロースとなる第一歩を踏み出した、といえるのだろう。

一九五〇年代の十年間は、『親族の基本構造』で築いた人類学者としての基礎の上に新たな展開をはかる時期だった。しかしそれは必ずしも順調に進んだわけではなかった。ようやく一人前となった、という言葉に続けてレヴィ＝ストロースは次のように述べている。「五〇年代の始め、私はかつての信念と、一層大きくなるそれへの距離感との間に引き裂かれて危機に直面していました。『悲しき熱帯』の最後の部分に、その跡が見て取れます。……当時私は、世界を思考によって統御するには、変数が余りにも多くなり過ぎてしまったと感じていたのです」。

それは第二次大戦の終了の束の間の安堵の後、ヴェトナムでのホー・チミンに率いられたヴェトミンとの戦いの始まり、朝鮮戦争の勃発、スターリンの死、ヴェトナムのディエンビエンフーでのフランス軍の大敗北、アルジェリア戦争の開始、ハンガリー事件、フランスでの相次ぐ政権交替からドゴール大統領の選出へといたる、世界においてもフランス国内においても激動と緊張の張り詰めた、冷戦開始の時代であった。そしてレヴィ=ストロース個人にとっても、社会的には学界での自分の場を確立し、また学問的にも「複合構造」の研究を放棄して、新たな探究をさまざまな方向に試みる、試錬の時であった。

帰国して間もなく、人の勧めもあってレヴィ=ストロースは、在籍者による投票で選任されるコレージュ・ド・フランスの教授に立候補し、本人の言葉では新旧両派の政争の駒にされて、あえなく落選してしまった。翌五〇年にも、同じ轍を踏んで再度落選したという。思想的にも互いに深く敬意を抱き、いわば同志として認め合ったともいえそうな哲学者、メルロ=ポンティの強力な運動もあって、ようやくその教授職を獲得したのは、ほぼ十年の後のことであった。

失意のなかでレヴィ=ストロースは、歴史学の中心人物であったリュシアン・フェーヴルの推薦で高等研究院の講師の職に就き、やがて神話学で名声を確立していたジョルジュ・デュメジルの後押しもあって教授となり、「無文字社会の宗教」の講座を担当することになった。親族関係研究から宗教すなわち神話と儀礼へと主題を変えた背景には、研究上の内的な理由以上に、こうした外的な事情もあったという。高等研究院での教授に加えて、この時期にはユネスコの学術部門の責任者として研究プロジェクトを指導し、東パキスタン（現バングラデシュ）調査に従事してもいる。その経験は『悲しき熱帯』にも書き記されている。

この十年間は、やがて『野生の思考』に結実する摸索の過程であったといってさしつかえないだろう。その途上では、『親族の基本構造』の探究と並行して組み立てられた歴史観を明らかにした『人種と歴史』をめぐるカイヨワとの論争（あるいは非難の応酬と呼ぶほうが当たっているかもしれない）という事件もある。この章では、ドラマに欠けているわけでもないその手探りの跡を、とりわけ戦後のフランス思想の文脈を見失わないよう努めながらたどり直してみたい。

歴史の主体とは何か、主体にとって意識されぬものの領域とは何か、象徴の体系とは何か、といったフランスにおける戦後の思想の問題系の大きな領域に振り分けてレヴィ＝ストロースの思考を跡付けるとしても、実際にはこうした多様な方向への思考の触手は、同時並行的に相互に絡みあい錯綜した形で延ばされていることを忘れてはならない。

歴史と造形

戦争のさなかに結成された反ナチスのキャンペーンの推進母体は、戦後の国際連合の枠組みのなかでユネスコに引き継がれ、ナチスの「最終解決」の実態が明らかになるにつれて、いわば西欧の良心のアリバイ証明という一面も含みながら、いっそう反人種差別運動を強化していった。そうしたなかでユネスコの依頼で書かれた論文（謙遜もあるのだろうが自分では「パンフレット」と呼んでいる）が『人種と歴史』であった。

そこに表明された独自の歴史観の形成の軌跡は、四三年の「北西海岸の芸術」から、ブラジルで見聞したカデュヴェオの女たちの顔の装飾に触発された四五年の「アジアとアメリカの芸術における図像表現の分割性」（以下「分割性」と略）を経て、四九年の「歴史学と民族学」の関係の考察にたどることができよう。『人種と歴史』の刊行と同じ五二年には、すでにふれた「民族学におけるアルカイスム（古代的なもの）の概念」も雑誌に掲載されている。

これら一連の考察には、造形表現への関心と、歴史の現実はいかなるものかという関心が交叉している。そのことは、歴史家のフェーヴルが「分割性」の論文に注目してコメントし、それに間接的に答える形で「歴史学と民族学」が書かれた経過にも読み取ることができる。またカイヨワによる批判は、いわば批判の裏がえしとして、世界史の主導者という自覚をもった西欧が歴史の主体とは認めない「他者」の存在をどう理解すべきか、という問いを浮き上がらせたともいえるだろう。

師に当たるマルセル・モースの「人格の観念」をめぐる論文に触発された（モースは人格〔ペルソナ〕

の観念と古代イタリアにおける先祖を表す仮面（ペルソナ）との密接な関連を指摘している）、アメリカ北西海岸のクワキウトルやトリンギット・インディアンの仮面の分割表現への関心を、中国古代の殷の青銅器にほどこされた獣面の造形や、ポリネシアのマオリ族の表現と重ね合わせて検討した素描ともいえる「北西海岸の芸術」の視点は、「分割性」ではより鋭く提示される（ここで言う「分割性」が、「二重化」あるいは「二分」とも訳せる dédoublement という言葉であり、したがって『親族の基本構造』の重要な論点であった「双分組織」の主題に通底し、ヤコブソンと共有された「対の思考」にも共鳴していることを見逃してはならない）。

殷（中国古代）の青銅器と北西海岸の仮面（十八、九世紀）、そしてマオリの顔の入墨と彫刻（十四世紀から十八世紀まで）、さらにレヴィ＝ストロース自身のデータであるブラジルのカデュヴェオの女性の顔の装飾（白人との接触以前から）は、二つの側面観を中央の縦線を蝶番《ちょうつがい》として平面に開いた形態で顔面を表現をすることで共通している。そうした造形技術上の際立って印象的な共通性は、かつては伝播の仮説によって説明されたが、それは地域も時代も余りにかけ離れた現象の関係を裏付けるには根拠が弱すぎ、歴史学的な検証には耐えないものであった。

そこでレヴィ＝ストロースは「われわれは歴史を否定するか、これまで何度も確かめられてきた類似に目をふさいだままでいるか」と問い、造形表現の社会的精神分析とも呼べそうな大胆な視点を提起する。マオリとカデュヴェオの造形の分割表現が、これら二つの文化における入墨の重要性に関係すると推定し、後者において素面のままでいることは「愚か者」であるという格言を引いて次のように述べている。

ハイダ族——熊の図
(『構造人類学』より)。

中国の安陽で発見された青銅器。レヴィ=ストロースは中央部の二段重ねの下顎を欠いた顔が中央線で両側に開いた形象と見る見方を示唆し，上段の対向する竜と見えるのも正面から見た牡羊と解釈できると示唆している。

饕餮文《とうてつもん》の青銅器（『構造人類学』より)。

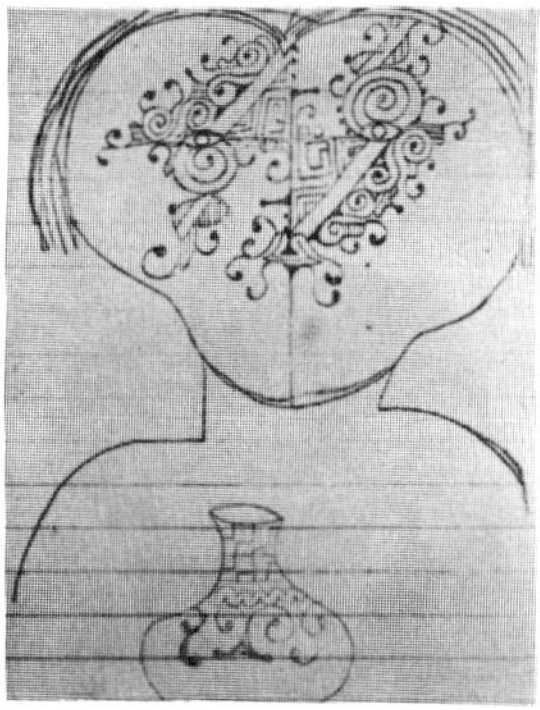

カデュヴェオ族の女性が描いた顔面彩画肖像の素描（1935年『構造人類学』より)。

顔面彩画を施したカデュヴェオ族の女性
(1935年 『ブラジルへの郷愁』より)。

マオリ族の首長が，入墨をした自分の顔を描いた素描 (19世紀 『構造人類学』より)。

（マオリやカデュヴェオの人々にとっては）装飾は顔なのであり、むしろ装飾が顔を創ったのである。顔にその社会的存在、人間的尊厳、精神的意義を与えるのは、装飾なのである。したがって、図案製作法としての顔の分割表現は、実はより深く本質的な分割（二重化）を表している。すなわち「愚か者」たる生物学的個人と、個人が体現すべき社会的人格との分割である。もはやわれわれは、分割表現が人格の分割の社会学理論と相関的であることを垣間見ているのである。

しかし、顔の装飾を含む広い意味での「仮面」の造形をもつ全ての文化において、分割表現が見られるわけではない。たとえば「南西アメリカのプエブロ族の諸社会の芸術にも、ニューギニアの芸術にも、分割表現はない（少なくともはっきりした形では）」。したがってここで生物学的個体に対比され、しかも分割表現を生んだ社会的人格のあり方は、より鋭い限定を必要とする。それは「分割表現が、俳優の役柄との厳密な一致、社会的序列の神話や血統（pedigrees）との厳密な合致を表している」「威信の戦いやヒエラルキーの対抗、社会的・経済的特権の競合」の見られる社会なのである。顔面に表現の精力を傾注する分割表現は、いわば社会性を直接刻みこんだ肉付きの面の造形であり、造形上の「分割」は人格の「二重化」に呼応する（両者はフランス語では同じ語）というのである。

こうして「封建社会」とも表現された古代の殷、マオリの伝統社会、十八、九世紀の北西海岸、十六世紀以前のブラジルの一社会において厳格な身分制とそれを造形で表現する必要性という社会条件が共存し協働することで、きわめて共通性の高い表現技法が互いに独立して、さまざまな地域で反復創出されたという視点が提示される。dédoublement という言葉の多義性にやや寄りかかりすぎの感じもあるとはいえ興味深い視点の提示ではある。これを伝播論、進化論に対比して、仮に「収斂論」と呼べば、レヴィ＝ストロースは収斂の過程に、時間と地域を超えて歴史のなかで働く普遍的な精神のメカニズムを見ようとした、と言うことができるだろう。

2 歴史の遠近法

『人種と歴史』

『人種と歴史』は、こうした視点をいっそう精緻に展開し人種差別主義批判の論拠とする試みであった。そこでは他の「人種」に対する白人の優越性という、もっともありきたりで、西欧ばかりでなくいわゆる後進国にも深く根を下ろした考えの呪縛を解くために、主に二つの面から問題が取り上げられている。すなわち、歴史の現実の過程をどうとらえるかという、「対象としての歴史」と、自社会の歴史を特権化し独自なものと思わせる視点（あるいは錯視を生む歴史の光学）はどのようにして成立するかという、「視点としての歴史」である。レヴィ＝ストロースの議論を要点に絞って検討してみよう。

これら二つの側面は、これから見てゆくとおりレヴィ＝ストロースにとって表裏一体をなしていた。

第一の面は、なぜ西欧が近世以後世界史をリードする優越的な地位を保ってきたのかという問いであり、レヴィ＝ストロースはそれに、一回限りの出来事の連鎖に還元されない、反復可能な確率論的な過程という歴史像を対置して答える。第二の面は、異なった方向を選んだ歴史は相互に理解可能かという問いであり、レヴィ＝ストロースは異質な歴史の間では相互理解は時にはほとんど不可能であろうと答える。異質な歴史への盲目によって西欧は、自己の過大評価を一層肥大させるということになる。

叙述の順にしたがって第二の問いから見てゆこう。

レヴィ＝ストロースは戦後、人々によく知られることになったアインシュタインの相対性原理の比喩を使って、並行して走る電車は静止して見え、反対方向に走る電車は実際よりも速く走っているように見えるという例をあげる。

ただこのイメージは歴史の文脈では異なった側面に照明が当てられる。すなわち同じ方向に進みつつある社会は、あたかも静止しているかのように、互いに相手の細部まで観察し理解することができる。それだけ情報の伝達が可能となり、相互理解ができやすい。ところが異なった発展の方向を選んだ社会は、互いに相手の細部を見ることができず伝達される情報は限られ、極限的には互いに全く理解が不可能となる。西欧的な進歩の方向と、たとえばエスキモー文化の選んだ方向は、それに相当し、前者からは後者が意味ある変化の見えない、全く停滞した社会に見えてしまう。

地球上のほとんどの文化が、それぞれ固有の発展の方向を選んでいるのであってみれば、諸文化は互いに他に対して盲目であり「ただお互い似ていないからというだけで、お互いに関心がないかのように思いがち」ということになる。各文化の独自の選択を見分け、その価値を明らかにするのが人類学の使命となる。それぞれの文化の固有の選択を尊重するというボアズから引き継がれた視点は、後に「文化相対主義」という呼び方で広く知られ、現代人類学の基本的立場と見なされることになるが、レヴィ=ストロースにおいては独特のニュアンスが付け加えられていることが分かる。

しかしこれだけでは、まだ問題は半分しか答えられていない。なぜなら西欧社会の「累積的歴史」から見て他の方向を選んだ文化が「停滞的歴史」に見えるのが事実であるとしても、それが他の形の累積的歴史への盲目の結果にすぎないのか、あるいは現実にその文化が停滞的なのかは断言できないのだから。したがって「対象としての歴史」が問題となる。

レヴィ=ストロースは、たとえば南北アメリカの諸文明が、西欧的な方向以外の「累積的歴史」でありえたことをきわめて強い言葉づかいで強調する。『人種と歴史』と同年の「民族学におけるアルカイスムの概念」には、そうした視点からブラジルのボロロやナンビクワラの文化が累積の中心からむしろ周辺部に押し出され、いわば先祖返りしたものととらえられる。白人による侵入と累積の中心となりえたものの破壊がなければ、南北アメリカは独自の累積的歴史のさらなる展開を経験したに違いない、という視点がブラジル調査時からほぼ六十年後の今に至るまで堅持されていることはすでにふれた。

ただそれにしても西欧近代の累積的歴史の実現は他に類例がない。単に人種主義の論理の根拠のなさを指摘するだけで、この現実を人種論以外の論理で説明できなければ、人々の素朴な確信をゆるがすことはできない、とレヴィ=ストロースは言う。そこで確率論的過程としての歴史という視点が提示される。それは「歴史」の既成の観念の裏をかく発想という一面をそなえている。というのも歴史のスケールを一挙に人類史全体にまで拡張する一方で、歴史を構築する「主体」をいわば抜きさってしまうからである。

レヴィ=ストロースによれば、人類史上、累積的な大きな飛躍は少なくとも二度起こっている。一つは新石器革命とも呼ばれる、植物の栽培化、動物の家畜化、機織り技術、土器作り、鍛冶技術など、「文明の諸技術」の発明の集中する時期、もう一つは、その約一万年後の、産業革命で西欧が世界をリードすることになった時代である。レヴィ=ストロースは二つの飛躍を対比しつつ、じっさいには近代の歴史過程を、新石器革命の成立過程を見るように、歴史の主体を棚上げにした観点からとらえようと試みるといえばよいだろう（それは言い換えれば「歴史」の概念から、国民あるいは民族といった大文字の主体が主導する近代のナショナルな歴史の骨格を除去してしまうということでもある）。

諸文化が互いに通訳不可能なほど違った方向を目指しているなかで、「解剖台の上のミシンと洋傘の偶然の出会い」ではないにせよ、それらの方向が交差し多様な思考が組み合わされて実験され、いわば新しい着想の連鎖反応が起こる可能性が、きわめて稀な確率で生じることがある。そのことをレヴィ=ストロースはルーレットで、たとえば十個の数値があらかじめ決めた一定の順序で出てくる確率はきわめて低いという事実にたとえて説明する。そうした多様な条件の協働が、人類発生以来行われてきた人類史というルーレット・ゲームにおいて、新石器時代には世界のいくつかの地点で並行して生起し、また近代においては二千年以上の停滞を経験した後の西欧を中心にして生じたという。

しかしこの第二の協働は、西欧以外の、たとえば南北アメリカのどこかでも起こりえた。現実にそうはならなかったのは、文化の担い手たちの「人種的」属性に理由があるのではなく、南北アメリカが他の大陸との交流をもたず、新世界内部のみでもっとも有効な連鎖反応を起こすほどの文化間の差異の「最適値」を実現しえなかったこと、そして外部の力によって強制的に中断されたことに求められる。裏返していえば、西欧はルネッサンス以後、外から取りこんだアジア、アフリカ、南北アメリカという多様な差異の要素を組み合わせ得る場となる歴史上の幸運に恵まれたのである。

『人種と歴史』のしめくくりには、こうした複数の文化の「提携」が有効であるためには一定レベルの差異が必要であり、提携のなかで生じるコミュニケーションの過程は、その差異を消費しいわばエントロピーの増大をもたらすという歴史のパラドックスが指摘されている。

歴史と他者

レヴィ=ストロースは「対象としての歴史」においても「視点としての歴史」においても、近代の世界史の主導者としての西欧の主体性を徹底して解体する。『人種と歴史』刊行の二年後、批評家のカイヨワは、五四年末から翌年にかけて『新フランス評論』誌に「逆しまの幻想」と題したレヴィ＝ストロースへの厳しい批判を分載した。レヴィ＝ストロースは直ちに『現代』の誌上に「寝そべったディオゲネス」と題した反批判を寄せた。

カイヨワによる批判の要点は、レヴィ＝ストロース流の文化相対主義が、異文化を高く評価して西欧の価値をおとしめ、西欧の一層の自信喪失を導くだけだという点にある。それればかりでなく、異文化間の理解不可能性を言いつつ、人類学には異文化を高く評価する能力を認め、しかもその人類学そのものが西欧によってのみ生み出されたものであることを都合よく忘却している、という。またルーレットに見立てられた歴史には、一枚一枚断片をはめて完成に近づくパズルとしての歴史が対置される。カイヨワによれば『人種と歴史』は「第一に、西欧文化の優越性など存在しない、第二にたとえ優越性があったとしても何を証明することにもならない、第三に、西欧文化の優越性は確かにあるが、それは偶然と幸運の賜物にすぎない」という両立しえない主張を平然と羅列しているということになる。

そうした自己卑下の論理が、もともと青年期にエグゾティシズム（異国趣味）の肥大化に他ならないシュールレアリズムに荷担した後に人類学に転じた者（レヴィ＝ストロース以外に、ミシェル・レイリス、ジョルジュ・アンリ・リヴィエールの名が挙げられている）によって推進されているともカイヨワは述べる。そしてレヴィ＝ストロースが青年期にブルトン等の運動に参加していたという事実誤認を基に非難を浴びせたのである。

カイヨワが水準の高いことで知られた国際学術誌で古代ギリシアの哲学者の名を冠した『ディオゲ

ネス』を主宰しているという事実を痛烈に皮肉った表題を付したレヴィ＝ストロースの長大な反論は、カイヨワが自分を「だし」にして、かつて彼自身の仲間であったシュールレアリストたちに喧嘩を売るための難癖をつけているだけで何ら真剣な批判は含まれていないという姿勢で書かれている。カイヨワを「フランスのマッカシー」とまで呼ぶレヴィ＝ストロースの言葉は辛辣で敵意をあらわにしたものである。

またカイヨワを通じて西欧の尊大さそのものを批判しているとも受けとれる「野蛮人とは野蛮が存在すると信じている人のことだ」というレヴィ＝ストロースの言葉も、後にしばしば引用されることになる。カイヨワの指摘の一つ一つに反論するその細部は省略せざるをえないが、西欧に歴史の唯一の主体としての資格を否認し、他の諸文化の固有の価値を賞揚するという立場への変更は一切ない。

ただこの反論とおそらく並行して書かれたと思われる『悲しき熱帯』（巻末に五三年十月から五四年三月までという執筆期間が明記されている）の末尾近くの「一杯のラム」の章には、カイヨワの指摘に答えるように、自ら望んで自文化への批判と異文化への親近感との板挟みになろうとする人類学者の両義的な位置への冷静な反省が示されている。たとえば「彼（人類学者）は他者を選んだのだから、この選択がもたらす結果を甘受しなければならない。彼の役割は、これらの他者を理解することだけにあるだろうが、その名においては、彼は行動することができない」という。

しかし西欧社会だけが人類学者を生み出したという見方に対しては、「それは一つの大層強い悔恨が西洋社会を苦しめたから」であり、自らの瑕瑾《きず》を他の社会の姿に映して省みるためではなかったのかと問うている。そこには怒りに彩られた反批判の「激情」の反面に隠された、意義ある批判は真剣に受け止めようとする「沈着さ」が表れていたと見ることもできる。

四十代にさしかかった個性のまったく違う二人の知性が、情念を剝き出しにして対立し合ったこの論争は、結果的には非難の応酬に終わっただけにも見える。しかしそこで対置された文化相対主義と自文化中心主義、偶然の集積としての歴史（ルーレット）と完成への過程としての歴史（パズル）、歴史主体の不在と西欧という唯一の歴史主体といった一連の対立する観念群は、歴史の主体とその「他者」という、今日にまで影を投げかける近代史の基本的な争点の要約となっているといえるだろう。

ただ、歴史の主体としての西欧が自信を回復するよう訴えるカイヨワの主張が、それだけ一層、自信の喪失を露呈し、異文化への偏見のない評価を求めるレヴィ＝ストロースが、むしろ西欧が達成したものも確かに受容しているように見えることに、歴史と文化にコミットすることのもつ逆説が示されているとも思える。人類学者にとっての「他者」の鮮烈な姿を描きだした『悲しき熱帯』が刊行され、作品としての完成度と文体の瑞々しさによって大きな反響を呼んだのは同じ年のことであった。

レヴィ＝ストロース個人に即して今振り返って言えば、この論争はカイヨワとは違ったニュアンスではあれ、「主体」を歴史に捧げたとも言えるサルトルとの六〇年代初めの論争のリハーサルとも見えてくる。また、人類学の探究の軌跡に照らしてみれば、交換の体系もしくは親族関係研究では、言語学に導かれて明確に打ち出された目的論的な視点が、歴史に対しては同じくらいきっぱりと拒否されているように見えること（完成を目指すパズルと、偶然の反復でしかありえないルーレットの対比はこのことを鮮明に表している）も、思想としての構造主義を考える上で見逃してはならない点である（ただしルーレットの比喩で、連鎖反応の成立条件に対比される「あらかじめ決められた」一定の数列を、もし神が決めるのでないとすれば何が決めるのか、そこには抹消されたはずの目的論の尻尾が覗いているとわたしは思う）。

いずれにせよ二人は、論争からほぼ二十年経った一九七四年、レヴィ＝ストロースのアカデミー加入の席で、着任と歓迎の演説の交換の儀式で主役を共演することになる（カイヨワはその二年前に選出されていた）。カイヨワが、過去を忘れて自分の選出を支持しているということを聞いてレヴィ＝ストロースは感動し、感謝の念を表すために、しめくくりの言葉をカイヨワの自由に任せるという条件で歓迎演説を依頼したのだという。

「こうして二人の不愉快な過去を葬ることができるだろうと私は考えていたのです。ところがあてがはずれました」。昔の恨みを思い出したカイヨワは、レヴィ＝ストロースを讃える言葉を並べた後、「一つの呪い」と題した結論の一節で棘《とげ》のある言葉を用いて、構造主義がどんなことでも好きなように証明できる、恣意的な疑似科学に他ならない可能性も大きいのだと警告して演説を終えているのである。そこで言う「呪い」とは、カイヨワ自身が構造主義の未来に投げつけた呪詛《じゅそ》をこめた予言を意味するようにも見える。ただ「それはともかく、以後彼の早すぎる死まで、私は彼の親しい友だちでした」とレヴィ＝ストロースはエリボンに語っている。

3 歴史の余白と意識されぬものの領域

源泉の構造

戦後の復興が始まりながら、先行きの見えない冷戦の緊張にとりつかれた西欧、とりわけ植民地における戦争を抱えたフランスにおいては、「フランス革命」以来の、歴史の主人公としての自尊心は深く傷ついていたといえるだろう。カイヨワのレヴィ＝ストロースに対する苛立ちにもそうした大きな時代背景があった。

一九五〇年代のフランス思想の一つの磁極として、フランスの「良心的」知識人を代表する立場にあると、自他共に認めていたのがサルトルであった。その「政治参加（アンガジュマン）」の思想をここで詳しく検討することはできないが、六〇年に刊行された『弁証法的理性批判』は理性的主体を歴史の主導者として全面的に承認するものであったと言えよう。その思考の軌跡との距離を測りながら、さまざまな分野で「主体」への綿密な再検討が試みられた。

ここではレヴィ＝ストロースの貢献を検討する手掛かりに、いくつかの座標を置いてみたい。一つは、サルトルの同志として出発しながらやがて袂を分かち、レヴィ＝ストロースとさまざまな問題意識を共有していったメルロ＝ポンティの哲学、もう一つは人類学と密接な関係を保っていたヤコブソンとバンヴェニストに代表される構造言語学、そしてもう一つはレヴィ＝ストロースにとっても一層大きな意味をもってきた無意識の領域をめぐるラカンの精神分析学である。彼ら相互の影響を厳密に立証するのではなく、むしろ当時のフランスの思想がどのような問いをめぐって動いていたかを、いくつかの徴候から読み取るために、それぞれの分野の探究について数本のラフな描線を引いてみよう。

戦後のフランス思想には、サルトルの行き方とは別に、主体の意味を歴史の余白に求め、明晰な自意識の外に主体の生成の現場を見定めようという潮流があった。レヴィ＝ストロースに焦点を合わせると、その潮流の源泉に『親族の基本構造』の問題提起があったように見えるのは必ずしもわたしの贔《ひい》屓眼《きめ》ではないと思う。それはとりわけ『親族の基本構造』における「普遍的な精神構造」の指摘であり、その簡潔な定式化が示された第七章「古代への幻想」の問題提起である。その要点をあらためて見直すことにしよう。

普遍的な精神構造とは「規則としての規則の必要性（必然性）、自己と他者の対立を統合させうる最も直接的な形式としての互酬性の概念、そして最後に、贈与の総合的な性質、すなわち、ある個人から他の個人への価値の承認された移動が、彼らをパートナーに変え、移動された価値に新たな性質が加わるという事実」である。「古代への幻想」の章が興味深いのは、当時としてはもっとも新しい児童心理学の成果であった詳細な観察を手掛かりに、普遍的とされたこの精神構造の具体的な動態を子供の対人関係に見いだし、それによって、フロイトや児童心理学の専門家であるピアジェなどが不用意に前提としていた、児童と「未開人」とを同一視する幻想を論理的に解体していることである。

幼児の対人関係

幼児の対人関係はスーザン・アイザックスという児童教育研究者が、綿密な観察によって描いている。「ほとんどの民族誌的分析は、調停あるいは仲裁の概念が幼児の精神に課せられるに至る心理的メカニズムを明らかにしているS・アイザックスの分析ほど魅惑的ではない」とレヴィ＝ストロースは言う。その綿密な観察は、「三輪車を一人占めして使うと言い張る二人の子供の喧嘩」をめぐって、子供がいかにして交換と互酬性と平等の関係のあり方を学ぶかを描き出している。レヴィ＝ストロースの引用する、アイザックスの、子供の内面に眼をとどかせた解釈は、「普遍的な精神構造」と呼ばれたものの生成を生き生きととらえる。

もしも僕の喜びがあいつのおかげで制限されなければならないのなら、少なくとも僕はあいつと同じくらい楽しまなければ。もし、僕がいちばん上になれないのなら、僕達はおんなじでなければいけない。僕の一人占めへの望みは、あいつにつけ込まれる恐れと、もし僕があいつに同じ権利を認めれば、あいつはそれ以上持とうとはしないだろうという希望によって規律に従うことになった。

つまり「平等とはこれらの相反する欲望と恐れとの最小公倍数である」。この観察は「規則、互酬性、贈与」の三つの次元からなる精神構造の生成を余さずに要約している。対象に価値を与えるのは、しばしば無造作に仮定された「所有の本能」ではなく「他者との関係」なのだ。そしてレヴィ＝ストロースは「分有し『自分の番を待つ』能力は、互酬性という育ちゆく感情の関数なのである。そして、その互酬性自体も集団的事実の生きた経験と他者との同一化という、より深いメカニズムに由来するのである」と結論する。

いっぽう、子供にとって贈り物を与えたり受け取ったりすることはもっとも「はっきりした愛情のしるし」であり、「与えられた物の本来的な価値以上に贈り物自体が愛情のしるしとしてある」。ところがこうした贈り物によって表現される愛は、アイザックスによれば、子供にとって初期的な「憎んでいればこそ愛する」という状況からの置換にすぎない。

レヴィ＝ストロースは、この児童心理学者から「子供は熱狂的な愛と仮借のない憎しみの間を絶えずゆれ動」き……「安定した友人関係は、だれか他の者に対する安定した憎しみが確立するまで始まらないのであり、「友人に対する愛情と敵に対する憎しみの互酬的な関係」について語りうる、という言葉を引いている。これはレヴィ＝ストロースが議論の起点に置いたモースの『贈与論』の結論の言葉とほとんど重なり合う表現となっている。だとすれば、子供と「未開人」を重ね合わせて見ることが許されるというのだろうか。

しかしこうした予断は「最も未開な文化ですら、つねに大人の文化で」あるという余りにも自明な事実に躓《つまず》かざるをえない。この事実を明言もせずこっそりと舞台裏で否定して、ピアジェのように「未開人」が子供のようだとほのめかしたりしてはならない。「大人の思考と幼児の思考との差異がすべての文化、すべての社会組織形態をいわば同一軸で区切っている」とさえ言える以上、子供の思考の構造をどう位置づけるかあらためて問われなければならない。

レヴィ=ストロースは「どの子供も生まれながら粗削りな知的構造の形で、人類が太古から『世界』との関係および『他人』との関係を規定するのに用いる手段の総体を有する」のであり、この意味で子供の思考は一種の「普遍的基層を形成」している、と答える。だからこそ異文化を生きる大人を自文化の子供に比べるという幻想が成り立つのであり、じつは「未開人」も「文明人」の大人を彼らの子供にたとえて理解することで同じ幻想を抱いているのである。

レヴィ=ストロースは、ヤコブソンが一九四一年に公表した「幼児言語、失語症および一般音法則」で明らかにした幼児の言語音の成立過程を（最初の意味以前の喃語《なんご》の多様な「発音」は、意味ある少数の言語音に限定されてゆく）、他者との関係の構造化の過程に敷衍《ふえん》して、子供を多様な可能性をもった「多形的社会人」と呼び、どの社会においても大人はそこからの可能性の限定と、選ばれた構造の深化と複雑化の結果として生まれるという。またこのことは、何かしてもらうために、子供が言葉によって大人（とりわけ親）を動かし、それを通じて社会関係を形成してゆくという事実とも密接に関係する。

この子供という「すべての思考、すべての文化の一種の公分母」をそなえた存在を、ピアジェのように大人の思考のような明晰な分節を欠いた未分化なものと見て、「混融性（サンクレティズム）」と名付けることは危険である。それは分化の欠如ではなく、われわれのとは異なった別の分化の体系であり、またそれ以上に「いくつかの体系の共存と、ある体系から他の体系への不断の移行」と見るべきなのだ。つまりレヴィ＝ストロースは異文化に対しても子供に対しても、異質なものを自分に引き寄せてその出来損ないと見るのではなく、「普遍的なもの」を探究するために、異なったもの自体における構造の理解のしかたを求めているのだ。

親族関係の基本構造の探究の途上におこなわれたこの児童心理学への寄り道は、けしてとるにたらぬ細部ではない、とわたしは考える。というのも戦後のフランスの思想が、歴史を担う知的な大人としての市民を基準にすべてを割り切ろうとすることの不自然さと息苦しさを（市民をブルジョワと呼んでそれを超えようとするサルトルとは違う方向で）脱却しようとするとき、「主体」以前の自分のなかの他者としての子供へのまなざしは思想的、科学的な主題を孕むことになるからである。レヴィ＝ストロースの考察は戦後におけるその源泉となった、あるいは少なくともフロイト、ピアジェ、ヤコブソンに続く重要な里程標の一つだったことは確かである。

その考察にはいくつかの重要な論点が含まれていたと考えられる。すなわち、

◇精神の基本構造が成立する過程における否定的なものの介在。恣意の制限としての互酬性という児童心理学の視点は、「私は、隣人も同じように断念するという条件でなければ自分の娘や姉妹を断念しない」というインセストの禁止における「断念の共有」からコミュニケーションが始まるという視点の構成と対応する。それはまた恣意の制限としての規則の共有でもある。

◇児童の意識における自と他の不断の位置の交換を通じて形成される自と他の統合。この統合が子供における言語の獲得と密接な関係をもっているのだとすれば、それはどのような関係なのかという問い。

◇幼児における精神構造が生成する関係の場の性質。それは家族という場なのか、そうだとすれば、その性質はどのような視点から考えればよいのかという問い。

こうした論点を念頭に置いて、五〇年代の思想における哲学と言語学の動向の一端をレヴィ=ストロースに引きつけて見直してみよう。

子供、身体、自然

「幼児の対人関係」は、『親族の基本構造』刊行の翌年の五〇年に、メルロ=ポンティがソルボンヌ大学でおこなった講義の表題でもあった。その前年には同じく児童心理学の講座で「言語と意識の獲得」という講義がおこなわれ、メルロ=ポンティはヤコブソンの四一年の論文を、哲学的な存在論の視点から読み直すことを試み、またラカンが精神医学から精神分析へと転換する一九三六年に公けにした

『家族複合』を紹介して検討を加え、さらに子供の成長についての民族誌の事例をいくつか検討している。そのうちの一つは「古代への幻想」の章に「ホピ族の子供がその特殊な文化の要求に適応してゆく苦難を……たどらせてくれる、ある原住民の素晴らしい自伝」と紹介されたアメリカ・インディアンの記録であった（レヴィ=ストロース自身書評し、後に仏語訳に序文を寄せている）。「幼児の対人関係」ではとりわけ心理学者のアンリ・ワロンやピアジェの業績に基づいて、幼児の「他者知覚」と「自己身体」をキーワードとして議論を展開する。幼児の身体像のもつ問題の考察にはラカンの「鏡像段階」の着想も詳しく検討され援用されている。

モーリス・メルロ=ポンティ。

ピアジェの「サンクレティズム」という用語がむしろ肯定的に採用されているところを見ても、この講義でメルロ=ポンティがレヴィ=ストロースの議論を取り入れているとは必ずしも思えない。にもかかわらず、その議論はしばしば偶然とは思えないレヴィ=ストロースとの交叉を見せる。たとえば幼児にとっての鏡像としての自己身体像の意味を「他者」との関係から理解する必要を論じながら、その理由は「他人との関係を、単にわれわれの経験の一内容として、ではなく、本当の意味での構造（強調は原文）と見なさねばならなくなるからであり、そしてそう考えれば、われわれが普通に知性と呼んでいるものは独特なタイプの対人関係（つまり「相互性」という関係）を指す別な呼び方にすぎないということがわかって」くるからであると説明される（もっともメルロ＝ポンティは「相互性」〈réciprocité, 互酬性〉という術語をピアジェから借りたものとしているのだが）。

幼児における他者との関係は、こうしてメルロ＝ポンティによって哲学的にも重要な主題として提示された。「主体」の形成を意識の薄明からたどり直そうというこの主題は、戦後の政治状況のなかで、五三年に、共産党への態度をめぐってサルトルと決裂し、それまで事実上一人でおこなってきた『現代』誌の編集から手を引いた後も、メルロ＝ポンティにとって一連の変奏を加えながら展開されていった。

たとえばコレージュ・ド・フランスでおこなわれた五四年の「受動性の問題——眠り、無意識、記憶」をめぐる講義の要録にも「覚醒状態にあるわれわれの物との関係や特に他者との関係は、原理的に言って夢のような性格をもっている」という印象的な言葉がある。そこではさらに「われわれにとって他者とは、夢のように、神話のように現前しているものであり、このことだけでも、現実的なものと想像的なものとの断絶を否認するに十分である」と続けられている。

こうした覚醒前のまどろみへの郷愁を漂わせた思考は、分節化された対立の操作によって展開される、レヴィ＝ストロースのいかにも目覚めた思考（ただそこにはブラジルの森の匂いが漂ってはいるが）とは異質なものを感じさせるにしても、両者が異なった道をたどって他者や神話という主題をめぐって互いに接近していることは興味深い。さらに五七年の講義では前年から続けられた「自然の概念」の検討が「動物性、人間の身体、文化への移行」をめぐって続行されている。その要約の末尾には、次年度の講義が「我々が世界と知覚によって接すること」、言いかえれば「身体性」に基礎を置く「生命の存在論」の素描として「系統学と血統理論の諸問題」にあてられることが予告されている。

結局その講義は予告から数年遅れて、メルロ＝ポンティ自身の運動もあってコレージュ・ド・フランスにレヴィ＝ストロースを迎え入れた五九年度の「自然とロゴス――人間の身体」の講義で論じられることになった。メルロ＝ポンティの急逝によって両者が並行して講義を担当したのは、この一年度だけに終わってしまった。その次の年度にレヴィ＝ストロースがおこなった講義をもとに書かれ六二年に刊行された『野生の思考』の巻頭には、「メルロ＝ポンティの思い出に」という献辞が置かれている。

レヴィ＝ストロースはエリボンとの対話で、メルロ＝ポンティが自分を「推薦したばかりか、やがて絶えなんとする彼の命の最後の三ヵ月をそのために犠牲にしたのです」と悼《いた》んでいる。ただこの献辞はそうした哀悼の意に形を与えただけでなく、内容そのものがメルロ＝ポンティの最後の時期の探究と交叉し合うものであることもしばしば指摘されている。

言葉と人称性の獲得

「幼児の対人関係」の後半には、言語の習得と子供の「私」という主語の獲得の過程について、心理学者の報告が手短かに検討されている。幼児にとって「『私』という代名詞が、それのもちうる一切の意味をこめて習得されるのは、他の人たちから『お前』と呼ばれている彼自身も、やはり『私』ということができるとわかった時なのです」というメルロ＝ポンティの表現は、五〇年代にヤコブソンやバンヴェニストによって深められた人称代名詞の研究と共鳴している。

言語学者による一連の研究をたどれば、少なくとも以下のような議論のやりとりを確かめることができる。

◇四六年、バンヴェニストの「動詞における人称関係の構造」
◇五〇年、ヤコブソンの「動詞範疇」についての報告（ジュネーヴの言語学会において）
◇五六年、バンヴェニストの「代名詞の性質」（ヤコブソンの六十歳記念論文集への寄稿）
◇五七年、ヤコブソンの「転換子と動詞範疇とロシア語動詞」
◇五八年、バンヴェニストの「言語における主体性」

バンヴェニストの第一の論文は、レヴィ＝ストロースが『親族の基本構造』を書き始めていた時期に公表されているが、その内容を直接読まないにしてもヤコブソンを通じて知ってはいなかったのか、好奇心を誘われるところである（文献表には掲げられてはいない）。というのも人称名詞のうち一人称と二人称を対《つい》としてとらえ、三人称はそもそも人称名詞と言えるかも怪しいというバンヴェニストの視点は、レヴィ＝ストロースの互酬性の説明をそのまま利用して「自己と他者の対立を統合させうる最も直接的な形式としての」人称名詞とも表現できそうな思考の並行性が感じられるからである。たとえば次の一節。

わたしが《自我》から出て、ある存在と生きた関係を結ぼうとすれば、私はどうしても《あなた》と出会うか、さもなければ《あなた》を設定することになる。それは、わたしのそとにおいては、想像しうる唯一の《人称》なのである。この内在性と超越性という特質は固有のものとして《わたし》に属するものであり、しかもそれは《あなた》に入れ換わる。

こうした並行性を、現実の情報の「伝播」と見る必要は必ずしもないのかもしれない。レヴィ＝ストロースの「分割性」の議論にならって、視点の「収斂」と見ることもできるだろう。というのも、バンヴェニストが五一年には、直接モースの主題を引き継いで展開した「印欧語彙における贈与と交換」という論文を発表していることに見られるとおり、フランス社会学の流れを汲む者の間では多くの問題意識が共有されていたのだから。

バンヴェニストの提起に対してヤコブソンは自分自身のコミュニケーションのモデルを援用しながら人称代名詞を「転換子」と呼んで、それが、発された言葉とそれを発する話者の関係を表示する機能をもつことを再確認した。そこで、人称代名詞の習得途上の子供の観察についていかにもヤコブソンらしい生き生きした例を示している。

子供は相手から you と呼ばれているときに、自分自身について一人称で話すことには気おくれするかもしれない。子供は、ときどき、これらの呼称を配分しなおそうと試みる。たとえば、子供はこんな風に言って一人称代名詞を自分だけに占有しようとする。「きみは自分のことをぼくと言ってはいけない。ぼくだけがぼくで、きみはただきみなんだ」。あるいはまた、子供は I か you のどちらかを発信者と受信者の両方に無差別に使い、その結果、この代名詞は対話の当事者のどちらも名指すことになる。

バンヴェニストが五八年の論文で簡潔にまとめた「わたし」と「あなた」の独特な関係は、「相補的でありながら《内在／外在》の対立に従い、かつ同時にまた互いに反転可能」な、現実界には他に例の見られない関係と言い表されている。その関係に生命を与える二人の人の間の対話は、ヤコブソンの例が分かりやすく示すとおり、「わたし」という主語の「占有」を止め、話者の間でのその絶え間ない「交換」が行われて初めて成立する（だから「わたし」はキャッチボールの球のようなものだとも言える）。またバンヴェニストによれば「ことばは、めいめいの話し手がみずからをさしてわたしとしてさし示すことによって、言語全体を専有する（わがものとする）ことができるように組織されている」。こうした人称性の構造を、わたしたちはレヴィ＝ストロースの「普遍的な精神構造」の言語における発現と見ることができると思う（ただ、こうした人称名詞を言葉に出さないことこそ上手な話し方だと思われる節さえある日本語においては、この普遍的な精神構造をどこに、どのように見分けるべきか、わたしたちにとって課題が残されよう）。

無意識の領域とその変容

幼児の対人関係、人称名詞「私」の形成という主題が、レヴィ＝ストロースの『親族の基本構造』にすでに含まれていた視点の深さを測ることを可能にするとすれば、結論に予告された象徴体系の研究という主題は『親族の基本構造』以後の新たな方向を示すものだった。象徴体系に無意識の視点から光を当てることがレヴィ＝ストロースの重要な主題となる。したがって五〇年代の諸論文は、無意識の概念をめぐる試行錯誤という方向から読むことができる。そこには精神分析における無意識の概念と言語学的な無意識概念の間での「揺れ」が確かめられる、とわたしは考えている（このことは、フロイトの出発点に失語症の研究があることを見ても分かるとおり、両者が原理的に背反するということではない。ただ少なくともレヴィ＝ストロースは両者を対置していると思われる）。

『親族の基本構造』では、すでにふれたように、後者によって前者の射程を測るいっぽう、数学的「変換モデル」としての親族関係の構造が無意識のレベルで働いているという見方が示されていた。四九年の「歴史学と民族学」では、マルクスの「人間は自分の歴史をつくる、けれども歴史をつくっているということを知らない」という言葉を引いてその前半で歴史学を、後半で民族学を根拠づけるという、しばしば引用されることになった印象的な視点が示されている。これは、人類学の調査者がよく聞かされる、先祖の時代からそうしてきたという答えに見られるとおり、社会慣習には合理的説明がなく、説明が与えられる場合には二次的なこじつけに過ぎないという、調査経験に裏打ちされたボアズの見解を踏まえている。文法を意識せずに言葉が語れるように、行為の規則あるいは起源を知らずに慣習的行為をおこなえるという意味で、ボアズの見解は言語的無意識の概念から着想を得ている。

ところが、同じ年に公けにされた「呪術師とその呪術」と「象徴的効果」の二つの論文は、象徴体系を精神分析の分析技法を参照しながら解明しようという姿勢が明瞭に打ち出されている点においても、それがボアズなどによって刊行されたアメリカ・インディアンの民族誌を素材として試みられている点においても新たな展望が予感され興味深い。レヴィ＝ストロースの思考において、束の間、象徴体系の主題、精神分析の方法、民族誌の素材という三つのヴェクトルが交差し、ある均衡点に達したと言えるのかもしれない。

「呪術師とその呪術」ではもともと呪術的治療を信じていなかった北西海岸インディアン、クワキウトルの若い男が、懐疑心にかられて呪術師に弟子入りした後、試しにやった治療儀礼が成功してしだいに評判を上げ、いわば自分の意志に反して（何か、モリエールの戯曲『いやいやながら医者にされ』の表題のようだが）ついには近隣での治療の第一人者の名声を確立してしまう。そして男は治療技術そのものを懐疑しつつ、その効力を信ぜざるをえないという逆説的な心理状況を生きることになる。ボアズは、ケサリードという男の語ったこの類まれな経験を、克明にテクスト化していたのである。

他方の「象徴的効果」の論文は、パナマ共和国に住むクナ族において、難産の際に招かれる治療師が産婦に向かって朗唱し出産を促進するという一種の呪歌のテクストへのコメントである。呪歌は、一群の治療師が霊的な姿をとって産婦の膣から子宮への道をたどり、胎児を連れて降りてくる行程をいわば微分化した詳細な「想像的」経過を言葉によって表現し、産婦に歌って聞かせるという形をとる。

「呪術師とその呪術」そして「象徴的効果」ともに（治療過程についての神話化でなく）現実の治療過程に焦点を合わせている点がまず注目される。そして前者においてケサリードの治療の成功が精神分析における「消散（除反応）」に対比して理解されていることにレヴィ＝ストロースの方向がよく表れている。特定の参照文献は指示されておらず、その精神分析の理解が何に依拠しているか不明な点も多いが、外傷的出来事→保持された記憶による症状の出現→消散のカタルシス効果で記憶を除去、という比較的初期のフロイトの治療概念が想定されていると考えられる。

ただ「象徴的効果」の論文に「治療はしたがって、はじめは感情的な言葉であたえられる状況を思考可能なものにし、肉体が耐えることを拒む苦痛を、精神にとっては受けいれうるものとすることにある」というとおり、治療過程を言語の象徴性に引きつけて理解するという視角も押し出されている。初期フロイトの治療概念を受けいれつつそれを言語象徴論の視点でより深く読み換えるというのがこの時点でのレヴィ＝ストロースの基本的なスタンスだったとわたしは理解している。そこからその後の神話研究への展開については後に立ち戻ることにしたい。

翌五〇年に刊行された『モース論文集』への序文では、「精神生活を制約し、そのもっとも一般的な諸形態を規定する」無意識が、人類学的調査による他者の理解を成り立たせる「自己と他者との媒介項」であると位置づけられている。そこではさらに、精神分析が「われわれのもっとも異質な自己」をわれわれに回復させるいっぽう、人類学的調査が「他者のもっとも異質な様相」をあたかももう一つのわれわれであるかのように導きだす相互補足的な位置にあるものとして語られている。自己と他者が（そうと知らずに）共有し合っている無意識のレベルの存在が人類学を成立させる条件だという見解は、レヴィ＝ストロースが示した精神分析的なニュアンスを帯びた無意識に対する評価でも、もっとも肯定的なものであろう。

その後のレヴィ＝ストロースの探究は、民族誌に描かれた具体的な神話や儀礼にいわば受肉した象徴体系を、抽象化によってその細部の繊細な組織切片の構造を壊すことなく精査するために、分析法の解像力をいかに高めるかということに注意を集中してゆく。しかしその探究のなかで精神分析から学ぶ必要性は薄れたらしく、精神分析への共感を帯びた目配せは急速に減り、言語学から着想して必要な調律をおこなった概念用具が多く用いられてゆくことになる。

そして、ほぼ二十年前にヤコブソンの導きで『親族の基本構造』に着手したように、六二年にヤコブソンとの連名で「シャルル・ボードレールの『猫たち』」の詩の分析を公表した年に『今日のトーテミスム』と『野生の思考』を刊行し、新たな探究の段階に入ってゆくことになる。前者は『親族の基本構造』の結論で試みられたフロイトの『トーテムとタブー』の批判を仕上げるという一面をもち、後者は無意識という「地」をもつことで初めて輪郭をあらわにする「図」としての意識的な「主体」とは異質な、野生の「思考」のシミュレーションを試みている。それは歴史によって生み出された近代の主体をむしろ特殊なケースとしてその効力を限定して包摂する、より普遍的な思考操作の構造体として提示される。

核家族の普遍性

こうした探究のほぼ中間地点に当たる一九五六年、レヴィ=ストロースは「家族」と題する小論文を公けにしている。そこには、取り立てて論争的な姿勢が感じられるわけではないが、英米の人類学で受け入れられている、両親とその子供からなるいわゆる核家族が人類に普遍的であるという主張を再検討して否定し、家族を社会の実体的な最小単位と見なすこと自体をしりぞけている。普遍的なのは家族ではなく、世代の継続のための生殖の必要性なのであり、「社会生活のなかで妥協せざるをえない自然の発現が家族」なのだ、と言う。論文は、人間の新たな世代の継続を旅にたとえて「旅が一時中断される宿営地だけが旅ではないのとおなじように、社会は家族によって成り立っているのではない。社会における家族は、旅行における一時休止とおなじように、社会の条件であると同時にその否定でもある」と結ばれている。

すでに『親族の基本構造』との関連でふれたレヴィ＝ストロースの「親族関係の原子」という仮説には、核家族論へのこうした否定的視点が予告されていた。こうした視点が核家族の普遍性の否定にとどまらず、精神分析における無意識の源泉と目された家族関係の概念の再検討を迫ることは確かであろう。『トーテムとタブー』に示された原家族における抑圧とインセストの禁止の発生、無意識の成立の相関、その現代家族への継承というフロイトの図式は、核家族の普遍性が否定されればその成立根拠の多くを失うと考えられるからである。

そうした視点からは、この「家族」の論文とその二十年前に、ラカンが精神分析への転換の第一歩をしるしづけるものとして公けにした『家族複合』を比較検討することはたいへん興味深い課題となろう。もっともラカン自身、複雑な行程をたどってフロイトに回帰しつつフロイトから離脱するとも言える部分がある以上、ラカンとレヴィ＝ストロースを単純に対立させることはできない。

家族を「自然の発現」とするのとは対照的に、ラカンが人間の家族を「文化的構造」ととらえ、しかも家族から区別しなければならない制度ではあるが、家族に「圧倒的な影響」を与えた「婚姻」の重要性を指摘している（そこではまるでラカンは通婚関係から全てを見直すレヴィ＝ストロースの出現を待ち望んでいるかのようだ）だけに、その比較は微妙な問題を含むことになる。さらに「文化的諸要因によって支配されている」複合（コンプレクス）、つまり人間の意識構造を形づくる要因として、フロイトの見解を修正して性欲以外の要因も重視し、周知のエディプス複合（父子の対立）のみでなく、離乳複合（母子の分離）、侵入複合（兄弟姉妹の誕生）をあげている点でも（とりわけ兄弟関係と「古代への幻想」で注目された幼児間の競合と平等化の関係には似た点もある）微妙な検討が必要ではある。

ともあれ大きな枠としてラカンにおける「家族複合」の設定と無意識の領域の開拓とが同時的であったことを、レヴィ=ストロースにおいて家族の否定と精神分析的無意識の重要度の低下が並行することと対比し、相互にその意味を照らし出すことができよう。

学問とは別に個人的には、レヴィ=ストロースとラカンの親密な交友はかなり長く二人の間では精神分析や哲学の話よりは芸術とか文学が多く話題となったらしい。生前のメルロ=ポンティを交えて交際があったという。またレヴィ=ストロースの現在のモニック夫人は、フランスに帰国して間もない一九四八年に、ラカンの家で出会ったのだという。

ただ学問上の影響を、引用という形で測れるものだとすれば、「主として友情の発露」として一度だけラカンを引用したことがあるというレヴィ=ストロースの方がはるかにクールだったように見える。「それ（ラカンの仕事）を理解する必要はあるでしょうね。しかし……五回か六回読まないと私には理解できませんでしたね。メルロ＝ポンティとそのことを話したものですが、結論は、我々にはその時間の余裕がないということでした」というエリボンへの答えにも冷静な評価がうかがえる。そうした交友関係の意味を戦後フランス思想史の一面として明らかにすることは、しかるべき研究者に任せる他はない。

またラカン自身の軌跡をたどるのは、十回読んでも理解できない『エクリ』の翻訳を通じては、門外漢には無理と言うものであろう。「私は常々、彼の熱心な聴講生たちにとっては『理解する』ということはどうも私が考えるような意味ではなさそうだ、という印象をもっています」というレヴィ＝ストロースの言葉を借りて、「聴講生」の代わりに「翻訳者」を代入したくなるのはわたしだけではないだろう。もっとも難しさの責任はラカン自身にあるのだろうが。

第四章

神話と詩のあいだに

Lévi-Strauss

1　神話論への助走

「新世界」の発見

前章に見たように『親族の基本構造』の提起した「交換する主体」は、サルトルの「歴史に捧げられた実存的主体」、メルロ＝ポンティにおける「世界へ開かれた身体としての主体」、構造言語学における「微細な言語の構造によって導き出される主体」、ラカンの「無意識によって構造化された主体」などと波紋を交差させながら、戦後のフランスの思想の世界に参入した。

レヴィ＝ストロースが『野生の思考』に、西欧社会は個人が自分自身をトーテムとして祭り上げるトーテミズム社会なのだと書いているのに倣《なら》えば、戦後の西欧では、思想のリーダーたちが自らの資質と言説を賭けて、各々の「主体」というトーテムをかざしてせめぎあっていたと言えるかもしれない。とりわけフランスは、フロイトの『トーテムとタブー』の描く「原初の父殺し」を彷彿《ほうふつ》とさせる、「フランス革命」における「王殺し」の血から誕生した市民＝主体が、フロイト理論をなぞるように、殺されたトーテム＝王に同一化してそれぞれが小さな王となり、歴史の担い手として権利上は全能をもつ類例のない社会でもあるのだから。

ただそのなかでレヴィ＝ストロースは、アメリカ・インディアンという、市民とはきわめて異質な「他者」の代理人として地歩を確保するという離れわざを演じてみせることになったとも言える。後にコレージュ・ド・フランス教授に就任し、さらにアカデミー・フランセーズ会員に立候補し選出されるという経過は、「自己」をトーテムとするはずのフランス市民社会において、「他者」の代理人が知的世界の最高峰と自他共に認める地位に到達するという逆説を含んでいた。コレージュ・ド・フランスの開講講演が、ほぼ二十年前に自分にさまざまなことを教えてくれたアメリカ・インディアンの人々への謝辞でしめくくられていることも、こうした講演としてはかなり異例なことだったのではないだろうか。五〇年代の批判からアカデミー・フランセーズでの歓迎演説まで、カイヨワの批判的姿勢の底には、レヴィ＝ストロース個人に体現された人類学者のこの逆説的立場への、不信とは言わないにしてもある違和感が流れていたように見える。

こうしたさまざまな「主体」の波紋が干渉し合うなかで、レヴィ＝ストロース自身はいわばマイペースで、コンスタントに積み重ねられた考察によって新たな領域を切り開いていった。この時期、本格的に探査されようとしていた新たな「火を放つための草原」は、一九四一年、亡命後間もなくニューヨークで出会ったアメリカ民族学局の出版物を中心にしたアメリカ・インディアン民族誌の宝庫であった。十九世紀末以来蓄積されたこの豊かなコーパス（資料集成）の「新世界」に分け入ることでレヴィ＝ストロースの旅は本当の終着点に達したと言えるのではないだろうか。三〇年代後半のブラジルでのインディアン世界の経験から始まり、資料の「新世界」の発見を経て、やがて浩瀚な『神話論』を完成するレヴィ＝ストロースの後半生は、豊かなインディアンの神話世界にいっそう深く耳を傾け、自らをいっそう「他者」の言葉に貸し与えてゆく過程であったように見える。

この過程のなかで重要な転換期であった五〇年代を、レヴィ＝ストロースは自ら「最も豊かな時期だった」と回想している。五〇年代初頭にはとりわけ構造言語学の成果を社会分析に応用することが試みられ、社会構造を主題としたいくつかの論文が書かれ、それとほぼ並行してすでにふれたように精神分析への批判的検討が進められた。さらに後半には、新たな主題が形を整えて、五五年の「神話の構造」、五六年の「構造と弁証法」、五八年の『アスディワル武勲詩』、六〇年の「ウィネバゴの四つの神話」などにたどられる神話研究の成果が一つの群をなし、後の『神話論』の予告となった。

コレージュ・ド・フランスに着任し、再度新たな研究の展開がはかられる六〇年には、ロシア民話研究における革命的な考察としてその頃再発見された（原著は一九二八年発刊の後、スターリン体制下には禁書になり黙殺されていた）ウラディーミル・プロップの『民話の形態学』の「形態」観を自らの「構造」概念と対比しながら方法論を論じた「構造と形態」も重要である。

豊かな懐胎期

『野生の思考』にいたるこの十年を『神話論』の懐胎《かいたい》期とみることができるだろう。螺旋《らせん》状に問題意識が広がってゆく過程は、大輪の水中花が水を含んで花びらを伸ばし開いてゆくのにも、あるいは花火が何段階かの爆発を経て一層緻密《ちみつ》な色彩の綾を繰り展げてゆくのにも、燎原《りょうげん》の火が躍動しながら広がってゆくのにもたとえられる、文字どおり問題意識の展開の時期といえるだろう。しかしそれにしてもレヴィ=ストロースの思考の軌跡には、謎とまでは言わぬにせよ、見事な知のアクロバットによって読む者の理解力を越えて大きく飛躍し、時には茫然自失させずにはおかない点もある。

まず一つには、この時期のレヴィ=ストロースの考察は、一人の研究者の関心の幅としては驚くほど多様であり、放射状に広がる探究の方向のそれぞれが深い問題提起を含んでいる。すでにふれた『人種と歴史』そして『悲しき熱帯』もこの時期の著作であることを忘れてはならない。人類学史から見れば戦後しだいに専門化が進み始め「宗教人類学」「法人類学」等の形容語を冠した分野に細分化され始める時期にあたって、そこにはむしろ、モースに代表された博物学的ともいえる、十九世紀の風格を帯びた知の批判的総合への志向が継承されているとも見える。ただそれはあくまでも南北アメリカの民族誌の豊かな細部をどう読み解き、そこに書き留められた「他者」にどのように理解の触手を届かせるかという中心的な問いから発している。

その意味でマルセル・モースの論文集への「序論」に引かれた「真なるもの、それは祈りや法といったものではなく、しかじかの島にすむメラネシア人であり（具体的な社会としての）ローマやアテネなのだ」というモースの言葉に忠実に、具体的総合の知としての人類学を目指しているといえよう。「構造」をキーワードとする領域横断的な多方向の探究が他者理解という核心に収斂する、その分散と集中の対比の強度が際立っている。

一連の神話研究は、構造言語学から学んだ方法を豊かなコーパスを対象に試し仕上げてゆく多様な試行の過程と見ることができる。とはいえこれから見てゆくとおり、『神話論』四巻に巨細《こさい》に展開された分析に比べれば、主題を切り出してゆく枠組みの大きさと、照明を当てられる細部の緻密さにおいては、それはまだきわめて荒削りなものに留まっていることも確かである。ただそのいっぽうで『神話論』の主題は、すでにこの試行の時期にその全体がほぼ見通されていたのだとも思われる。だとすれば六〇年代に刊行されてゆく四巻の著作における圧倒的な分析の「出力」のレベルの高さはどのようにして可能になったのか、まだ断片的といえる五〇年代の諸論文から、『神話論』のきわめて緻密な構成への飛躍はどのように用意されたのか、問われることになろう。

この第二の問いは神話分析の素材としての民族誌の検討と解読の作業がどのような過程を経て行われたのか、といういわば神話研究者の作業の秘密ともいうべきものへのわたしたちの好奇心を引き起こさずにはいない。初期の方法の検討は後に見るとおり主に北アメリカのインディアン神話を素材におこなわれた。北アメリカだけでも広大な地域をカヴァーしているのだが、『神話論』においては分析のフィールドは一気に広げられ第一巻『生のものと火にかけたもの』はすでにふれたとおり、レヴィ＝ストロースの人類学的故郷ともいえそうなブラジルのボロロ族の神話を起点にし、南北アメリカ大陸の大きな弧をたどるように第三巻、第四巻で再び北アメリカの諸神話に回帰する。

第一巻の表題に含まれた「生の cru」という言葉と第四巻の『裸の人』の「裸の nu」という言葉が、

音の上でも意味の上でも響き合うよう、当初からおおよその輪郭が描かれていたとレヴィ＝ストロースはエリボンに語っている。というのも、「『裸のもの』は文化との関係で言えば、自然に対する『生のもの』と同等」だからである。長大なこの四部作が一貫した構想によって書かれたことは、ボロロの「鳥刺し」の神話が四巻全体を貫く基準神話として繰り返したち戻って検討されていることにも表れている。それほどよく素材の全体を見渡し展望を描く作業はいつおこなわれたのだろうか。これが第三の問いである。

そして第四に、一連の神話研究と、その爆発的展開ともいえる『神話論』の間になぜ『今日のトーテミスム』と『野生の思考』という二冊の著作が置かれることになったのかという問いが立てられる。これらの考察が「構造主義」が思想として世界に知られるきっかけとなった、きわめて完成度の高い作品であることは疑いない以上、こうした設問は奇妙に響くかもしれない。ただ『神話論』の流れの中に置いて見るとき、これらは五〇年代の神話研究の諸論文からの展開のみとしては位置づけられない、大きな流れにいわば斜めに交叉するやや異質な考察とも思える部分を含んでいる。そしてとりわけこれらの凝縮された密度の高い探究が、神話研究の過程のなかで、いつどのように準備され構想されたのか一見、見極めがつけにくく思われる。

さらに第五に、この時期にヤコブソンとの共同で詩学への小さな寄り道ともいえそうな「シャルル・

ボードレールの『猫たち』と題された詩の構造分析の論文が書かれている。小論とはいえ、レヴィ＝ストロースを中心に発刊された人類学の専門誌に六二年に発表された（それはニューヨークでの出会いから生まれた友情の二十周年を記念するかのようだ）この詩についての論文は、神話研究と「野生の思考」の探究の間でどのような位置を与えられるのか、問われてしかるべきだろう。

いずれにせよ、一連の神話研究の論文から『野生の思考』への飛躍と集中、そして『神話論』へのさらなる飛躍と集中、その知力とエネルギーが著者の五十代から六十代に発揮されていることは、やはり驚くべきことではないだろうか。

これら五〇年代の作業と『野生の思考』の考察が長期にわたる持続的集中を必要とした『神話論』への助走となった。その「新世界」の探究の跡を右のような問いを念頭に置きながらたどってみたい。

精神分析の無意識から構造へ

すでにふれた「呪術師とその呪術」および「象徴的効果」は、こうした「新世界」への最初のむしろ慎重な測量の試みだったように見える。「主題」と「方法」を分けて考えれば、呪術師の治療技術と子供の誕生という「主題」について、精神分析の「方法」の効力を試しながら、結局それからは象徴体系という広大な草原が一挙に燃え上がるほどの発火力が引き出せなかったとも言えよう。

その理由はおそらく、これら二つの分析が、精神分析の方法にこだわって現実の治療過程に焦点を合わせたために、病いという個人的経験における象徴の意味に視点が自ずと限定され、治癒の具体性と病いの経験の時間的構造に過度につなぎとめられてしまったことにある。そこには言語学から借りた着想を精神分析の用語と折り合わせようというかなり無理な試みがある。

すなわち「呪術師とその呪術」では、病いの象徴論的特徴が、「意味するもの」の過剰と「意味されるもの」の欠如の不均衡にあるとされ、患者が病いの意味の欠如に苦しむ時、呪術師が意味を供給して精神分析でいう「消散」が生じるとされる。「象徴的効果」では、クナ族の呪歌が、難産に苦しむ産婦に苦痛を意味づける神話の構造を提供することで「心的なショック」を誘導すると見なされる。「象徴的効果」の論文には、「これらの（呪歌に含まれた神話の）構造の総体が、いわゆる無意識を形成する」という興味深い表現もある。無意識は個人の「記憶と心像の貯蔵所」としての潜在意識とは区別され「無意識はいつも空虚」であり「衝動、情動、表象、記憶といったよそからくる分節されぬ諸要素に、構造法則を課するだけ」だとされている。

その後レヴィ＝ストロースは、患者という個人の経験に密着した治療の「儀礼」よりも、個人の経験を超えた「非時間的な構造」の直接の表現としての「神話」に重心を移すことになる。それと並行して「方法」としての精神分析への関心も弱まり、過去の精神的な外傷が、無意識の記憶として現在に影響するという個人的経験の時間の流れを重視した人間理解の構図は棚上げされ、「構造法則を課す」象徴体系の組織原理が探究されることになる。それは、観念のレベルでは「言語的無意識」の構造から、行為のレベルではとりわけ「ゲームの規則」のモデルから汲み出されてゆくことになる。

いっぽう、「主題」としては呪術師の技術への関心は「神話と儀礼」の一連の考察に生かされ、また生と死にまつわる宗教の領域と親族関係の領域との媒介項を成しているとも言える誕生と出生の問題は、「神話の構造」におけるオイディプス神話と、アメリカにおいてそれに対応するものの検討に引き継がれてゆく。

神話における「構造」すなわち象徴体系の組織原理は、すでに二度にわたって詳しくふれた親族関係の研究から取り出された「規則、互酬性、贈与」の三つの次元からなる「普遍的な精神構造」とは異なった性質を帯びている。何よりも親族関係に本質的につきまとう「自と他の統合」というある経験的な次元は、象徴体系の組織原理においては直接問題とはならない。神話の構造は何よりも「思考」のあり方であり、「衝動、情動、表象、記憶」などをいわば素材として、それに「構造法則を課す」つまりある形を与えるものと見なされる。それ自体は「いつも空虚」であるという先に引いた表現は、あの「ミシンと洋傘の出会う」解剖台を思い出させないだろうか。

ただそれは、単に空虚なのではなく、外界へと開かれているからこそさまざまな素材を受け入れ、人間を取り巻く「世界」へと向けられ「世界」と対話する。別の視点から見れば、レヴィ＝ストロース自身が親族関係すなわち「人」から神話を通じて「世界」へと関心の焦点を移し、『神話論』では、「人」は何よりも「世界」の内部に生きるものとして、世界に織りこまれた存在として問われることになる。

『親族の基本構造』においては、他者とのコミュニケーションが親族関係という「構造」をいかに生み出すかが探究された。それに対して神話研究においては、「人」と「世界」のコミュニケーションが主題となる。

重心の移動の過程で、「人」と「世界」を相互浸透の緊張に満ちた均衡点でとらえたのが『野生の思考』の考察だったとも言えるだろう。神話における構造は、親族関係において「普遍的な精神構造」がいくつかのレベルの構造として発現するのとは異なった仕方で、世界に向けて開かれた感性の領域の特性を少しも損なうことなくそれを「理性の領域に、統合する」媒体として動的で多様な表れ方をする。その構造のダイナミズムを一連の「変換」規則として取り出して分析する方法を明らかにすることが、神話研究のまず最初の目標であった。そこでは「変換」によって生成する神話という言語活動を通じてどのように「人と世界の交流」が成立するのか、という新しい問いが出されたといえよう。

2 神話論のスケッチ

構造の変換とその規則

五〇年代の一連の考察では構造の変換は、主に三つの方向から考えられていると言えよう。しかもそれは、北アメリカの互いにかなりかけ離れた文化集団の民族誌を素材として検討されている。

まず第一に神話そのものにおいて。「神話の構造」には、神話のさまざまな異文（ヴァリアント）の個個のテクストがそれ自体で一まとまりの変換群として構成され、また異文の集合（これは常に新しい変換が生み出されうる開いた集合を成している）もまた変換群を構成する、という視点が、北アメリカ中西部のプエブロ・インディアンの神話研究を基礎に示されている。これら二つの変換のあり方は結びついており、別々には扱えない。このことを別の言葉に言い換えれば、神話には固有の作者もなくその神話の本質を表現した唯一のオリジナルなテクストなども存在しない、ということになる。作者もオリジナルもないテクストが存在するというヴィジョンは、西欧における文学批評に深く持続的な衝撃をあたえることになった。

第二に、神話と儀礼の関係において。両者の関係を、きわめて特徴的な構造変換と見ることができる。そのことは「神話と儀礼の関係」として中央平原のポーニー族についての資料によって、少しずつ視点をかえて、一度は高等研究院の五四年度の講義で、もう一度はフランス哲学会の研究会で、メルロ＝ポンティ、ラカン、デュモン、レイリス、メトロー、リュシアン・ゴルドマンなどの討議を加えて論じられ、その後「構造と弁証法」というヤコブソンの六十歳に捧げられた論文にまとめられている（すでにふれたようにその記念論文集にバンヴェニストの「代名詞の性質」も入っている）。

第三に、神話と現実の関係において。神話には、それが語られる社会の現実の枠組みを与える思考体系と対応する神話と、その否定あるいは倒立像として構成された神話とがあり、両者の間には変換の関係が見いだされる。この問題は五大湖地方の集団の神話を取り上げた「ウィネバゴの四つの神話」の主題となっている。

これら一連の変換を探究する方向はほとんど同時に並行して提起されている。最初に神話における「構造」の概念を提示した「神話の構造」を中心に検討してみたい。

「神話の構造」は数年来試みられてきた方法論の中間総括であると同時に、あるいはそれ以上に神話の構造分析のマニフェストのように受け取られ、また著者自身もそのことを意識して書いたとも思われる。当時の宗教人類学とりわけ神話研究が、神話学におけるデュメジルなどを例外として、ほとんど素人的な無方法の思弁に委ねられた状態であったことを批判し、言語学に着想を求めた新たな探究法の設立が宣言される。

神話は言葉で語られるものであり、したがって言語の内にある、と同時に通常の言語を超えてもいる。そのことをレヴィ＝ストロースはとりわけ神話の時間性から説明する。現代言語学を切り開いたソシュールのラング（記憶された規則つまり文法や音韻法則の総体としての言語。各国語）とパロール（現実に語られた線状に配置された言葉。話し言葉）の区別は、前者が可逆的な時間に属し、後者が不可逆的なリニアーな時間に属すという側面をもつ。

パロールつまり話し言葉は何かを伝える。それがいかにして伝わるのか、ということはその言葉の規則の体系つまりラングの解明によって初めて明らかになる（こうした言葉の二つの側面は、ヤコブソンの用語では伝達される内容としての「メッセージ」と、そのメッセージを解読するための規則すなわち「コード」と呼ばれる。「コード」という用語がレヴィ＝ストロースによって採用されることは後にふれる）。

神話の特徴はこれら二つの時間性の両方を備えた「第三の水準」に位置することであり、恒常的な構造をもちながら、「同時に過去、現在、未来にかかわる」とされる。神話が「物語られる」つまり一定の時間を使ってリニアーに展開される「話」という面をもつことは誰でも了解できる。レヴィ＝ストロースの視点の新しさは神話がラングに対比される可逆的時間性をも備えた「構造」であるという指摘にあった。言いかえれば、神話が何かを語り伝えるといういわば自明のことに対して、その何かが「いかにして」語り伝えられるのかを明らかにしようとしたのである。

神話研究はまた分析単位の設定についても言語学をヒントにすることができる。言語学では音素、形態素、意義素という順次レベルの高くなる分析単位があるが、神話の単位はこれらよりもさらに大きな「文」すなわち主語と述語の「関係」として取り出される。神話がこうした関係を表示する「文」すなわち「神話素」にいったん分解され、時間軸に沿って左から右へ出来事の経過として不可逆的に、上から下へ出来事の対比の関係として可逆的にも読める形でマトリックス（行列式）として配置された時、神話分析の作業は始まると考えられる。ただここで言う作業の開始は、そのままそこで分析内容の検討が終わり完成しているという性質のものでもある。いいかえれば作成されたマトリックスは、分析によって明らかにされた構造の解読によって補われ説明されていなければならない。

このマトリックスがどのようなものとなるか、例としてギリシア神話の有名な「オイディプス神話」がとりあげられ「せいぜい露店商人の口上」程度のものとして小手調べが示されるが、むしろその手際の鮮やかさのために、この論文は「オイディプス神話」分析の試みとして記憶されてしまったという一面もある。

細部に立ち入ることはできないが、レヴィ=ストロースはこのマトリックスについて、第一の縦欄は

1	2		4			7	8
	2		4		6		8
1			4	5		7	8
1	2			5		7	
		3	4	5	6		8

神話の構造を表すマトリックス。数字はそれぞれ「神話素」を表す。たとえば1段目は1→2→4→7→8と展開する異伝。最下段は1，2が欠け，3→4→5→6→8と展開する異伝を示す。これらのうち一つがオリジナルで他が派生形というのではなく，各々が他の変形となっているとレヴィ=ストロースは理解する。さらにたとえば1と2，5と6の神話素の間にも変換の関係があると仮定するのである。


「過大評価された親族関係」を共通項とし、第二の縦欄はそれとは対照的に「過小評価された親族関係」によってくくられるという。第三の縦欄は、人間の大地からの発生を導く「地下の怪物」が殺されることを表し、第四の縦欄の登場人物の名には共通に「まっすぐ歩けない」ことが含意されている。このことはアメリカ・インディアン神話で大地から生まれた者に与えられる「よろめき歩く」という特徴から照明を与えられる。

こうして四つの縦欄は親族関係の肯定と否定、

大地からの人間の発生の否定と肯定を示し、レヴィ＝ストロースによれば「オイディプス神話」は全体として「人間が土から生まれるという信仰」から「われわれがめいめい現実には男と女の結合から生まれるという事実の承認へ移ることが不可能であることを表現している」と解読される。

いいかえれば、オイディプス神話は人間の出生ということ自体の謎をめぐる神話なのである。その謎にあるやり方で答えると主張するフロイトによる「オイディプス神話」解釈（いわゆるエディプス複合の基礎にある母との近親相姦の欲望の劇的表現）もまた、地中からの発生ではないにせよ、人（自己という同一者）はなぜ二者すなわち一人の母、一人の父から生まれるのかという問いへの、一つの答えの試みとしてのもう一つの神話に他ならないことになる、とレヴィ＝ストロースは断定する。

こうした小手調べの後に提示されるプエブロ・インディアンの創世神話のスケッチは、素材としての神話がほとんど示されていないだけ理解しにくいもどかしさが残る。おそらく「アメリカ神話研究」として高等研究院で二年にわたっておこなわれた講義を手短に要約すること自体不可能だったのであろう。

レヴィ＝ストロースの文章からは、プエブロ・インディアンの一群の神話には大地からの人間の出現と、世界への死の出現の対立、つまり生と死の対立とその調停の難しさという主題があることが読み取られる。その視点のユニークさは、①こうして提示された人間にとっての根源的な対立を、さまざまな媒介となる観念を用いて中立化しようとする一種の論理操作の展開として神話自体が成立していると見る点にあり、②その媒介にはいくつかの選択肢があり、またそれが誰（何）によってどう用いられるかについても選択の幅がある（それによって神話素を異にする異伝が成立する）が、③その組み合わせは基本的な対立の提示のされかたと共に変化する、逆にいえばレヴィ＝ストロースは一見恣意的あるいは無意味に見える多様な異伝を一連の構造変換としてとらえるのである。

生と死という両極の間には、植物を伝わった地上への人間の出現、野生植物の採集による生命の維持、周期的な死を組みこんだ農耕、動物を狩猟し殺すことによる食物の獲得、殺すこと自体を目的とした殺傷としての戦争という生の極から死の極への漸進《ぜんしん》的な一連の移行、媒介があり、この軸の上ではとりわけ農耕および狩猟が生と死の媒介として注目される。

これらの媒介は別の文脈においては農耕→草食動物、狩猟→肉食動物という置き換えが可能であり、さらに置き換えられた二種の動物の間には自らは狩りをせずその点では草食動物に近いが、肉を食う点では肉食動物にも近い、死肉をあさる動物が位置することになる。媒介者としての「トリックスター」の役割がしばしばコヨーテや大烏などの死肉を食う動物に振り当てられている理由は、こうして神話的主題としての基本的対立の媒介者あるいは調停者として理解されることになる。

神話・儀礼・信仰

「構造と弁証法」においては、それまで同一の文化の内部で、神話は儀礼を言葉に、儀礼は神話を行為に「翻訳」されたものと見なされてきた通念をしりぞけ、新たな視点が示される。それはある社会で語られる神話が、近隣の社会で行われる象徴的な儀礼行為の変換として理解されることを示すことで、神話と儀礼という象徴体系の差異を越え、また文化の境界を越えた変換の可能性を明らかにしようという試みであった。

北アメリカ平原部のポーニー族に、呪術師の呪術的能力についての次のような神話がある。主人公の少年は、知らない間に人の病いを直す能力を得て評判が高まった。それに嫉妬した老呪術師が妻とともに少年の秘密を聞き出しに来て、さまざまなものを支払ったにもかかわらず何も教えてもらえず、怒った老人は魔法の薬草を詰めたパイプを少年に与え少年を妊《みごも》らせてしまった。それを恥じた少年は獣たちのもとで死のうと村を去った。獣たちは少年の胎内から胎児を引き出し、さらに魔法の力を与えた。少年は村に帰り老呪術師を殺し自分が高名な呪医となった。

若い新人の呪医と老呪術師の対立は、「呪術師とその呪術」の主人公ケサリードを思わせずにはいないが、北西海岸と中央平原との隔たりを考えるとこの類似はいっそう興味深く、この神話へのレヴィ＝ストロースの関心の背景にもそうした観察があったとも思われる。いずれにせよ、「身ごもった子供」と名付けられたこの神話は次のような一連の対立によって構成されているとされる。秘儀を伝授された呪医／天成の呪医、老人／子供、性の区別（妻を伴った老人）／性の混同（妊娠する男の子）、老人の不毛／少年の受胎力、植物的呪力／動物的呪力、導入する呪術（胎児を入れる）／抽出する呪術（少年は老人の内臓を空にして殺す）等々。

レヴィ=ストロースによれば、こうした一連の対立関係に一定の変換をほどこせば、ポーニー族とは対照的に、年齢層による位階組織が整備された他の平原インディアン、たとえばマンダン族、ヒダッツァ族において、年齢階梯《かいてい》を上昇する際に行われる儀礼が導かれるという。そこでは、上昇のために支払いを行う若い志願者は、妻を伴って上位の世代の者のもとに出向き、妻をこの「父」に渡す。「父」は「子」の妻と現実あるいは象徴的な性交をし子種を授けるとされる。

こうした儀礼はさきの神話と同じ、秘儀を伝授された者/秘儀を知らぬ者、老人/子供、性の区別/性の混同といった一連の対立を使いながら老人、若者、妻の役割を違ったかたちで組み合わせることで成り立っている。それと同時に象徴的な性交によって受胎を起こすとされる媒体もまた、変換にともなってパイプから野生の蕪《かぶ》に代わっている。レヴィ=ストロースによれば、平原部の神話においてパイプは中空の管として天と地上を媒介するものとされるのに対して、蕪は天の世界を地上と絶縁する栓の役割を与えられていて、互いに対称性を帯びながら逆転した役割をもつという。

さらにポーニーを含む多くの平原インディアン社会におこなわれる一種の契約の儀礼で、「アメリカ民族学局」の出版した詳細な民族誌の存在する「ハコの儀礼」にも「身ごもった子供」の対立項の変換によって理解される儀礼的行為がある。こうして一連の対立からなる構造は、神話と儀礼の違いを越え、文化の境界も越えた分析を可能にすることになる。

「ウィネバゴの四つの神話」には、ウィネバゴ族における自己犠牲を厭《いと》わぬ勇者の死をめぐる信仰を主題とする神話がとりあげられている。この社会には、寿命を全うせず若死にした者の生は無駄にはならず、その使われなかった年月分、生命を全うする通常の人の寿命を延ばすことになり、勇者自身はその代償として何度も死んでは再生する能力を得るという信仰がある。

ウィネバゴ神話研究の大家であるラディンは、この主題に関連する神話を四つ集めて比較しているが、「首長の娘が孤児と恋に落ち、失恋して死ぬが、その後孤児は霊界ではなく、その若い女の死んだ小屋でいくつかの試練をうけて、それを克服し、女を蘇らせる」という第四の異伝は、他の三つとは異質な内容をもつものとして位置づけに困惑し、分析にやや明快さを欠いている。ラディンはこの異伝に、階層秩序が発達し、女性の地位の高かった過去の社会状態の反映を見ることで問題を解決しようとするが、レヴィ＝ストロースはこうした異伝を現実性の薄い「歴史」に訴えて理解する必要はないと主張する。

「妻を霊界から連れ戻した男」と呼ばれる第二の異伝と比べても分かるとおり、これら四つの神話の背景には、登場人物たちが互いに共有する社会的絆（寿命の延長を介した勇者と通常の人の連帯、妻と妻を連れ戻す男の連帯など）についてのウィネバゴ族の観念があるが、第四の神話はそれを否定した者同士の関係をいわば論理展開した神話となっているとレヴィ＝ストロースは言う。一連の神話を成り立たせている基本的条件を否定するのに伴って、第四の異伝にはラディンを困惑させた細部における不可解な変換が生じているのである。お高くとまった首長の娘と、身寄りのない孤児に象徴された社会的な絆を欠いた者同士の間には生命の授受が成立せず、この異伝では主人公たちは「死ぬことも生きることもできず」両義的な狼になって終わる。こうして神話の一群の変換には、人々が現実を生きる枠組みとなる信仰の否定を思考実験する異伝も含まれることになる。

神話のメッセージとコード

こうしたレヴィ＝ストロースの神話の構造のとらえ方の眼目は、すでに強調したように、神話が「いかに」語るかを明らかにする点にある。とはいえ、それと同時に、「いかに」という問いが「何が」語られるか、という点についてのレヴィ＝ストロース独自の視点を導き出していることも見逃がせない。人間の誕生あるいは親族関係の評価、あるいはプエブロの神話における生と死の対立など、マトリックスの縦欄で示される、人間の現実を構成する根源的対立のありようをどう設定するかという点である。それは、ポーニー族などにおける呪力の観念と出産の結びつき、ウィネバゴ族における寿命の授受など、神話を生成する源泉としての主題あるいは基本的な問いに他ならない。と同時に「神話の構造」においてはこの縦欄にはまだ明確な呼び方が示されていないことも注目される。

こうした視点はやがて、レヴィ＝ストロースにとってのもう一つの親密なフィールドであるカナダ太平洋岸の北西海岸インディアンの神話を素材とした『アスディワル武《ぶ》勲詩《くんし》』において、ヤコブソンの用語を借りて明確に表現されることになる。神話テクストを織りなす「地理的・経済的・社会学的・宇宙観的」なさまざまなレベルの「神話コード」である。

『神話論』においては神話の内容すなわち「メッセージ」を読み解くための「コード」は、世界観の射程においても、論理的な複雑さにおいても、コード相互の織りなす絡み合いの密度においても、飛躍的に精緻なものとなる。生と死の対立とその調停、一対の男女からの人間の誕生という現実の意味といった主題には、人間の生成そして「料理の火」の獲得による「自然から文化への移行」というもう一つの基本主題が交差し、それが動植物や天体などを手段としていかに思考されてゆくかが神話に問いかけられる。神話は人の生きるこの世界がどのようにして形成され、なぜ人はそこで生き、そして死ななければならないかを語る。人の生死の循環も、世界のさまざまな「周期性」の一つの表れとして、神話は語るのである。

インディアンという他者を通じて降ろされたレヴィ＝ストロース自身の人間理解の測深器が、人間と世界の対話のいかに深い層位にまで達したかを、そこに見ることができる。ただそれは人の生死の交替も「無常」な自然の摂理の一部である、といった見方を神話から引き出すというものではない。レヴィ＝ストロース自身、ある無常観をたたえたフランスの作家として十九世紀のシャトーブリアン（一七六八〜一八四八）への愛着をしばしば語ってはいる。ただレヴィ＝ストロースの神話理解の努力は、直観的な飛躍あるいは自然との一体感といったものをしりぞけ、神話に表れたインディアンの自然との対話の過程を一歩一歩緻密にたどり、その論理を明らかにすることに向けられているのである。

3 「猫たち」のまなざし

詩学への寄り道

高等研究院における講義のための一連の考察をもとに、インディアンの神話世界に「構造」とその変換の組織原理を見極めようとする予備的な作業は、五〇年代の末にはほぼ終わっていた。それはまたレヴィ=ストロースの研究者としての実生活の上でも、二つの点で重要な転換の時期と重なっていた。一つは、メルロ=ポンティの支援が功を奏してコレージュ・ド・フランスの教授に就任したことであり、もう一つはコレージュにおける人類学研究室創設に引き続いて、人類学専門誌「人間（L' Homme）」が発刊されたことであった。その編集委員会には、バンヴェニストや先史考古学の大家アンドレ・ルロワ=グーランも名を連ねた。この雑誌は、以前から存在したアメリカ学会やアフリカ学会など地域単位の専門誌と並んで、地域と主題を越えた人類学の意見交換のフォーラムとなり、また若い研究者の論文発表の場となっていった。

着任から二年経った一九六一年度、コレージュ・ド・フランスにおける「生のものと火にかけたもの」の講義によって民族誌の「新世界」の奥に広がる神話の森への本格的な踏査が始められる（その成果は六二年六月から翌年七月にかけて執筆され、六四年に『神話論』第一巻として刊行される）のと前後して、すでにふれたように、神話研究そのものではないがそれと交叉する二つの業績が注目される。

六〇年度の講義「今日のトーテミスムおよび野生の思考」を基礎とした二冊の著作の刊行（六二年）と、そしてヤコブソンと共同で執筆され、発刊間もない『人間』誌の第二巻（同じく六二年）に掲載された「シャルル・ボードレールの『猫たち』」という詩の構造分析の論文である。これらの「思考」と「詩」をめぐる考察が「神話」とどう交差し、それにどのような照明を当てるのか、まず「猫たち」に素早い一瞥を与えることから始めてみよう。

ボードレールの詩は、十四行からなるソネットと呼ばれる形式の、わずか百語余りの小品である。ヤコブソンとレヴィ＝ストロースによる微細な分析は、十六、七ページにものぼる論文となっている。さらにこの論文をめぐって批評家、文学研究者による批判、再検討がゆうに一冊の論文集を編めるほどの分量になっていることを見れば、詩作品の小宇宙がいかに豊かで、またこの論文がいかに衝撃を与えるものだったかが窺《うかが》える。とはいえ、ここではそうした詩の分析の内容について、わたしの素人考えを示そうというのではなく、このヤコブソンとの共同作業がレヴィ＝ストロースにとってどのような意味をもっていたかを考えておきたいのである。

論文のきっかけは「パリに来ていたとき、ヤコブソンが詩の構造分析についてのアイディアを私に話し」それがきわめて魅力的だったので、もともと猫が好きだというレヴィ＝ストロースが暗誦していた数少ない詩の一つであったボードレールの「猫たち」という詩を思い出したのだという。この作品が「私の頭の中を徘徊し始め」、考察の結果を書き送ったところヤコブソンに「火が付き」、次のパリ滞在の折りに「二人で、一語一語検討を加えながら、原稿を仕上げた」のだという。「熱烈な恋人たちも謹厳な学者たちも……」「……彼らのように引きこもりがちな猫たちを」愛する、という言葉から始まる詩は、

彼らの豊かな腰は、魔法の火花に満ちていて、
金の粒子が、細かい砂のように
彼らの神秘な瞳に茫漠と星をちりばめる。

という三行詩節で閉じられている。論文のとりわけ前半には、その四行、四行、三行、三行の四詩節が構成上どのように区分されるか、人称名詞の使用の点ではどのように構成され、語彙の分布の点ではどのような特徴が見られるかという微細な構造への驚くべき鋭い感度が示されているが、ここでその全体を見ることはできない。

音と意味の照応がどのように取り出されるか、例として上に引いた部分の分析に限って見ることにしよう。ここでは接尾辞（ellesやiquesの部分）に韻を踏ませ、それぞれの行の「火花」(étinCELLES)、

「金の粒子」(parCELLES d'or)、「瞳」(prunELLES)や、さらに「『魔法の』(MagIQUES)火花と『神秘な』(MystIQUES)瞳——内面の光をおびて輝き、あらぬ方に見開かれた瞳——とのあいだの緊密な意味論的連関を強調」しているとされる。火花と瞳の光は、二つ前の詩節にある「闇の恐怖」に対比されそれを打ち消す。

さらに「この光が音の面に反映し、最後の詩節の鼻母音組織においては明るい音色をもった音素が優位を占める(軟口蓋音素三個に対して、明るい硬口蓋音素は六個である)……」という。音と意味の照応への分析は実に徹底しており、これを読んだ後は、わずか百語ほどのこの詩が、音と意味が幾何学的秩序で交差し合った高度に繊細な結晶体と見えてくるとさえ言えよう。

こうした詩のマチエールとしての音組織のあり方は、とりわけ後半に分析された詩の神話的構成とも呼ぶべきものとも照応する。最後の三行詩節は猫の存在が超現実的な神話の次元に達する、イマージュの変容の頂点をなしている。その変容はまたヤコブソンの言語分析の方法の核心にある比喩の視点からも確かめられるという。そこには隣接性による関係づけつまり換喩《かんゆ》、類似性による関係づけ、つまり隠喩、部分による全体の提示つまり提喩の交替が詩の構成と呼応する。

またその直前の三行詩節では、猫は閉ざされた家から「にじみ出して、無限の砂漠や果てしない夢のなかへ、空間的・時間的に広がってゆく。……これに対して第二の三行詩節(上に引いた部分)では、境界の撤廃が、宇宙的な規模に達した猫によって内在化される。というのも、猫はその身体の一部(「腰」や「瞳」)に砂漠や空の星を宿しているからである。どちらの場合にも、変貌は隠喩的手法の助けによっておこなわれている。しかしこの二つの変貌は正確に釣り合っているわけではない。……前者の場合、猫は眼を閉じて眠っているが、後者の場合は眼を開いている」。

ここに示された閉ざされた内部空間から外への運動と、それとは対称をなす外部宇宙の内在化の運動、それと並行する要素の逆転（閉じた眼→開いた眼）という視角はレヴィ＝ストロースの神話分析のスタイルを連想させずにはいない。

論文のしめくくりには『猫たち』とその分身である『巨大なスフィンクスたち』は両性具有者《アンドロジーヌ》の性質を帯びている」という指摘もなされている。この両性を備えた猫というもう一つの「神話素」もまた文法的な構成に照応すると言う。というのも「同じ両義性が、このソネット全体を通じて、いわゆる男性韻（母韻などで終わる脚韻）に女性実詞（名詞）を用いるという逆説的選択によっても強調されている」からである。

猫と詩と神話

こうして「ボードレールのソネットが何によって成り立っているのかを理解すべく、言語学者と民族学者が力を合わせ」た結果生まれた「猫たち」の分析は、「二人がばらばらに取り組んでいた問題が実は相補的なものであると気づいた」（論文に付された前言）ことの証明でもあった。

音と意味と文法の絡み合った言語の構造とイマージュの生成と変容の神話的構造が、詩人の創造力と言語的無意識の接し合う界面において出会い、ミクロな宇宙としての詩に結晶する。詩が文法や音と意味の結合という無意識の言語構造を利用して、感性の領域と理性の領域とを統合し、美を創造しているのを確かめることは、「深い美的感動を呼ぶ」芸術作品としての神話に光を当てる手掛かりとなる。詩と神話があるレベルで等価であるなら、単語の感性的側面としての音は、神話的観念の感性的側面に呼応するだろう。詩においても神話においても言葉の線的な配列のなかに、感性的な要素の対立と共鳴によって成立する「構造」が見分けられることになる。

レヴィ=ストロースの側から見れば、この共同作業は、神話分析において言語的無意識をモデルとすることを確定した後におこなわれた。それは、ニューヨークでの出会い以来、ヤコブソンの教えと友情に忠実であることを再確認し、『親族の基本構造』がそうだったように、ふたたび新たな探究へと踏み出すための起点を確認するという意味を帯びていたのではないだろうか。その作業は詩に張り巡らされた言語的無意識（ただし詩人はきわめて意識的でありうるが）の構造を解析する試みであった。

ヤコブソンは言語の仕組みそのものについて語る言葉を「メタ言語」と呼んでいる。「メタ言語」が意識の明るみに引き出す言語の無意識の構造は、一瞬のうちに言葉自体を詩的な言葉遊びに変貌させる愛すべき魔者の相貌をもっている。言語を習得し始めたばかりの幼児でさえさかんに「メタ言語」を使って、大人を質問ぜめにし、また楽しい言葉遊びをつうじて言葉を身につけてゆくのである。まだ字も読めないクロード少年が肉屋とパン屋の最初の文字は「ブー」に違いないと叫んだ時、すでにこの愛すべき魔者との親密な関係は始まっていたのだろう……。

論文の公表からちょうど十年後、ヤコブソンはコレージュ・ド・フランスにおける講演で、論文へのさまざまな批判に答え反批判をおこなった。そのなかでも、とりわけ多様な文法的特徴を摘出してその対比的構成を解読するという見方を行き過ぎだと非難する論者に対しては、「文法、不毛な文法そのものが、死者の霊を喚起する魔法のごときものとなる」という作詩法の秘密を語るボードレール自身の印象的な言葉を引いて反駁している。

レヴィ=ストロースが描いた猫の絵。
何かの書類の裏に描いてある。

この講演がコレージュ・ド・フランスでおこなわれたことも、共著者たちの深い友情を象徴する事実であろう。それはまた、この論文が口火となって、何篇もの「西欧の詩」の構造分析を発表することになったヤコブソンの側からの友情の確認であったようにも見える。七二年のこの講演は、「猫たち」の末尾における時空間の拡張という解読の根拠ともなり、「猫たち」の《底にある思想》が表明されているともいうボードレールのエッセーの引用で締めくくられている。「……時ならぬ悪魔がやって来て、《何をそんなにしげしげと眺めているのか？　この生き物［猫］の眼のなかに何を探しもとめているのか？　おまえには時間が見えるのか、浪費家で怠《なま》け者の死すべき人間よ？》と尋ねたら、私は即座にこう答えるであろう。《そうだ、私は時間を見ているのだ。時はいま〝永遠〟だ！》と」。

猫の瞳のなかに時——永遠——が読み取られる。確かに「猫たち」の分析では一連の考察の背後に、閉じられあるいは開かれた猫の瞳があって、霊感の「神秘的な」源泉となっている。ヤコブソンの引用はそのことを明かしている。そして恐らくヤコブソンは講演の終わりに、レヴィ＝ストロースの作品の熱心な読者たちに眼くばせを送っていたのではないだろうか。この考察を提唱した彼が昔書いた『悲しき熱帯』の最後のページを見よ、と。

そこでレヴィ＝ストロースは「生にとって掛け替えのない解脱の機会、それは……われわれの種……の本質を思考の此岸《しがん》、社会の彼岸に捉えることにある。われわれの作り出したあらゆるものよりも美しい一片の鉱物に見入りながら。百合の花の奥に匂う、われわれの書物よりもさらに学殖豊かな香りのうちに。あるいはまた、ふと心が通い合って、折々一匹の猫とのあいだにも交わすことがある、忍耐と、静穏《せいおん》と、互いの赦《ゆる》しの重い瞬《また》きのうちに」と記していた。この青年時代の旅の回想は、原文では「猫」という単語によって閉じられていたのである。

芸術作品と鉱物、書物と百合の香り、そして忍耐と静穏と赦《ゆる》しを交わす「他者」のような猫の瞳。ほぼ二十年前に刊行されたこの文章が、「猫たち」の分析をいわば踊り場として、人という生物種と鉱物、植物そして動物、つまりこの宇宙との交流がいかにして可能かという「神話論」の主題へと登りつめてゆく最初のステップだったことを、ヤコブソンはレヴィ=ストロースへの友情の証として、人々に遠回しに告げていた、とわたしには思えるのである。

第五章

幻想から思考へ

Lévi-Strauss

1 トーテミズムの幻想

『野生の思考』への過程

「猫たち」の分析は詩学への寄与のためだけでなく、今世紀の生んだ二人の傑出した思想の冒険者たちの知的な交流をたどる上でも、ふれておくに値する出来事であった。その同じ年に、『親族の基本構造』と『神話論』の間にあって「構造」概念の展開を印づける重要な二冊の本が相次いで出版された。『今日のトーテミスム』と『野生の思考』である。

数十年にわたって人類学者に取り憑いてきた観念を、人類学的な幻想（幻想が対象を生みだしてきた）として解体する『今日のトーテミスム』は、フロイトの『トーテムとタブー』の基礎を掘り崩す作業でもあったことは確かである。それは『親族の基本構造』の結論以来の課題であった。またこの比較的小さな本は『野生の思考』への導入とも位置づけられている。前者が「学」としての人類学が生みだした幻想を破壊するネガティヴな作業だとすれば、後者は幻想を解体した後も再発見される「他者」における真の思考形態を、思考実験によって描くポジティヴな試みだといえるだろう。その内容を検討する前に、どのような過程を経て『親族の基本構造』から『神話論』への移行を印づけるこれらの考察がおこなわれることになったか、手短かに検討しておこう。

すでにふれたとおりこれら連作は六〇年におこなわれたコレージュ・ド・フランスの講義をもとに

しており、講義要録は、『野生の思考』のサルトル批判を中心とした最後の数章は別として、二冊の本の目次そのままに項目が立てられている。サルトルの『弁証法的理性批判』は、コレージュ就任後も継続していた高等研究院の同年度のゼミで講読したという。そしてその前年の教授就任の記念講演に、すでにトーテミズム批判が予告されてもいた。

その批判はおそらく『親族の基本構造』を準備するなかですでに予感されていたのだろう。ただトーテミズムの幻想が、親族関係を中心とする社会構造と神話の論理とが相互に浸透し合う領域において解体される、という見通しは、一通り素描が終わった神話の構造をいったん社会構造論へフィードバックしてみるという試みから生まれたのではないかと思われる。もしそうだとすれば、連作の直接の母体は、高等研究院で一九五七、五八の二年度連続でおこなわれた「社会組織および宗教表象における双分制」の講義であろうと推測される。「双分制」という概念が、交叉イトコ婚と社会構造論という二つのレベルでの「構造」を解明するいわば分岐点として親族関係研究の核心に置かれていたことは第二章でふれたとおりである。この「双分制」が一年目には人類学者たちの学問的概念として、二年目には当事者自身の用いる民俗概念として、どのようなリアリティーをもつのかが詳しく再検討されている。おそらくこれらの講義が、社会組織と宗教表象を媒介するものとして、双分制よりも一層複雑な構成をもつトーテミズムを批判する予行演習となったのであろう。

また講義要録によれば、「宗教表象」に焦点を合わせた二年目の講義ではボロロを含むブラジル中央部の諸族の神話と民族誌が詳しく検討された。ボロロとジェ諸族（ブラジル中央部のジェ語を話す諸集団）全体は、互いに遠く離れていながら明らかにつながりのある集団で、「社会組織もきわめてよく似ているにもかかわらず、共有された神話の主題が逆転している」という問題が取り上げられている。問題は逆転に二つの種類を区別することで解決されたという。すなわち一つは社会構造における差異、たとえば母系と父系の系譜の違いと連動した機能的逆転であり、もう一つは地理的、言語学的隔たりからコミュニケーションの壁が高くなることで生じる逆転である。こうして神話構造と社会構造が相関させられる。

おそらくこの時の集中的な資料の読みが、『神話論』における南アメリカのコーパスを準備したのであろう。と同時に同じ年度には高等研究院の紀要に北西海岸の神話を分析した「模範演技」（邦訳解説の言葉）ともいえる「アスディワル武勲詩」が掲載されていることも見逃せない。『神話論』における「基準神話」の北半球と南半球の主要な分布圏は並行して探究されていたのだ。後にふれる『生のものと火にかけたもの』におけるボロロ族の「鳥刺し」と『裸の人』における北西海岸諸族の「鳥刺し」の数千キロを隔てた照応という意表をつく指摘の伏線がすでにそこに敷かれていたと見ることができる。

『野生の思考』から『神話論』最終巻までの展開が交錯しつつ形成された五〇年代後半は、まさに「豊かな時期」だった。そしてそれはその後十年以上続く類まれな集中の時期の最初の山場でもあった。

比喩と現実

こうして着想された批判によって、トーテミズムは、人間に関わるいくつかの現象を分解して恣意的に組み立て直す、十九世紀末の科学に共通の傾向の生んだ幻想として解体される。まずレヴィ=ストロースのトーテミズム批判の論理をなるべく忠実に要約し、その上で次節で一つの例によってその具体的な意味を示すことにしよう。

トーテムという言葉自体は五大湖地方のオジブワ族の「かれはわたしの一族のものだ」というototemanという表現に由来するという。この言葉を借用して社会の様態を表す概念として作られたトーテミズムには、首尾一貫しないさまざまな定義があるが（それもまた幻想であることの傍証であろう）、イギリス人類学の大家であったリヴァーズが一九一四年に出版した『メラネシア社会の歴史』で与えた、三つの要因の結合による定義は古典的なものである。すなわち動植物あるいは何らかの「もの」と氏族集団が結びつけられ（社会的要因）、集団構成員がそれらの動植物や「もの」と親族関係があるという信仰をもち（心理的要因）、それらの対象への畏敬の念がそれらを食べたり使ったりすることを禁忌させる（儀礼的要因）ときトーテミズムが成立する。

またそれより少し前の一九一〇年刊行のフレイザーの『トーテミズムと外婚制』では、表題にもあるとおり同じ氏族の成員同士は通婚しないという氏族外婚制の規則が重視されていた。トーテミズムとインセストの禁止の間にあると考えられた関係が重視されたのである。

こうした一まとまりの要因に「供犠《くぎ》」論を重ねることでフロイトは原初の父殺しの「神話」を組み立てた（『トーテムとタブー』は一九一三年刊行）が、人類学内部での議論はむしろトーテミズムの「内容」よりも、人間の社会集団と自然の動植物種の対応がひとつの社会内で共通の「形式」をもっていることへと関心の焦点を移していった。

オジブワの例を引けば、熊をトーテムとする氏族は熊に対してどのような儀礼的態度をとるかということよりも、なぜ魚、鶴、あび、熊、大鹿が主要氏族のトーテムであり、また鶴氏族の下位集団として鷲や灰鷹の氏族が、熊氏族の下位集団には狼や山猫氏族があるのか、これらの動物の選択の背景にはどのような形式の共通性があるのかと問われるのである。

儀礼的な態度すら問題になりえぬ状態さえあった。たとえば「トナカイは南部では完全に姿を消していたが、トナカイという名を持った氏族の成員はそのような事実にはすこしも動じていなかった。調査者に答えてかれらは言った。〝それは名にすぎないものだ〟」。ということは「名」という形式とは何かが問われることになろう。じっさいそれは『野生の思考』の重要なテーマのひとつとなる。

形式に注目するという方向はボアズによって示唆されたが十分には深められなかった。レヴィ＝ストロースは、ボアズの提起した論理をさらに次のような命題に深める。すなわち「（社会学的体系を表示するのに）動物界および植物界が使用されるのは、……これらの世界が人間に一つの思考法を提供するから」であり、精神は「一方には種xと種yとの間、他方には氏族aと氏族bとの間に存在する示差的格差の間に相同性を要求する」。つまり、xとyの差異がaとbの差異を表すのだ。

『今日のトーテミスム』の考察は、序論に示されたこれらの命題を展開し、それに照らして、さまざまな既成の議論が整合性を欠いていることを論証することに当てられている。批判の標的は主に、トーテミズムが論じられるもっとも重要なフィールドと見なされてきたオーストラリア社会を研究した第一人者であったエルキンが、トーテミズム類型を果てしなく細分化することで幻想を救おうとした試みであり、第二にトーテムとされる動植物の「食べるに適している」といった感覚的刺激あるいは実利性に根拠を求める、マリノフスキーに代表される広い意味での「機能主義」の理論である。それは一種の生産論でもあった。それぞれの氏族がトーテム種の増殖を計り、自分たちではその生物種を消費せず（食べることの禁止）、他の集団に提供し互いが助け合うというのである。いずれにせよ、こうした批判の背後ではすでに「信仰」や「禁忌」という素朴で大まかな捉え方を越えて、ある整合性と柔軟な可能性をもった「思考」の輪郭がはっきりと描かれていた。

種の系と氏族の系の対応は、レヴィ＝ストロースによって「自然」と「文化」と呼び替えられ、これら二つの系の対応が問題とされる。

問題には二つの側面がある。第一に、自然には「範疇」と「個体」、文化には「集団」と「個人」というそれぞれ二つの存在様式が区別され、それぞれの可能な計四つの組み合わせが考えられる点。つまり自然と文化の二つの系の対応がトーテミズムであるならこれら四通りの様態が予想されるということになる。これまでの論者たちは、これらの論理的には等価なトーテミズムの可能性のうち一部を取り上げその他を無視するか、さもなければどれかを特権的な形態と見なして、他を二次的で歴史的な派生物、あるいは特異で神秘的な形態などとして扱ってきた。

第二に、ふたつの系の間の関係づけの様態がいかなるものかという点。古典的な定義は動植物を「食べる」ことの禁止を重視したが、二つの系の間の関係を全体として見れば（そして全体として見なければならないのだが）、自然種は集団の「隠喩」として使われている（自然種相互が異なっているように集団同士も異なっている）。「食べる」あるいは接触する、そして親族関係をもつということ（リヴァーズの言う「心理的要因」）を、関係づけの思考の様態として見れば、それは隣接による関係づけつまり「換喩」であり、「隠喩」による関係づけの論理としてのトーテミズムの特徴とは背反する。「換喩」の関係はむしろ神的な超越者へ向けた「供犠」を媒介とする垂直的な関係すなわち宗教の領域の問題であり、自然と文化の二つの系の水平的な隠喩関係と交差する別のシステムなのである。

「野生の思考」の基礎的な活動とも言える比喩による関係づけの問題は、「猫たち」の分析にも表れているとおりレヴィ=ストロースがヤコブソンから多くを学んだ領域であった（どのような喩法が用いられるかという、ヤコブソンの若い時から持続した詩への関心は、たとえば一九六〇年の「言語学と詩学」にも要約と展開が示されている）。

こうしてトーテミズムの「幻想」のなかから、自然種相互が異なっているのと同じように互いに異なっている社会集団を、自然種を用いて思考する体系の「現実」が取り出されることになる。それと同時に、水平的な隠喩の体系と垂直的な供犠の体系を無理に同一平面に置いた、構造主義の視点からは異様なフロイトのトーテミズム解釈も否定される。

例証の試み

右に見てきたトーテミズムの批判はきわめて抽象的に思えるだろう。しかしレヴィ=ストロースの関心は具体的なものである。そのことをひとつの例によって明らかにしてみよう。

「野蛮人とは野蛮が存在すると信じている人のことだ」という表現を借りれば、トーテミズムは、その存在を信じている人にとってのみ現実的なのだとも言えよう。トーテミズムを信じるある人類学者が今世紀の一社会に調査に送り込まれたと想像してみよう。彼は人々の行動を知る手っ取り早い方法として、奇妙な卵形の建物に群集が集まってある種の祭礼をおこなっているらしい場所にまず注目した。その祭礼ではどうやら「虎」をトーテムとする集団と「巨人」をトーテムとする集団が交互に、つまり互酬性の規則にしたがって儀礼をおこなうらしい。ところがその列島では同時に他のトーテム集団が対となって各地で同様の儀礼をおこなっていることが判明した。それらは「鯉」「鯨」「燕」「竜」というトーテム集団である。自然種を用いたこの典型的なトーテミズムは双分制の特徴も帯びておりどうやら六個の集団が一まとまりで、「中央」半族と「平和」半族を作り、全部で十二の集団がある。

この人類学者はさらに調査を続け、この社会では幼稚園と呼ばれる幼児のイニシエーションの集団の構成単位が、しばしば花の名や動物たちの名をとったトーテミズムをなしていることに気づいた。しかもこの場合選ばれた動植物には一定の基準があって、獰猛《どうもう》なもの、爬虫類《はちゅうるい》、毒性のある植物など除外されるものも多く、その点で一定の体系をなしているとも思われる。

こうして見ると、この社会は第一印象以上にトーテミズムの浸透が観察される。たとえばある種の集団には「トマト」や「さくら」がトーテムとして選ばれ、さらにこうした種名ではなく「太陽」や「富士」という個体の名が選ばれている例もある。ただこれらの集団についてはかなりむずかしい問題もある。それはこれらの集団がこの社会のきわめて重要な支配的機能を担っていると思われ、しかも「円」という抽象的な幾何形を表す類例のないダイナミックな上位のトーテムを崇拝しその増殖を司る集団のようにみえるが、残念ながらこれらの集団すべてがトーテム体系を構成しているとは言えない点である。どうやらいくつかの集団名は始祖の氏族名からとられ、また集団発祥の地名によるものもあるらしい。なかには歴史的にたどる以外には理解不可能な名もある。人類学者は「円」トーテミズムがその形から、太陽崇拝（この社会の古代には女性太陽神の崇拝があった）に関係がないか探ろうと考えている。

さらにこの社会では有形無形のさまざまな「商品」と呼ばれる文化的な産物（そこには「サーヴィス」と呼ばれるものも含まれる）の増殖を司る多くの集団に自然種を用いたトーテミズムが観察される。「象」

「タイガー」「とんぼ」「クロネコ」「ペリカン」「ゼブラ（しまうま）」「キリン」「朝日」等。また一定の「伝統的」と思われる産物には「白鹿」「白鶴」といった伝統的感性を暗示するトーテムが用いられている。さらにこの社会ではかつては形の明確であったらしい氏族集団ごとの「紋章」には独特のデザインが観察され、そこにも多様な自然種の使用が認められる。ただここでもトーテミズムは完結した体系をなしているとはいいがたく、さまざまな要素が混在している。またこの社会では生まれた年によって個々人は十二種（架空の種も含まれる）の動物をトーテムとすることも判明した。

ただこの人類学者は、「太陽」とその一状態を抽出した「朝日」の間に集団としては何の関係もなく、同じ「朝日」をトーテムとする二つの集団の、飲物生産と紙に文字を印刷するという活動の間にも関係が見いだせないことに、自分の方法の限界がないか不安を感じているのである。

以上の架空の「調査」ノートは、トーテミズムというフィルターがどのように現実を突飛なものに見せてしまうものか教えてくれないだろうか。今世紀初頭までの人類学の異文化観察がどのようなものでありえたのかというひとつの教訓をえることもできよう。

レヴィ＝ストロースは思考の論理を取り出すことで、このトーテミズムの幻想を解体する。最初の例にもどっていえば「虎」「巨人」といった架空のものを含む種による命名は、虎と巨人が異なる「ように」二つのチームが異なることを表示する。そこには名としての種が違うように集団も異なっている、という命名の論理が働いている。それが「示差的格差の間に相同性を要求する」という意味である。それは音素の違いが意味の違いを表すこととも対応する。それではなぜ自然種なのか。この問いはすでにトーテミズムの狭い枠を出て、レヴィ＝ストロースの問いに移行している。ただトーテミズムの存在を信じているこの人類学者は、何とかこの社会のトーテミズムの「体系」を構築しようとするだろう。

その一つの方法はトーテミズムとみなされた領域ごとのあるいは形態ごとの差異をそのまま認めそれをトーテミズムの変異とみなすことである。そうなれば野球トーテミズム、サッカー・トーテミズム、幼稚園トーテミズム等々がすべて細分化され亜種とされよう。それがエルキンの方向であった。それに対して機能主義の理論と呼ばれるものはトーテムとされた動植物の実利的な側面に注目する。しかしこの視点に普遍性がないことは、この架空の調査者がトーテミズムを広い意味での命名の体系とみなした時にすでに暗黙のうちに認めたことであった。だからこそすでに姿を消したトナカイとともに、架空の存在もトーテムとなりうるのである。とはいえ「円トーテムの増殖を司る」という表現には機能主義の名残りも感じられる。

この「調査」ノートにおいてもいくつかの体系化の試みは不可能ではないだろう。すでにふれたように「富士」といった世界に一つしか存在しない個物の名を転用したものと、「トマト」といった種名を用いるものの区別が観察された。また人間の集団の命名とともに、名には表だって表れないが、集団ではなく「個体」が「種」に結びつけられる「干支《えと》」と呼ばれるトーテミズムが認められるのである。こうしてレヴィ＝ストロースのいう「自然」と「文化」の二つの系の対応にはそれぞれ種と個体、そして集団と個人の様態が区別され合計四つの組み合わせが可能となる。

「名づけ」という人間の言葉を用いた行為がどのような意味をもっているのか、あらためて考えるときわたしたちは、自分たち自身のあまりに自明な行為についてなにもわかっていないことに驚かされる。異文化を未開なものという枠にとじこめる「トーテミズム」という幻想を解体することでレヴィ＝ストロースが取り出した問題の一つはそうした「名」とは何かという問いであった。それが『野生の思考』の重要な主題となる。ただその前に『野生の思考』が解決しなければならない問題があった。

それは次のような問題として言い表せよう。最初の例にもどれば「虎」「巨人」「鯉」「鯨」「竜」「燕」がひとつの体系をなしているとすればそれはいかにしてなのか。人類学者は頭をひねって、陸・水・空という三つの世界の存在と架空の存在に分類し、ある整合性を探そうとするかもしれない。また使われた種の帯びている比喩的な意味を熟考するという実りある方向も考えられよう。しかしあるレベルではそれが問題の核心なのではない。これらの集団が体系をなしているのは、その名がどのようなものかということではなく、それが野球のチームであるという社会の当事者からはあまりに自明の事実を基礎としているのである。

架空の調査からレヴィ＝ストロースの探求にもどっていえば、それはトーテミズムの幻想の基底にある社会集団を人類学の視野のなかでどう位置づけるかという問いである。それはまた、神話研究の一定の成果をもとに『親族の基本構造』を自ら評価しなおすということでもある。なぜなら人類学が研究対象とする社会では社会集団は基本的に親族関係によって織りなされた集団に他ならないからである。『親族の基本構造』の検討を通じてみたようにそうした集団は、人類学においては婚姻クラス、氏族（クラン）というカテゴリーによって表されてきた。それにさらにカーストを加えれば人類学における親族に関わる社会集団のカテゴリーはいちおう揃ったといえよう。そうした社会集団の構造は交換の体系という視点から解明されるというのがレヴィ＝ストロースの主張であった。

『親族の基本構造』からさらに踏み込んだ『野生の思考』のモチーフは、こうした社会集団のカテゴリーそのものが、種を思考の媒体として構成されるものであるとすれば、交換の体系という枠だけには収められない、比喩を活用した思考の変換の体系として把握できるのではないか、という点にあったと思われる。したがってその探求は、まずネガティヴな形では「親族の基本構造」の基礎をなしていた互酬性の「精神構造」の限界を明確にすることにおかれ、それがすでにふれた五七年、五八年の講義となった。ポジティヴな形では、思考の普遍的なあり方として「種」を思考の手段とすることはどのような意味をもつかということを明らかにしなければならない。そして次にそうした思考のなかで社会集団がどのように構造化されるかという二つの段階をふむことになろう。

「**種操作媒体**」

こうしてトーテミズムという幻想は解体され、思考活動の基礎としての比喩（とりわけ隠喩と換喩）による関係づけの様態の問題にまで一般化された。

「関係づけ」という思考活動の基礎を、自然の種すなわち生命形態の差異と多様性がどのように誘導し解発し形を与え、そしてそれによって思考が何に答えようとするのか、という問いを立てた時、それはすでにトーテミズム幻想の批判というネガティヴな作業の範囲を溢れ出て、新たな質の探究の場を開いている。それが『野生の思考』であった。

その思考の特徴はレヴィ＝ストロースの用いる「種操作媒体」という言葉に端的に表現されている。これは著者が好む数学的比喩として訳せば種演算子と呼ぶこともできよう。「種」が思考の演算・操作の媒体となるというのはどういうことなのだろうか。

この問いの解明は、いくつかの問いに答えることを通じておこなわれることになる。すなわち、

◇まずこの議論全ての基礎として、人類学者が観察し報告してきた「野蛮人」と呼び捨てられてきた人々自身の自然の生命形態の多様性への関心のあり方を、先入観なしに正確に理解しなければならない。

◇こうして明らかにされる自然認識は人間の存在においてどのような意味をもつのか問わなければな

らない。言い換えれば、種の多様性を媒体として用いる思考体系には何らかの目的論が内包されているのか、という問いが立てられる。
◇右の問いとも関連して、具体的な操作媒体によって運用される「野生の思考」と、近代科学を生みまたそれによって育てられた「栽培化された」思考操作との違いと共通点を明確にしなければならない。

こうした基礎的な問いは、次のように答えられる。

それぞれの文化におけるとりわけ自然界の認識のあり方を研究する分野として、戦後、認識人類学と呼ばれる新たな分野の研究が深められた。その成果は、こうした伝統社会における自然認識、そして生命形態の多様性の認識が、最先端の「科学的」分類にもけして劣らない首尾一貫した精緻なものでありうることを明らかにした。たとえばフィリピンに住むある集団は、一六二五種類の植物を区別するが、それは植物学上は六五〇属約一一〇〇種に対応するという。

そうした自然認識は、偏見が決めつけてきたように、「胃の腑」の必要から生まれた、実利的なだけのもの（この見方では「野蛮人」には実利的な目的論はあってもそれに見あう能力がまだ不足していて、彼らは常に空腹に苦しんでいることになる）ではなく、まず何よりも知的な関心によって支えられていることを銘記しなければならない。その知は目標達成のための効率の計算に方向づけられた、狭い合理性に基礎を置くものというよりも、多様性が目覚めさせる感性的な喜びへ、いわば「種の詩学」へと方向づけられたものなのだ。そこでは感性的なものが、損なわれることなく理性の領域に統合されていると想定される。

それでは人間はこの自然の多様性の中に目的も意味もなく、ただ受け身に抛《ほう》り出されただけなのだろうか。多様性に喜びを見いだすのは単なる偶然の結果にすぎないのか。

種の詩学

この「種の詩学」は、わたしたちの知っている知のあり方で言えば何に近いのだろうか。哲学か、歴史なのか、あるいは自然科学なのか。レヴィ＝ストロースは、それを哲学に近づけて理解することはしない。それがおそらく青年時代、人類学に進む決意をした理由そのものなのだろう。サルトルのように本来無意味と見なされた世界に「歴史」によって意味を押しつけることもレヴィ＝ストロースはしりぞける。そしてそれを、何が新石器革命を可能にしたのかという、すでに『人種と歴史』で素描した人間の条件の具体的な探究の問いに置き換える。

つまり歴史に搦《から》め捕られた目的論を回避しながら、いわば目的論の武装を解除した歴史の問いに置き換えるのである。この新しい問いが本当に目的論から自由なのか、それとも異質な目的論を暗示するものなのか、『人種と歴史』において釈然としないものが残されていた。後にレヴィ＝ストロース自身の答えの示唆を見ることにしたい。

いずれにせよ、知的な好奇心と詩的な喜びに導かれた多様性のたゆみない識別とそれに誘導された思考こそが、植物の栽培化や動物の家畜化、機織りや土器作りなどの文明の技術の創造を可能にした、とレヴィ＝ストロースは言う。「野生の思考」の活動は著者によって「具体の科学」とも呼ばれている。それはこの新石器時代に達成された「精神」形成の豊かな遺産の証言なのだ。

では、こうした知的な能力は何を意味し、種の詩学を超える何を人間にもたらしたのか、とさらに問うこともできよう。レヴィ＝ストロースは、世界と人との生成の原初的な経験そのものを、時間を超えた構造のなかに真新しく保持している「神話」の言葉を借りて、膨大な『神話論』全体によって、この問いに答えているように見える。レヴィ＝ストロースの探究とは、自らを貸し与えることで、神話的思考そのものにこうした摸索の跡を語らせる試みに他ならなかったのではないだろうか。

ただ『野生の思考』には、まだそうした神話からの答えがはっきりと予告されているわけではない。六三年におこなわれた哲学者ポール・リクールを相手にした『エスプリ』誌のインタヴューでは、その理由を、「(この後神話研究が書かれるはずだということを) あとから撤回することがないように……いわないでおいたのです」と述べている。この談話がおこなわれたのは『神話論』第一巻が形を整えつつある時であった。『野生の思考』を書いていた時点では神話研究に予想される困難さから来る躇《ため》いが、まだ残っていたということなのかも知れない。

もう一つの問いが残されている。種の詩学としての神話に凝縮される「野生の思考」は、「栽培化された」飼いならされた思考とはどのように対比されるのだろうか。前者は、もちあわせの素材の断片を組み合わせて意表をつく効果を生みだす器用仕事（ブリコラージュ）になぞらえられる。ボアズの言うように「神話の世界はでき上がったと思うとすぐ分解し、その断片からまた新しい世界ができ上がるかのごとくである」。断片は「残留磁気」のようにさまざまな過去の出来事の記憶を帯びたままである。

したがってレヴィ＝ストロースによれば「同じ材料を使って行うこのたゆまぬ再構成の作業の中では、前には目的であったものがつねに次には手段の役にまわされ」、意味するものが意味されるものへ、意味されるものが意味するものへと替わる。現代の科学や競技などのゲームが、法則や規則という「構造」から「出来事」を生み出すのと対照的に、神話や儀礼は「出来事の集合を分解したり組み立てなおしたりし……交互に目的となり手段となるような構造的配列を作り出そうとする」のである。

万華鏡の思考

基本的な問いにこうして答えた上で、あらためて「種操作媒体」すなわち、自然種の多様性に目ざめさせられた「喜ばしき知恵」がどのようにして「野生の思考」を成り立たせるかを問わなければならない。その問いは、過去の痕跡を残したばらばらな断片の寄せ集めが、いかにして整合性のある「思考」を可能にしうるのかという逆説を含んでいる。しかしこの逆説は見かけだけのものにすぎない。個々の断片が雑多であっても美しい形を構成する万華鏡のように、有限個の要素をある偶然性と法則性の制御のもとで交差させれば「了解性の暫定モデルとでも言うべきものを映し出す」とレヴィ＝ストロースは主張する。

その「了解モデル」の構成にはどのような問題が含まれているのだろうか。種操作媒体を用いる思考すなわち「トーテム的分類の論理」の解明には三つの困難がつきまとう。一つは、たとえば神話に語られる媒体として使われた生物がどの種なのか正確に知ることの難しさ。そしてもう一つは、種が確定されたとしても、それは多くの意味機能を果たしうる多価的なものであり、ある文脈である意味機能が選ばれる理由を明らかにするには「民族誌のデータの全部のみならず、他のソースたとえば動物学、植物学、地理学などからくる情報までも参照しなければならないのである」。『神話論』の膨大な作業の多くは、まさにそれをおこなったものなのだ。

第三の困難は、第二のものと裏腹ともいえる。つまりこの思考にとっては関係が存在することの方が、関係の内容よりも重要だという一面があり、ある関係は一連の代替可能な多様な内容によって表現されうるのである。

こうした指摘はすでにトーテム的分類が、わたしたちが「筋道立った」思考と見なしている考え方の論理とはかなりかけ離れたイマージュのネットワークを織り上げ、それを用いて思考するだろうということを予想させる。というのもそれはヘテロジニアスな一連の「もの」の間に、しばしば人を欺く機知に富んだやり方で共通の特性を見いだして、それを支点にして「もの」相互を置きかえ可能なものとするのである。あるいは逆に一見何のつながりもありえない「もの」同士が対称性を帯びた特徴を介して、「解剖台の上のミシンと洋傘の出会い」のように結合される。

さきに「例証の試み」で示した例によれば、いわゆる商標として選ばれた自然種とその商品の間の関係はきわめて多様である。多くの例で比喩的な関係づけがあるとはいえ、個別的な比喩とはまったく無関係に、別の理由から選ばれているとしか考えられないものも多いことは読者自身すぐに確かめられよう。そしてそうした無関係な命名を当事者であるわたしたちは、何の疑問もなく受け入れているという事実にも注意を引いておきたい。たとえばある飲物がなぜ架空の動物の名でなければならないのか、あらためて興味を引かれることではある。なるべく注意をひく意表をついた命名を、という原則があるとさえいえよう。それは言い換えれば突飛さつまり他との差異が、命名されたそのもの自体の比類のなさの表現となるということである。そこにはより高いレベルの比喩が作用している。つまり名における差異と、ものにおける差異の間の相同性というレヴィ＝ストロースのいう「野生の思考」がそこに作用しているのである。

後にレヴィ＝ストロースは、とりわけ人の注意を惹き、想像力を触発する特徴的な動物が、神話のなかでどのように重要な役割を果たすか、そうした意味豊かな種を、神話素にならって動物素と呼んで入念な分析をおこなうことになる。動物種がどのようなイマージュの論理によって人の思考に形を与えつつ思考を解き放つのか『野生の思考』はいくつかの側面をあきらかにしている。

さらにもう一つ、別のレベルでの困難がある。それはトーテム的分類が、世界について語るばかりでなく、分類する主体としての人間自身に回帰し、その社会の成員自身を対象にして「トーテム氏族」を構成し「生きられた分類」と呼ぶべきものを形成するという事実からくる困難。それは分類する主体が自己を分類するという循環性あるいは自己回帰性から来る論理的パラドクスといった抽象的な困難ではない。「自然」の種が作る系と、「文化」の社会集団の作る系は、比喩の関係によって結びつけられるとはいえ、原理的に同じ論理にしたがって変化するわけではない。この事実が「生きられた分類」に一つの問題をもたらすのである。レヴィ＝ストロースはあくまでも具体的に、分類の構造と現実の人口動態による集団構成上のずれとその再調整の必要という問題を立てる。しかし同時に分類の論理は、人口変動を生みだす出来事を構造のなかに吸収して、そうした「歴史的」変動の影響の痕跡を消してしまうので、過去は不透明にならざるをえない。ちょうど万華鏡が回転するたびに以前の構図は痕跡を残さず消えるように。そして筒と鏡の作る構造は、意識されにくいまま、同一であり続けるように。ただ、そうしたトーテム的分類に、時間性が全く無縁だということではない。むしろ出来事の累積的連鎖とはことなった、ある固有の時間性が見いだされるのだ。そのことは『野生の思考』の「再び見出された時」の章の主題となる。

社会と変換の体系

モデルの構成と理解の上でのこうした困難を含みながらも、この「野生の思考」は多様な働きをもってこの世界のさまざまな領域や事物を結びつけ「了解可能なもの」とする媒介機能を果たすのである。

それが外的な制約なしに、内的な制約だけにしたがって「世界」をじかに媒介してイマージュの構造体を作り上げるとき「神話」が生成する、と言ってもレヴィ＝ストロースの考えを歪曲したことにはならないだろう。すでに引いたインタヴューでは、『野生の思考』と『親族の基本構造』の研究対象をくらべて、「親族という領域では……制約が純粋に精神構造から発するかどうか、確かではなかった……それは社会生活上の必要や、社会生活が思考に制約を課すしかたから生まれてくるものであった」と述べている。神話の構造から振り返ってみれば、社会というレベルの「構造」は外的ないわば「不純な」制約だと言うことになろう。

したがって『野生の思考』の課題は、基本的に『親族の基本構造』が提示した「社会構造」を概念的（あるいは幾何学的とも言える）モデルとして吟味し直し、神話論のスケッチの成果のフィルターにかけて濾過《ろか》し純化しなおすための作業と要約できよう。つまり社会の構造モデルの変換の可能性を、種操作媒体が示す変換システムとの類比によって検証し、前者を後者に吸収しようという試みである。

「例証の試み」の例によって説明すれば、それは次のようなことである。すでに述べたように野球のチームが体系をなすのはそれが「虎」「鯉」等々の名で呼ばれるからではなく野球のチームだからである。しかしレヴィ＝ストロースは、ここでさらに論理をおしすすめて、野球チームという社会集団のあり方自体が自然種を思考の手段とする思考体系によって生み出されるのではないかと問う、と言えばよいだろう。もちろんこうした問いが成り立つのは、人類学の研究対象とする社会が、現代の機能的な職業集団などとはきわめて異質な、親族関係を基礎とした社会集団だからこそ可能なのだ。

そして社会構造を思考のシステムに吸収することが可能であるためには、集団のなかでの個体の位置を明らかにするというもっとも一般的な親族関係のはたらきが「野生の思考」の手段である種操作媒体によって実現されるのでなければならない。

神話研究の途上でこうしていったん過去を振り返り、「神話」とは異質な「社会」というレベルを再検討するという内容が、『野生の思考』にその前後の業績とは斜めに交差するようなやや異質なトーンを与えている。とはいえ、ここまで触れる余裕がなかったが、五二年の「中部および南部ブラジルにおける社会構造」、五六年の「双分組織は実在するか」という、ともに『構造人類学』に収録された論文は、五〇年代の多方向の摸索のもう一つの流れとして、社会構造をモデル化し問題を見極めようとする予備的な試みであった。また後者の論考は直接「社会組織および宗教表象における双分制」を導き出すきっかけともなっていた。『野生の思考』にはこうした探究を発展させたものという一面もある。

そのレヴィ＝ストロースの試みの意図をレヴィ＝ストロース自身の用語に即して再確認しておこう。

親族関係論においては社会構造は交換の体系すなわち人間における他者とのコミュニケーションの必然性によって基礎づけられた。『野生の思考』はこうした人間における他者とのコミュニケーションから生じる帰結としての社会構造を、人間が自然種、いいかえれば自然の生命形態の多様性を手段として作り上げる思考の体系から引き出そうと試みる。それはいいかえれば人間の世界のなかで閉じたコミュニケーションの体系を解きほぐして、人間と自然とのコミュニケーションのなかに解き放ちそこに包摂《ほうせつ》するという試みなのである。

自然のなかの社会

飛躍が大き過ぎて難しい部分を含みながら、時には優美な知のアクロバットを見せる論証によって一連の問いは答えを与えられてゆく。ここでは『野生の思考』の各章で展開された細密で感性を目覚めさせる肉はそぎ落とし、その主要な論点の骨格だけを列挙しておくに留めざるをえない。

◇種操作媒体が適用できる領域は「トーテム・クラン（氏族）」としての人間集団のみには限られない。むしろトーテミズムの幻想こそ『野生の思考』の「社会」への適用という一面だけを分離できるという誤った前提の上に成立していたのだ。この誤りを克服し、種操作媒体の多様な領域を媒介する機能に注目すれば、果てしなく細分化されたオーストラリアのトーテミズムの類型の間にも、限られた数の「変換の体系」（第三章）が浮き上がってくる。こうした視点には、神話の構造変換の論理の概念化された社会構造への適用という以上に、「社会」という次元そのものを種の多様性に触発された思考に包摂しようとする試みが読み取れる。

◇社会を概念化する枠組みとして、人類学者が注目し研究してきたカテゴリーには、クラン（氏族）、クラス、カーストがある。これらの集団のカテゴリーのあり方は、種操作媒体を用いた変換の体系の視点から理解できるのだろうか。この問いにレヴィ＝ストロースは「トーテムとカースト」（第四章）をめぐる巧妙な論理展開によって肯定形で答える。そしてこれまで「未開性」の象徴と見なされてきたトーテミズムが、「ごく簡単な変換をすれば、未開性とは対極のカースト制（カースト制はインドの高度な文明の産物と見られてきた）の言語ででも定式化されうる」ことを示すのである。いいかえればカーストという「社会構造」の最たるものもまた、人によって「生きられた分類の論理」として種操作媒体からの変換のひとつと捉えることができるのである。

◇『今日のトーテミスム』では自然の系における範疇と個体、文化の系における集団と個人という存在様態が区別された。したがって、種操作媒体がいかなる過程によってこれらの様態の間を媒介するかを明らかにしなければならない。この問いに対してレヴィ＝ストロースは「……分類形式の両極、すなわち範疇と個体のどちらからも論理的に等距離の中間的位置にある」という「種」というカテゴリーの柔軟性を鋭く指摘する。そればかりでなく、種という媒体を使うことで、「……多数性の統一体から統一体の多様性に移ることが可能となる」。いいかえれば、「動植物のいろいろな種が作る自然の体系」から「人間という一つの種のなかの多様性」に移ることができる。さらに平明に言えば、人間の多様性を動物の違いに喩えて増幅し表現することができる。

『野生の思考』に付された、人を動物になぞらえた面白い人相画をこうした思考の表現と見ることができる。さらに種操作媒体は柔軟な媒介能力によって「網目を広げて……元素、範疇、数の方へ向かう」こともでき、「網目を細かくして固有名詞の方へ向かう」こともできる。そのことを明らかにして初めて「生きられた分類」の論理の全体像に近づくことができよう（第五章「範疇、元素、種、数」）。

◇こうした「種」による分類の拡張と緻密化の動態は「普遍化と特殊化」

動物になぞらえた人間の顔（『野生の思考』より）。

（第六章）としてさらに展開される。種操作媒体は、多くのトーテミズムの論者が想定したように「社会」の次元に自閉することなく、むしろそれ以外の領域においても思考の媒体となることで、社会の次元を自然に向けて開き、「社会」を自然の世界のなかに置きなおすのである。『野生の思考』でも用いられている神話論の用語によれば、種操作媒体は社会のコードのみならず、「医学のコード」や「地理学のコード」を提供する。たとえば「病理的現象を人間と動物と植物の間の争いの結果生ずるものと考える」アメリカ合衆国南東部のインディアンのように。

そこでは人間に対して腹を立てた動物は病気を送り込み、人間の味方である植物が薬を供給して応戦すると解釈され、「胃病と足の痛みは蛇、赤痢はスカンク、鼻血はリス」等々……のせいにされる。また地形の地質学的個別性がトーテム媒体によって根拠づけられる例はオーストラリアやアメリカに数多くある。

こうした地理的コードには媒体の普遍化の反面としての媒体を用いた特殊化あるいは個別化の方向を見ることもできる。特殊化のモードにおける種媒体は、種をさまざまな形で個別化して固有名詞を作るし方に端的に表れる。たとえばオーストラリアのある集団では銛《もり》でとったバラムンディという魚をトーテムとする男たちの名は、「バラムンディが水中を泳いでいて人間を見る」「バラムンディは自分の卵の周りを泳いで尻尾をふる」「バラムンディは息をする」（こうした例では「文」が名となっている。名は名詞でなければならないと言うのはわたしたちの思い込みにすぎない）等である。アメリカ・インディアンにおける「怒れるバイソン」や「狼との踊り」という名もよく知られている。

こうした種の「微分化」による固有名のあり方には種媒体の特殊化のモードによって指示される個体が、あくまでも個体の個体性ではなく、個体が集団の内部において占める位置としてのみ意味をもつことを表している。

「種としての個体」

トーテミズムの幻想を解体する試みとして始まった探究は、種操作媒体の働きをポジティヴに描写することで実を結んだ。そしてその帰結にはもう一つの幻想が幻想として提示される。個体の個体性という幻想である。

ここでもレヴィ゠ストロースはその指摘を哲学的、抽象的におこなうわけではない。種媒体の特殊化のモードの下限にある固有名の用法をめぐる、ボルネオ島のペナン族の奇妙な複雑化の例の分析を通じて、いかに個体が社会内部での位置として名指されるかが論証される。この例の複雑さの多くは生者の名が死者との関係において規定されるという原則を、ある仕方で徹底した点にある。そうした命名体系の例は他にも見いだされる。

個体の個体性の幻想はまた、固有名を近代的な学名による分類体系の下限として再検討することによっても説明される。それはさらに、犬、牛、競走馬あるいは野生の鳥と人間の関係と、これらの動物への命名体系との対応についての緻密でしかも意表をつく議論によっても間接的な論証が与えられる。たとえば家畜は人間社会の一部をなし、したがって部分としての換喩関係で人間社会に結びつき、鳥は人間社会と並行な隠喩的関係に立ち、そのことがそれぞれの命名体系に影響しているという。家畜のなかでも牛と競走馬と犬では人間との関係は異なっておりそれが命名のあり方にも反映し、鳥と共に四者からなる体系をなすという。たしかにこの「体系」は後に批判があったようにフランス社会におけるあり方であって、たとえばイギリスにおいては成り立たないかもしれない。しかしレヴィ＝ストロースによればそうした体系がありうることを示したかったのであり、フランスにおける体系が普遍的なものだといっているわけではない。

こうしたさまざまな自然種との関係はまさに文化ごとに異なった体系をなし、それがそれぞれの文化の個性をなしているとも考えられる。「例証の試み」にもどって言えば、日本に見られる自然種の使用もまたひとつの独特な「野生の思考」の例と見ることもできよう。たとえばすでにふれた通り「伝統的」な領域には伝統的な暗示を帯びた動物が動員されている。「白鹿」「白鶴」といった命名はさらにたどれば伝統的思考における吉兆の観念などにもつながるであろう。

そうした領域とは別に自然種への特別な配慮を示す表現の領域としての「俳句」や「茶道」といったものも日本における「野生の思考」の一形態と考えることができる。また鳥と人の隠喩的な関係はフランスとは異なり日本では鳥の声の「聞きなし」という形をとるという観察もできよう。『神話論』は南北アメリカ神話に表れたインディアン文化における自然との関係の探究に他ならない。

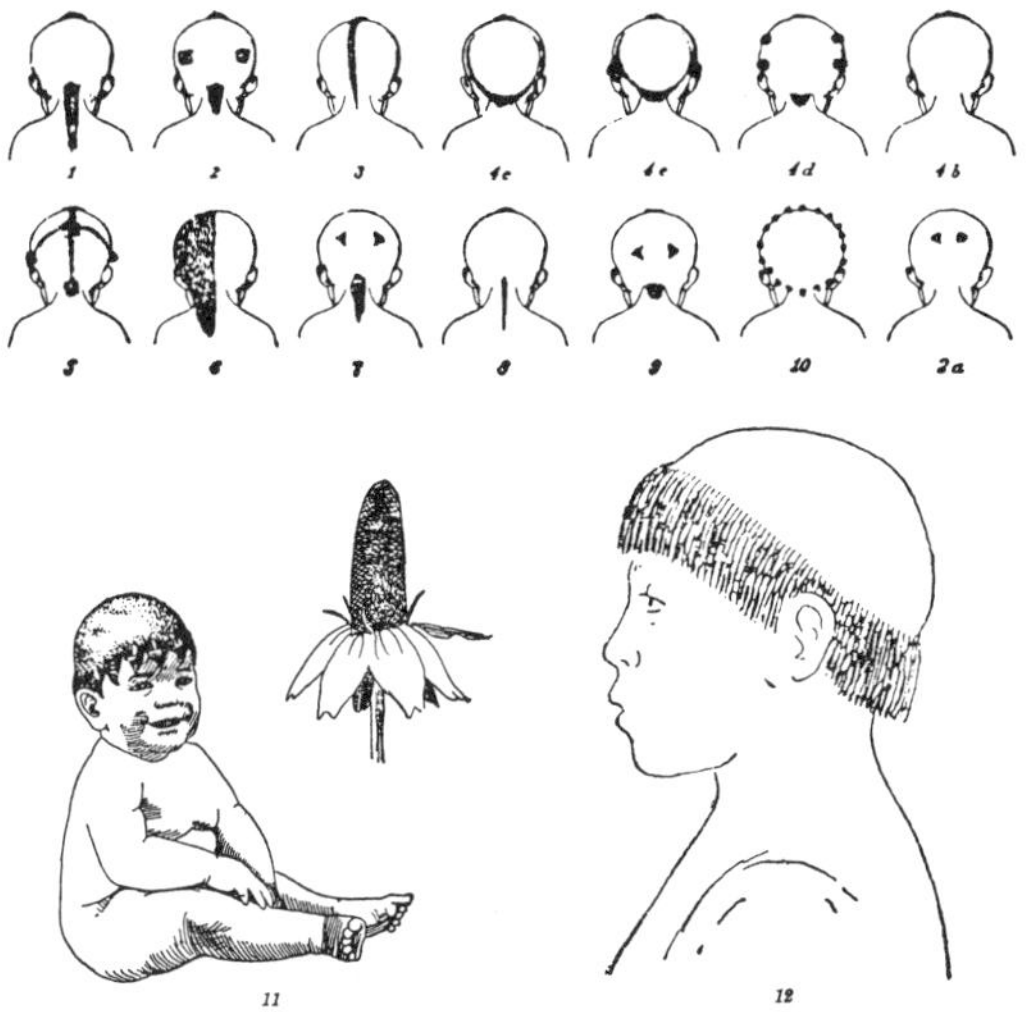

クラン別のオセージ族とオマハ族の少年の髪型。ヘアスタイルが「種としての個体」を表現する。たとえば1はアメリカヘラジカの頭と尾，3は空を背景にした野牛の背中の線，5は東西南北，6は狼の毛深い横腹，10は爬虫類の歯など（ラ・フレッシュの著作によるレヴィ=ストロースの説明から）。

いずれにせよ少なくともレヴィ=ストロースの考察は、人間がこうした他の生命形態と親密な関係をもって世界を構成し、名という媒体を通じつながっている限りで、人間の存在は裸形の個体性にまで還元されることなく、自然にとりまかれ、自然の種との交通のさなかに生きることが可能であることを示していると理解されよう。後に『神話論』の終巻に付される『裸の人』という表題もそうした自然と交流する存在の形象として用いられている。「野生の思考」を成り立たせている種操作媒体の側から見るかぎり個体の個体性は成り立ちえず「種としての個体」以外の様態で個体が存在することは考えられないということになる。そうしたレヴィ=ストロースの見方を理解するために、ここで再びあの

「同一性」という補助線を引いてみよう。

社会構造を「野生の思考」の一領域として描くためにレヴィ＝ストロースは、社会構造の基礎としての親族関係への視線の焦点を「親族の基本構造」における交換論から親族関係における「分類の論理」に移している。ところが分類という思考の働きこそ、まさに問題となっている対象は一体何であり誰であるのか、その同一性を確定するということに他ならない。その「同一性の確定」という思考の操作が「野生の思考」においては、いかにわたしたちが見慣れたしかたとは異なっているかをレヴィ＝ストロースは説得的に示しているのである。その根本的な差異はいくつか指摘できる。
◇それは人間を自然と分離せず常に自然へと送り返し、種の多様性によって同一種としての人間内部の多様性を表現する。
◇種による分類の論理は種のさまざまな特徴をひきだして常に放射状にイマージュの網の目をひろげる動的な性質をもつ。
◇したがって「野生の思考」における「同一性」とはわたしたちの既成の概念とは対照的に、個人の個人としてのかけがえのなさといったものに収斂《しゅうれん》するのではなく、個体の常なき変容と、異質なものの出会いの場としての個体の可能性を意味するのである。
わたしたちは、レヴィ＝ストロースの「野生の思考」を、聖人の名（ジャン＝ポール、クロード、ジャックなど）を個人名に用いるという西洋の奥深くまで浸透した同一性の慣習と比べることもできるだろう。そして「野生の思考」の放射状の広がりと、神―聖人―人という宗教性を帯びた垂直的な関係を対比することもできるだろう。

人間が「種の多様性」によって思考の可能性を開かれた時、こうして思考のなかに宿った個人の意識あるいは主体の意識とは、思考の側から見れば個体性の錯覚ともいうべきものであろう。重要なのは、錯覚の根拠としてのさまざまな出会いの個別性ではなく「種としての個体」においてさまざまな出会いが起こるということ自体なのだ、とレヴィ=ストロースは主張していると理解される。

野生の思考と歴史

「歴史」をめぐるサルトル批判によって『野生の思考』が閉じられていることはすでにふれた通りである。しかし問題を全体としてとらえるためには、「歴史」という大きな主題そのものではなく異なった歴史観の根底にある、個体の個体性の問いという視点から見ることも可能であろう。サルトルに対する批判は、主にサルトルがフランス革命の解釈をめぐって『弁証法的理性批判』に展開した議論を解体することによっておこなわれている。

この書物の問題は結局「……フランス革命の神話はいかなる条件において可能であるか？　現代人が歴史の動因としての役割を完全に演ずるためには、この神話を信じなければならない……だからといって、もっとも豊かなものだからもっとも真実性の高い意味なのだということにはならない」という点にあるとレヴィ＝ストロースは書いている。こうした批判に続く行文には、『悲しき熱帯』が書かれた同時代への著者の姿勢の回想を思わせる次のような言葉もある。

いわゆる左翼の人間は、実践の要請と解釈の図式の合致という特権が与えられていた現代史の一時期にいまだにしがみついている。この歴史意識の黄金時代は多分もう終わったのであろう。終わったのかも知れぬと考えることは少なくともできるが、そのこと自体、黄金時代が偶然的状況に過ぎぬことを証明するものである。

「歴史の動因」あるいは「実践の要請」がサルトルにとってそれほど深刻な意味を帯びるのは、それが、生きる主体の「個体の個体性」を賭けた実存的な選択だからである。ところがレヴィ＝ストロースはこの個体性自体「神話を信じること」によってのみ保証されると指摘する。個体の個体性が神話としての歴史に支えられるという視点は、ひとつの根源的な「近代歴史意識」の批判と言えるだろう。「歴史」をめぐって、珍しいことにレヴィ＝ストロースの側から仕掛けられたとも言えるこの議論は、結局「論争というほどのものではありませんでした」という。サルトルはまともに答えることなく、「（レヴィ＝ストロースは）何も分ってない」とコメントした程度に終わったのだという。

　ただレヴィ＝ストロースにとっては歴史意識の批判だけが主な目的であったとはわたしには思えない。むしろそうした歴史意識が、自分とは似ていない「他者」を見ないこと、見ないばかりか不遜《ふそん》にも他者の他者としての存在を否定して省みないことにもその批判は向けられていた。だからこそ『野生の思考』の試みを『エスプリ』のインタヴューで次のように説明しているのである。

私が「野生の思考」といっているものは、それによって「他者」を「わたしたち」に翻訳したりまたその逆をおこなうことができるようなあるコードを作りだすのに必要な前提や公理の体系であり……私の意図においては、彼らの位置に自分を置こうとする私と、私によって私の位置に置かれた彼らとの出会いの場であり、理解しようとする努力の結果なのです。

この言葉づかいに、対等な他者としての「君」を発見した「僕」が知的な形成過程として自と他の統合を発見してゆく過程を描く言語学者や児童心理学者の繊細な観察との共鳴を聞き取ることができる。もしそうであるならば『親族の基本構造』のモチーフの批判的な再検討とともに、より高次におけるその展開を『野生の思考』に見いだすこともできるだろう。

いずれにせよ、こうした努力が、個体の個体性に代えて「種としての個体」を見いだしたことと、レヴィ=ストロースの探究のこの段階において「社会」の次元が限り無く不在に近くなること、そして一見すると歴史に残された場が切り詰められることとは互いに連関している。その代償として何が獲得されるのか、『野生の思考』においてはまだ予告はおこなわれていない。レヴィ＝ストロースが個体と社会と歴史と引き換えに獲得した世界、あるいは壮大な神話の森を踏破するには、『野生の思考』の後十年、そして森の傍らの小さく愛らしい花園としての『やきもち焼きの土器つくり』『大山猫の物語』そしてそれへとつながる『仮面の道』が完成されるまでには二十年が捧げられたのである。

それにしても、「あなたが誰かであることを要求する」社会から離れ、自然の間近で語り出される神話に耳を傾けることは、そのままあらゆる「歴史」を否定することではない。今もレヴィ＝ストロースが南北アメリカ・インディアンの「歴史」を重視していることは何度か強調した。その探求は、近現代の「神話としての歴史」をしりぞけ、神話と歴史それぞれを固有のものとして復権することを目指しているとも言えよう。

それはまた、「数え切れないほどの生命の形態を破壊することに没頭しているこの世紀」の「わたしたち」に、自然との対話としての神話を回復し、歴史を否認された「彼ら」に歴史を回復してはじめて出会いが可能となるということでもあろう。

右に引いたインタヴューでは、神話研究に手を染めてからほぼ十年の後に刊行された『野生の思考』を「これは息を入れ、まわりの風景をながめることの休止の時間」であったとのべている。「しかし風景とはいっても、私がそのなかに入っていくことはなく、いや入ってはいけないし、また入っていきたくもないもの」なのですとものべている。こうしてわたしたちは、ひとつの風景、神話としての歴史という風景を放棄して、いよいよ神話の森に入りこむことになる。

第六章

新石器のビルドゥングスロマン 1

——南半球の森から

Lévi-Strauss

1　鳥刺しの後を追って

『神話論』の企て

「野生の思考」は近代的な歴史意識が「主体」にくくりつけた重りを解き、自然種の多様性の世界に解放した。それは同時に「新石器革命」を可能にした思考の復元でもあった。その「具体の科学」という呼び方にレヴィ＝ストロースの自然の多様性と思考の一致という一つの目的論的なヴィジョンをみることができるだろう。

「具体の科学」はまた同時に、「科学」を超えた意味の世界を人間に開示する。言い方を換えれば、世界のなかに生命を与えられた人間は、世界について、そしてそのなかでの自らの位置について問いかけずにはいない。その問いの軌跡を困難な神話の森の道を切り拓きながら聞き取ろうとする企てが『神話論』だった。

『神話論』四巻の各巻末に記された執筆期間によれば、第一巻の『生のものと火にかけたもの』は一九六二年六月に書き始められ、第四巻『裸の人』は七〇年九月に書き終えられたという。十年近くの持続的集中は著者自身の言うとおり、「未知の処女林に取り組み、人を拒《こば》む藪《やぶ》や茂みに骨を折って道を切り開こうとした」試みだったといえるのだろう。すでにふれたとおり、その探究が当初から一貫した見通しに支えられていたことは、ある意味では当然とはいえ、細部の意表をつく展開の豊かさを考えあわせると、やはり驚くべきものである。

その探究の主題は『生のものと火にかけたもの』の序論の冒頭からきわめて明快な言葉で示されている。すなわち、「生のもの」と「火にかけたもの」、「新鮮なもの」と「腐ったもの」、「湿ったもの」と「焼いたもの」などの経験的カテゴリーはそれぞれの文化において、また文化の違いを超えて、はっきりと定義しうる性質のものである。「ところがそれらは、概念操作の用具となって抽象観念を取りだすのに役立つし、また連結すれば命題を構成することもできる。本書の目的は、それがいかにして可能であるかを示すことである」。したがって「感性的なもの」を損なうことなく「理性的なもの」に統合するという『悲しき熱帯』の言葉は、『野生の思考』の展開を経て『神話論』まで一貫しているわけである。と同時に、読者であるわたしたちは、そうしたことが、なぜ「神話」として実現されるのかと問わずにはいられない。その問いを念頭に置いて『神話論』を読み進めてゆくことにしよう。

こうした『生のものと火にかけたもの』からの探究の行程はエリボンとの対話で、二つの視点から著者自身によって簡潔に要約されている。その一つはボロロの神話から始まり、第二巻『蜜から灰へ』までは南アメリカ・インディアン世界を縦横に巡《めぐ》り、次いで第三巻『食卓作法の起源』では南アメリカの神話を手掛かりにしつつ北アメリカまで範囲を広げるという、地理的な運動である。

そしてもう一つは、神話の論理における思考の運動に関わっている。第一巻は「感覚的な事象同士の対立」に基礎を置いていたのに対して、第二巻では「空のもの」と「満ちたもの」、「包み込むもの」と「包み込まれるもの」、「内のもの」と「外のもの」といった「形態の論理に基づく対立」に徐々に移行する。そして第三巻では「決定的な一歩が踏み出される」という。というのも「それが扱っている神話群は辞項同士を対立させるのではなく、（辞項対立の根拠としての）異なった態度（作法）を対立させる」からである。

そうした態度あるいは状態の変容という主題は、第三巻の中心をなす「カヌーに乗った旅」の神話群にみごとに象徴されているという。なぜなら「旅が始まり、旅行者が前進するにつれて近くのものは遠ざかり、遠くのものが近づいて」、目的地に着いた時には遠かったものは近くに、近かったものは遠くになって関係が逆転する。しかも旅は時間を必要とし「こうして時間というカテゴリーが……神話的思考に導入される」のだから。

さらに第四巻『裸の人』の「唯一の神話」と題された一つの章の内容は、分析してきた神話がすべて、ただ一つの神話の変化形であったということを意味するのか、という質問に対してレヴィ＝ストロースはこう答えている。

少なくとも、自然から文化への移行という大きなテーマをめぐっての変奏曲であった、とは言えるでしょう。それは、天上世界と地上世界の交感の決定的な断絶、という代償を払って獲られた移行でした。そこからこの神話の中心的問題が人類の問題になってくるのです。

自然から文化への移行

おもに方法的視点からのこうした要約に加えて、四巻の『神話論』について、いわば主題とその変奏という流れをたどることもできるだろう。レヴィ＝ストロース自身の要約にしたがう限りで、四巻の書物に分析された神話そのものが、ある成長の過程をたどっているようにも見える。すなわち「感覚的なもの」の対立から始まり、三次元を含む「形態」の対立へと移行し、やがて「時間の次元」を導入した「状態」の弁証法とも呼ぶべきものへ進み、最後に「決定的な断絶」による「人類の問題」の生成に到達する。あるいは、そこに、神話のなかでの人間の成長を読み取るべきなのかもしれない。

人間の成長とは、とりもなおさず人間がこの世界に織り込まれてゆく過程でもある。後に見るとおり「感覚的なもの」や「形態」の対立などによって語られているのは、「火の起源」であり「水の起源」であり、また（少なくとも煮ものについては）火と水が与えられて始めて可能となる「料理の起源」であり、料理を知ることによって人間が「自然状態」から「文化の状態」へ移行したという事実なのである。

料理が可能となるためには、『神話論』のいわば補遺として一九八五年に刊行された（ただしその内容は神話論の一連の講義の一部として、すでに六四年度にコレージュ・ド・フランスで講義されていた）『やきもち焼きの土器つくり』の主題となった土器の製作という、新石器時代に創り出された文明の技術が獲得されていなければならない。

したがって右に示された、第一巻の「料理の起源」に次いで、第二巻では、火を用いるが食べ物ではない「煙草」(表題では蜜と対比される「灰」)と食べ物ではあるが、火にかけることはない(生の)「蜜」が取り上げられ、「生のものと火にかけたもの」の両側に、いわば逆転した性質をもつ二つのものが交叉配列される。さらに第三巻は、食べる対象あるいは食べないにしても体内に取り込む対象への問いから、その対象への接し方、すなわち食事の作法の起源を主題とし、最終巻では「裸の人」に焦点が合わせられる。

そうした視点から見れば『やきもち焼きの土器つくり』では、料理のための器だけでなく、料理された食事を取り込み消化し、加工し、排泄する器としての人間の身体そのものの像が、神話のなかでどう操作されているかという主題が取り上げられているということもできる。料理の器と人間の身体は、いわば互いに相手を変形した鏡像のような位置にある。この土器と身体という一対の像もまた新石器時代の文明の技術の創出によって初めて可能となったものである。こうして『やきもち焼きの土器つくり』が『裸の人』の延長線上にあるとすれば、アメリカ北西海岸地方における、貴重な財でもあるツノガイの装身具に関わる神話を重要な主題として含む『大山猫の物語』は、裸の対極にある飾られた身体を、一つの主題としているともいえよう。「料理」と並んで「装身具」の創造による文化の発生は『神話論』全体の底に流れる大主題のひとつである。

こうした要約がきわめて粗雑なものにすぎないことは言うまでもないが、『神話論』とその姉妹篇によって形づくられた壮大な企ての、全体的な志向をとりあえず把握するための見取り図としては無意味ではないだろう。そこに浮き上がってくるのは、レヴィ＝ストロースが自ら同一視する恐らくただ一つの対象である（しかしその対象もほとんど架空の存在ともいえる、きわめて一般的な形象にすぎないが）「新石器時代」の人間の存在の謎である。人間はいかにして「自然」から「文化」へと移行したのか。その探究は著者自身の言葉では、「自然から文化への移行という大きなテーマをめぐっての変奏曲」だったのである。それは同時に、文明の技術を獲得した人間の、人間としての自己陶冶《とうや》、すなわち自らを世界に織りこめてゆく過程の追体験ともいえるものであろう。世界がかくあるということの発見と、発見された世界からの屈折として自らを知ること。したがって、レヴィ＝ストロースの神話の探究を「新石器のビルドゥングスロマン」、言い換えれば、余りに具体的な歴史の意味をこめずに、「新石器時代人の人間形成の物語」と呼ぶこともあながち的外れではないと思うのである。

その主人公として作者が選びだしたのは、ボロロの神話から始まって四巻の著作に姿を変えていくども登場する、鳥の巣から卵や雛《ひな》を盗む若者（とりわけオウムは南アメリカでは羽を取るために雛を捕らえて飼い慣らす）であった。それをここでは「鳥刺し」と呼んでおこう。恋人を手にいれる『魔笛』のパパゲーノほど幸せではないこの鳥刺したちは、それでも要所要所に登場して神話学全体の探究のキー・ノートを与える「基準神話」の主人公を務めている。その登場の場面を見ることにしよう。

ボロロの不幸なパパゲーノ

『生のものと火にかけたもの』の本文の冒頭は、「かつてはパラグアイ川の谷からアラグアヤ川の谷の向こうまでの領域を占めていたブラジル中央部のボロロ族の神話のなかに以下のものがある」という簡潔な説明に続いて、ただちに「基準神話」が紹介されている。度々参照されるものでもあり、レヴィ=ストロースが分析に心を奪われた神話の「訳の分からない細部」がどのようなものか知るためにも、そのレヴィ=ストロースによるテクストの要約全体を少し長いが紹介しよう。

M1（基準神話）ボロロ族：o xibae e iari,「オウムとその巣」

大昔、ある時、女たちがバを作るのに使うヤシの葉を取りに森に入った。バというのは成年式を受ける若い男に与えられるペニスケースのことである。一人の若い男がこっそりと母の後をつけ、不意に襲い、強姦した。

この女が村に戻った時、夫は彼女の木の皮でできた帯に、若い男が着ける鳥の羽と同じような羽が付いているのに気づいた。密通があったのではないかと疑った夫は、それと似た飾りを着けているのが誰か知るために踊りを催した。驚いたことに、あてはまるのは自分の息子だけだった。夫はもう一度やりなおさせたが、結果は同じだった。

自分の不幸を悟った男は、復讐しようと、息子に死霊の「巣」から踊りに使う大きなマラカス（バポ）を取ってくるよう命令した。男はそれが欲しくてしかたなかったのだ。若い男が祖母に相談したところ、祖母はそれが死の危険がある企てだと教え、蜂鳥《はちどり》の助力を得るよう助言した。

蜂鳥といっしょに水の中の死霊たちが住む場所についた若者が堤の上で待っていると、素早く飛んだ蜂鳥はマラカスが下がっていた紐《ひも》を切り、マラカスは水面に落ちて「ジョー」という音を立てた。音に驚いた死霊たちは矢を射た。しかし素早く飛ぶ蜂鳥は獲物を取ると傷もつかずに堤の上にもどってきた。

父親は次に死霊のもつ小さなマラカスを取りに行かせ、同じ話が繰り返される。ただし今度は素早く飛ぶジュリティ鳥（Leptoptila sp. 鳩の一種）である。三回目の冒険で若者は、紐に通したカエトゥ（Dicotyles torquatus（野豚の一種））のひづめでできた、くるぶしにつける鳴り物であるブトレを取ってくる。助人は大きなバッタ（Acridium cristatum）だが、その飛び方は鳥よりは遅く、死霊の矢がいくつか当たるが死にはしない。うまくゆかないことに業を煮やした父は、息子を連れて岩肌の途中に巣を作ったオウムを取りに行くことにする。祖母もこの新たな危険にはどう対処したらいいか分からないが、もし落ちたりしたら止めてくれる魔法の棒を若者に与える。

二人は壁面の下に着き、父は長い竿《さお》を立て息子に登るよう命令した。息子がオウムの巣に至るや否や父親は竿を切ってしまった。息子はかろうじて棒を割れ目に差し込む時間があった。空中にぶらさがり救けを求める息子を置いて、父親は帰ってしまった。

若者は手の届くところにつる植物があるのに気づき、それをつかみ苦労して頂上まで登った。一休みすると若者は食べ物を捜し始め、木の枝を拾って弓と矢を作り、たくさんいるトカゲを獲った。大量に獲って余ったものは帯と、腕やくるぶしにつけた綿のバンドに引っ掛けておいた。しかしトカゲの死骸が腐って発した余りの臭気に、若者は気を失ってしまった。腐肉をあさるハゲワシ（Cathartes urubu, Coragyps atratus foetens）たちが襲いかかり、先ずトカゲを、次に不幸な若者の身体そのものに食いついて、手始めに尻を食った。痛みのせいで目の覚めた若者は、襲ったものを追い払ったが、お尻はすっかり肉が食われてしまっていた。腹を満たした鳥たちは嘴《くちばし》で若者の帯と腕とくるぶしの紐をくわえて持ち上げると飛び立ち、やがてそっと山のふもとにもどして、若者を救けた。

若者は「夢から覚めたように」我に返った。腹が減って野生の果実を食べたが、尻が無くなってしまい、食べ物が体内に留まらず消化もせずに出てしまうことに気づいた。最初は途方にくれた若者は、主人公が同じ問題に悩まされる祖母に聞いたお話を思い出して、根茎を潰《つぶ》して粘りのある塊にしたもので尻の形を作って付けた。

こうして身体を修復し、腹一杯になると若者は村に帰るが、村は捨てられてしまっていた。仲間を捜して若者は長い間さまよった。ある日彼は足跡と、祖母のものである杖の跡を認めた。足跡を付けた若者は、姿を見られることを恐れてトカゲに変身した。祖母とその二番目の孫、つまり若者の弟は長い間トカゲを怪しんだ。とうとう若者は二人の前に本当の姿を現すことにした（若者は祖母に姿を見せる前に何かは不明な四種の鳥と一種の蝶に次々に変身する)。

その夜、激しい雨を伴った嵐が襲い、村の火は祖母のものを除いて全て消えてしまった。翌朝、みなが祖母のところに種火をもらいに来たが、若者を殺そうとした父の第二の妻もやってきて、死んだはずの義理の息子を認め、夫に知らせようと走ってもどった。父親は何事もなかったかのように儀式のマラカスを取ると旅人の帰還を祝う歌を歌って息子を迎えた。

若者は復讐をたくらんでいた。ある日弟といっしょに森の中を歩きながら、鹿の角のように枝分かれしたアピ樹の枝を折り取った。兄の指図にしたがって弟は父を焚《た》きつけて集団猟をすることを決めさせた。若者は小さな齧歯《げっし》類《るい》のメアに姿を変え、父親が待ち伏せしている場所を自分の姿を人に見られることなく確かめた。そして頭に偽の角をつけると鹿に変身し、勢いをつけて父親に襲いかかり角でからだを貫いた。そのまま駆けて湖までゆき、犠牲を水に放りだすと、人食い魚であるブイオゴエの霊がすぐさまそれをむさぼり食った。この宴会の後には、水底の肉のそがれた骨と、水面にただよう葉の形が肺によく似ていると言われる水生植物の形を取った肺だけがかろうじて残された。

村にもどると若者は父の妻たち(そのうちの一人は自分自身の母親である)にも復讐した。

2 変換と解読

主題と変奏

こうしたテクストの文化的文脈がどのようなものであるのか、『野生の思考』に「民族誌のデータの全部のみならず……動物学、植物学、地理学」なども参照しなければならないと述べていることを実地におこなったともいえる解読の詳細をいくつかの例によって確かめる前に、この「基準神話」の周囲にさまざまな変奏がどのように配置され星雲状の神話群を形成するのか、ごく一部を見ておくことにしよう。そこに多価的な細部が、網状に連環の輪を広げる神話の組織原理が垣間見られる。そうした放射状に広がる神話組織を捉える方法を、レヴィ＝ストロースは伽藍《がらん》を飾るバラ窓にたとえて「バラ模様型測量」と呼んでいる。

たとえば「鳥刺し」の変奏とされる「水、装身具、葬礼の起源」と題された神話M2の要点をいくつか拾い出せば次のようなものである。

「ある日、バイトゴゴの妻が野生の果実を拾いに森へ行くとき、幼い息子がついて行きたがった。母親が拒んだので子供はこっそりついてゆき、母と同じ氏族の男が母を犯すのを見てしまった。子供から顚末《てんまつ》を聞いたバイトゴゴは妻の姦通相手を刺し殺して復讐し、妻も首を絞めて殺し、アルマジロの助けを借りて家の床に埋めた。

母を失った子供は鳥に変わりバイトゴゴの肩に糞をして飛び去った。糞からは大きなジャトバの樹が育ち、それを恥じたバイトゴゴは村を去った。彼が立ち止まって休む度に湖と川が生まれた。その度に樹は小さくなった。バイトゴゴはやがて村人に装身具をもたらすためだけに村にもどってくる存在となった」。

「病いの起源」という題を付された次の神話M5もまた、しばしば立ちもどって検討される重要な神話だが、どのような意味で基準神話と密接な関連があるとされるのか、レヴィ＝ストロースの手法にまだ慣れていない読者には、やや意表をつかれるところもあるのではないだろうか。その前半を中心に紹介しよう。

M5ボロロ族：「病いの起源」

まだ病気というものが知られず、人が苦しみを味わうことがなかったころ、ある若者が「男たちの家」に出入りすることを頑《かたく》なに拒み、家族の小屋に閉じ籠っていた。

この振る舞いに苛立った祖母は、毎晩若者が寝ている間に、孫の顔の上にしゃがみ、おならを吹きかけて毒した。若者は音を聞き、悪臭を感じたがそれが何であるかはわからなかった。病いになり、痩せ細り疑い深くなった若者は、寝入ったふりをしてついに老婆のやり口を見破り、殺した。鋭くとがらせた矢を老婆の尻の穴深く突き刺したため、内臓が飛び出したほどであった。

アルマジロに助けられて〔……〕若者は老婆が寝ていた場所にこっそりと穴を掘り、死体を埋め、掘り返された土にござをかけて隠した。

これに続く神話の後半には「病いの起源」が語られている。すなわち、その日は夕食の魚を「毒による漁」で取る最後の日で、ビリモッド（若者の名）の妹が幼い子供を預けようと祖母を呼んだが姿がない。木の上に残した子供は白蟻塚に変わってしまう。また女は魚を運ぶ代わりにがつがつと食い、腹一杯になって苦しみ、痛みを訴える度に「病い」が女から発散した。こうして世界に病いが広がった。この女は二人の兄弟に殺され死体はばらばらにされ東と西に投げ捨てられた。

これらの神話群を理解するための社会文化的な文脈としてレヴィ＝ストロースは、ボロロの村の双分的な組織とそこにおける母系氏族の配置、中央の男の家の存在とその意味などをサレジオ会宣教師による詳細な民族誌などを駆使して解読する。またこれらに登場する若者の地位が、Ｍ１に明確に表れているとおり生まれた家族とりわけ母親との絆を成年式によって断ち、男の家に移り、やがて結婚するはずの過渡期に当たっていることが注目される。Ｍ１の「バ」というペニスケースはこの成年式を通過した男が着けることが認められるものであり、母の家を離れないＭ５の若者は年齢不相応な振る舞いで祖母を怒らせているのである。

「バラ模様型測量」

レヴィ＝ストロースの「バラ模様型測量」の精緻な展開を粗雑にまとめれば、以下のような要点を取り出すことができよう。

◇サレジオ会宣教師の研究によれば、M1とM2では主人公はトゥガレ半族という「創造者」の氏族に属し、それぞれ「風と雨」「水と装身具」の創造を語っているとされる。さらにM1では「害をなす天の水」、M2では「恵みの地上の水」という対比があり、その対比は一方が高い位置に置き去りにされ（父は地上に残る）、一方が高く成長した樹に悩まされ（子供は空を飛ぶ鳥に変わる）、また一方が騙《だま》されて村を離れ、一方が意志によって村を離れるという対比とも対応するとレヴィ＝ストロースは指摘する。

◇M1とM2は植物学のコードから見ることもできる。ボロロの思考においては最初の植物は、つる植物、森のジャトバ、沼の植物、つまり空、地上、水という各領域の植物であった。M1では主人公はつる植物によって命拾いし、復讐によって水生植物が生じる。M2では森を代表するジャトバの樹が地上の水と結びつけられている。

◇M1とM2の主人公は成年式前の若者と、既婚の男という風に対照的であるとはいえ、一方が成人することを嫌い母に過度に近づく（近親相姦する）のに対し、一方が近親相姦への復讐として妻に対し過度の所有欲を発揮して、子供のこともかまわずに絞め殺すというある種の変換があるとレヴィ＝ストロースは言う。

◇ところでM2の主人公のバイトゴゴという名は「閉じ込められた者」の意味であり、家に籠もり大事に育てられる子供という南北アメリカに広く報告されている慣習を連想させる。このモチーフは遠く第四巻で取り上げられるアメリカ北西部の「隠された子供」と「鳥刺し」の神話につながってゆくことになる。またM5では籠もることが時宜を逸した行為として提示されている。

◇M2とM5では死者がアルマジロの助力で不当にも家の床に埋められる（本来は死者は公的な空間である村の広場に埋められ、その後、骨を霊の住みかである湖の底に沈めなければならない）という共通点があるばかりでなく、レヴィ=ストロースによれば「装身具の起源」と病いは、病いの発熱が「身にまとうもの」ととらえられているという点でも共通する。

三つの神話の漸進的移行ともいえる関係ばかりでなく、三者相互の変換の関係を取り出すこともできる、とレヴィ=ストロースは指摘する。M1とM2の息子、M3の孫はみな空腹に苦しみ痩せ細るが、その原因は相互に変換の関係にある。すなわち、

M1［姉が与える食料が欠如］→M2［食料を与える母の欠如］→M5［祖母の与える反食料を摂取］

一方、M1とM5の間には次のような対比もあるとされる。

M1［不消化の食料を保持できない］→M5［不消化の食料を排出できない］

これが全てではないにしても、これらの神話群には、インセストをめぐる社会学的コード、植物学的コード、またここではふれる余裕はなかったが社会的分節の発生のコードなどさまざまなコードが重層的に重ね合わされ、一見無関係にも見えるものの間に意表をつく変換が検出される。ここでは

『野生の思考』に予告されたそうした分析手法の例を、少し詳しく見ておきたかったのである。

これらのコードは相互に無関係にただ並存しているのではなく、上に見た神話群においては絶壁あるいは樹の垂直性を軸に、天と地あるいは上と下を媒介する水としての雨、あるいは地上の水の起源を説き明かすことへと収斂している。

鳥刺しと料理の火の起源

鳥刺しの神話群はボロロ族よりも東側のブラジル中央部を占める「ジェ諸族」においては「水」とは対照的に「火」の起源の神話となる。その例をブラジル東部のティンビラの変奏によって見ることにしよう。

M10東部のティンビラ族：「火の起源」

昔、人は火を知らず、まったくの生の肉ではないようにするのに、平らな石に肉を並べて天日に当てて暖めていた。

その頃、ひとりの男が、壁面の途中にあるオウムの巣を荒らすために、義理の兄弟を誘った。雛は身を守るために攻撃し、若者はそれを捕まえることができなかった。怒った男は梯子《はしご》をひっくり返しその場を去った。主人公はそこから身動きもできず、喉が渇き、鳥の糞だらけになり、蛆《うじ》が湧き、雛鳥たちもすっかりこわがらなくなってしまった。

［そこへジャガーが通りかかり、若者を助け家に連れて帰るという隣族のアピナイエ族の異伝と同じシークエンス］ところがジャガーの妻は妊娠しており、ちょっとした音も耐えられない。養父［ジャガー］がくれた焼いた肉を若者が音を立てて嚙むと怒り狂うのだ。若者がどんな風にしても、肉はとてもコリコリして音を立てずにはいない。若者はジャガーがくれた武器で女の足を傷つけ逃げ出してしまう。腹が重過ぎて女は追跡を諦める。

若者は冒険の一部始終を父親に語り、父親は仲間たちに知らせた。そしてジャガーの家まで一定の距離ごとにランナーを配置し、リレーがおこなわれ、火のついた薪が手から手へ渡され村にまで到達した。ジャガーの妻が火種を一つ残して欲しいと懇願したがだめだった。蛙は残った火に唾を吐き火を消してしまった。

ジェ諸族におけるジャガーの登場する「火の起源」神話にもさまざまな異伝がある。これらの神話は肉を食う点で人間と共通するジャガーが、かつては火を独占していたのに今では生肉を食う一方、人が火を使うという事実の理由を明かしている。そのなかでこの異伝は「音を立てずに食べなければならない」という要素の存在で際立っており、それが第三巻『食卓作法の起源』の北アメリカの一群の神話に直接結びついてゆくのである。

ティンビラの北隣に居住するアピナイエ族の異伝にはまた別の興味深い細部がある。ジャガーと別れた若者は、途中「岩やアロエイラの樹に呼び掛けられたら答えてよいが『腐った樹の甘い言葉』に答えてはいけない」、さもなくば人間の生命は短くなるという。若者は迂闊《うかつ》にも腐った樹に答えてしまう。

したがってこれらの火の起源の神話は、一方では音を立てぬこと、一方では音あるいは声を聞かぬことという対比的な、しかし音響に関わる点では共通なコードに結びついてもいる。そしてさらに人間の生命の短さの起源にも連関しているのである。こうした「音響のコード」は別の視点からは外界からの刺激の受容器としての身体と、笑いや食べる音や下半身からの漏出《ろうしゅつ》(M5のおなら)などの「身体的しつけのコード」とも呼ぶべきものに結びつく。

身体性のコード

ここで少し道草をして、身体に関わるコードについて見ておくことにしよう。ジャガーに導かれてわたしたちはアメリカの動物の円舞に誘い込まれることになる。いくつかの神話に表れた身体コードからレヴィ=ストロースは次のような身体の周期律表とも呼べそうな一覧を作っている(ここに挙げられた神話のうちここではM1、M5、M10にふれた)。

	高	低
M1		消化せず 排出
M5		滲み出す 放屁
M9	聞き過ぎ	
M10	噛み音を立てる	
M46	笑う	
M49、50	笑う	小便する 経血を出す
M53	呻く	

この表をさらに抽象化して身体性のコードとして純化して、レヴィ=ストロースは次のように提示する。

	M1	M5	M9	M10	M46	M49、50	M53
高(+)／低(−)	−	−	+	+	+	+、−	+
前(+)／後(−)	+	−	−	+	+	+	+
放出(+)／受容(−)	+	+	−	+	−	−、+	+

高低の対立は頭部と下半身、前後は頭部では口と耳、下半身では尿道と肛門をさしている。放出と

受容については説明するまでもないだろう。こうした一覧は、しばしばヤコブソンが言語単位に含まれた弁別特性を整理して示すのに使うものを連想させるということは別にしても、ここで素描されたこの身体性のコードが、後に『やきもち焼きの土器つくり』ではヨタカ、ホエザル、ナマケモノという南アメリカ神話で、トリオを作って登場する動物たちの意味の解読にも一部を変更して（第三の対立項が、欲望あるいは取り込み／保持／漏出の三項対立に変わる）徹底して利用されることを指摘しておきたい。

すなわちヨタカはその貪欲と叫びによって口からの取り込みと漏出を、ナマケモノは小食であることときわめて規則的に少量の排便で済ますことを、ホエザルはいやしく食べ続け、所嫌わず排便することを注目され、そのような意味を負荷された神話素つまり「動物素」として体系的に利用され連想の網の目によって土器作りの神話を構成するのである。

『やきもち焼きの土器つくり』ではこうした身体性のコードが、フロイトによる精神分析的視点に対置され、その批判のためにも使われていることに注意しておきたい。すでにふれた言語的無意識によるフロイト批判というわたしの見方が当たっているとすれば、レヴィ＝ストロースはさらに、神話から抽出した無意識的身体像によってフロイトに追い打ちをかけたことになろう。こうした考察が本になり刊行されたのは、「アメリカ動物寓話集」という表題の講義で分析が試みられた六五年から二十年後のことであった。

肉と作物の起源

さて、寄り道から火の主ジャガーのもとにもどることにしよう。ティンビラよりも西に位置するカヤポ族に伝わるジャガーの神話では、恐怖を感じた鳥刺しは、ジャガーに直接またがることはせず、その背に乗せた獲物であるカエテトゥ(野豚)の上にまたがるという細部がある。このことはジャガーと人の媒体としてのバク、野豚、齧歯《げっし》類のペッカリー、アグティ、カピヴァラなど「肉としての獣」の起源をめぐる一群の神話を導き出すことになる。じっさい、ジャガーが人間から妻を得る代償として人にバクや野豚などの贈り物をするという神話も知られている。

生の短さをめぐる一群の神話には音響つまり聴覚ばかりでなく、人間の五感全てがコードとして利用されている、とレヴィ=ストロースは言う。こうした人間の生の短さを説明する神話は右にふれた神話に見られるように、「食べること」ひいては自然から文化への移行の媒体としての「料理の火」の神話群の一環をなしている。したがって食料としての獣の起源がこの群に組み込まれていることも全く意外なことではない。食料という「生を維持するもの」自体が生の短さを説明する神話の重要な部分をなすということから、もう一つの食料である栽培植物の起源を語る神話に結びつくことが推論され、そうした神話の存在によって推論の正しいことが証明される。それはまた「神話の構造」でプエブロ神話についてすでに確かめられていたことでもあった。

アピナイエ族における「栽培植物の起源」(M87)の神話はさまざまな点で興味深いが詳しく紹介する余裕はない。ただそこでは、天から降りてきた星の女が有袋類のオポッサムに変身して、固い樹の中にトウモロコシがあることを教え、それまで人が食べていた腐った木に栽培植物がとって代わるという細部がある。腐った木と固い樹の対比に重ねて、短い生―栽培植物―星―オポッサムというまた意表をつくイマージュのバラ模様が描かれる。こうしてボロロの鳥刺しが予感させた高-低の対比は、一挙に宇宙的な広がりを与えられ、南アメリカ神話群における天体のコードに支えられた意味の世界が開かれることになる。

3　料理と天体

星たちの季節

レヴィ=ストロースは、神話分析を進めながら要所要所で、分析に仮説―演繹的な形式を与えて思考実験による検証の説得力をもたせようとしている。それは簡潔に言えば複数の神話間での変換の関係を示し、予想外の細部まで平行した変換が生じていることを検証するという『アスディワル武勲詩』で系統的に試みられた叙述法である。「栽培植物の起源」も小さいながらその例であった。次に見る、ティンビラ族の南に居住するシェレンテ族におけるM124「アサレの物語」もその恰好の例であろう。

それは次のような推論にしたがって導入される。すなわち、「水の起源」の神話M1の変換としてジ

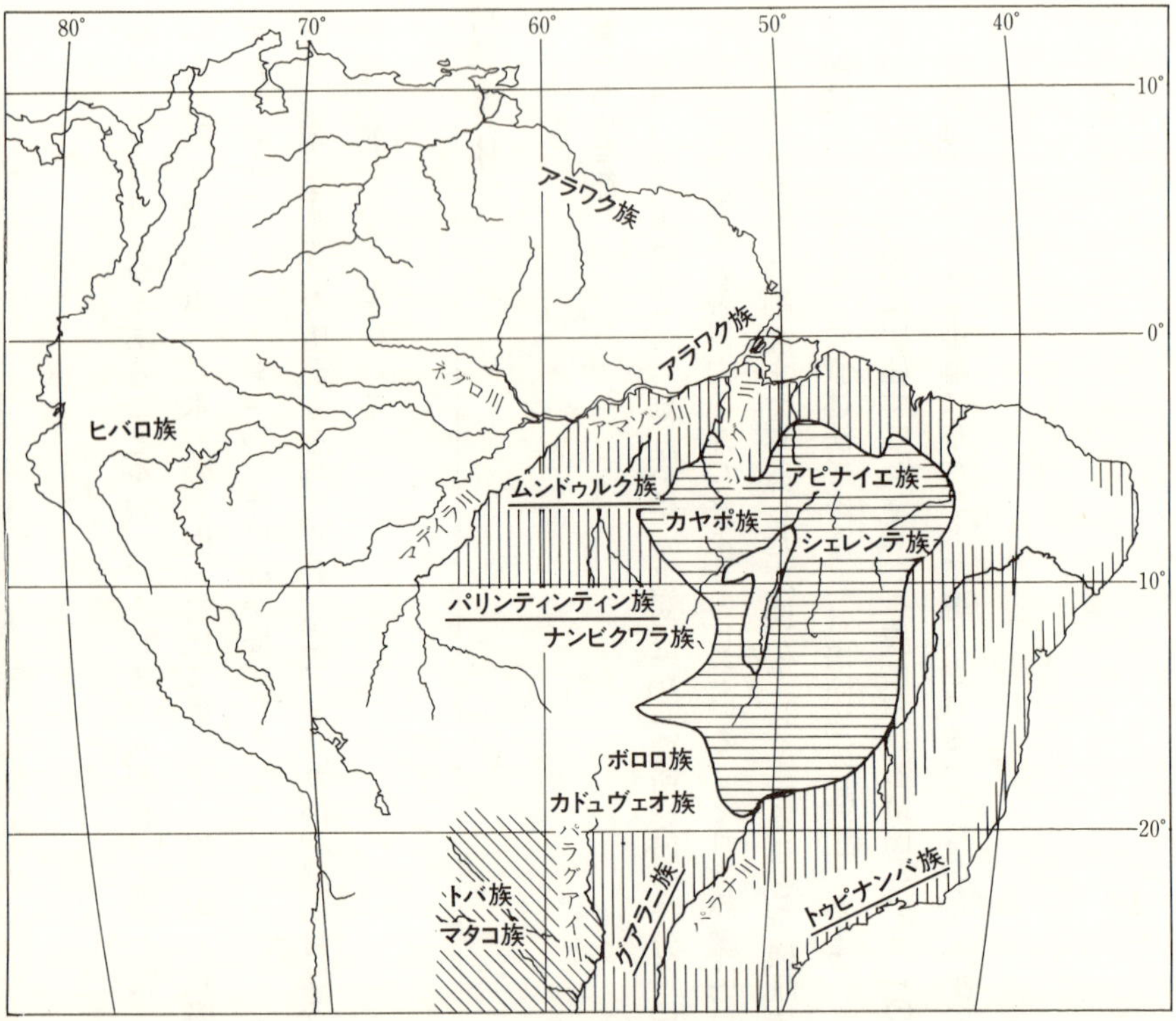

『生のものと火にかけたもの』で神話がとりあげられた南アメリカの主な集団
(『生のものと火にかけたもの』46〜47ページより)

ェ諸族における「火の起源」の神話（シェレンテ族のそれはM12となっている）が与えられた。そうだとすれば、同様の変換によってM1を生成するような第三の神話Mzがジェにおいて見いだされるはずである。それがM124である。

その要点をまとめれば次のとおりである。

「昔あるインディアンに何人かの子供がいた。男が狩りに出ている間に子供たちは髪の手入れをさせるという口実で母を呼び皆で強姦した。罰せられた子供たちは家に火をつけ、親たちはハイタカに変身した。子供たちは遠くへゆくことにした。末の弟のアサレはトゥクムの実（Astrocaryum tucuma）では癒されず喉の渇きを訴えたので兄の一人が大地に杭をさすと水が湧き出てどんどん広がりやがて大洋になった。アサレは岸に置き忘れた大事な矢を取りにもどって他の兄弟とはぐれ、大きな河を渡るときにワニに遭遇した。それはアサレ自身が旅の間に殺したトカゲたちが増水した水に運ばれ一つにまとまって生まれたものであった。アサレは岸の樹で虫を捜すキツツキに樹のなかに匿《かく》まってもらって助かった。第二の河ではイワシャコに、第三の河ではホエザルに助けられた。とうとう叔父のスカンクの元に到着し、スカンクは陸に上がったワニに毒液をかけて殺してしまった。兄弟たちは大洋ができたのを見るとすぐに泳ごうとした。今でも雨季の終わりには兄弟たちが水を打つ音が西の方角に聞こえる。その後間もなく兄弟たちはすっかりきれいになり、七つのすばる星になって天に昇るのが見られる」。

神話変換

この神話はレヴィ＝ストロースによれば、基準神話であるM1のきわめて厳密な変換となっている。その対照的な変換を著者の言葉を要約しつつ列挙してみよう（ボロロはB、シェレンテはSで表す）。
◇両者ともに母の強姦から始まるが、Bでは母は森に、Sでは父が森にいてそれぞれの性に固有の仕事に専念し、したがって事件もBでは森で、Sでは村の中心の男の家で起こる。
◇Bの若者は成年式以前だがSの兄弟はすでに成年式を終え、男の家に住んでいる。
◇Bの父は事件の真実を知るために調査しなければならないが、Sでは直ちに知り（末子のアサレが告げる）逆に子供たちが父を殺そうとする。
◇Bの父は水の領域で復讐を試みる（火が出てくるのは後）が、Sでは子供が家に火をつける（水は後から出てくる）。
◇Sでは両親はハイタカという炉の火の友（そのことは神話に言及されている）である鳥に変身するが、Bの息子は料理の火の敵ともいえるハゲワシに助けられる。
◇Bの息子、Sの両親は低→高への「分離」を経験する一方、Sのアサレは他の兄弟から水平面上で水によって「分離」される。

こういった対称性は細部にまで浸透している。すなわち、

◇Bの若者は岩山の頂上（垂直）で飢えを経験するが、Sのアサレは村から離れて（水平）渇きに苦しみ、しかも共に二つの手段で満たされない。Bでは先ず生の動物（トカゲ）を大量に獲り過ぎて腐らせ、二度目は植物食が体内に留まらずうまくいかない。Sでは先ず果実を摂るが渇きは癒されず、次いで地下の水を飲みきれず大洋ができてしまう。

◇両者ともに水の起源神話ではあるが、Bは天の水である雨、Sは地下の水である。しかもBでは水の領域から儀式用の楽器を獲得し、Sでは水の中を狩猟の道具を運ぶ。

◇Sでトカゲがまとまってワニになったという細部は興味深い。というのもワニは水界における陸のトカゲの対応物であり、Bの主人公がトカゲを捕らえるのに対して、Sではワニがアサレを捕らえようと追いかけるからである。さらに「男の子が生まれるとハゲワシが、女の子が生まれるとトカゲが喜ぶ。なぜなら男は狩りをして獣の死体をハゲワシに残し、女は食事を作って食べ屑をトカゲに残すから」というアピナイエの言い回しを参照すればハゲワシとトカゲは、男／女、生のもの／火にかけたもの、そしてトカゲとワニは、火にかけたもの／生のもの、陸／水、というそれぞれ二対の対立を含んでいることになる。しかもBにおいてハゲワシが若者を助けたのに対して、Sではワニはアサレを追い回すのである。

このいかにもレヴィ=ストロースらしい神話変換の分析は、かなり説得力を感じさせるものではないだろうか。さらに細部に立ち入った周辺集団の異伝との突き合わせについてはふれる余裕はない。

外見上はM1とは全く種類を異にする神話に変換されたこのシェレンテの異伝の末尾は、すばる星の起源という重要な細部を含んでいる。南アメリカのほとんどの地域で「すばる」は季節変化の目印として細心の観察の対象となっているという。レヴィ=ストロースによれば「すばる」がふたたび現れる時に、ジェ諸族よりは少し南部のカデュヴェオ族やアルゼンチンのチャコ地方の諸族などでは大掛かりで複雑な祭りがおこなわれていた。

アマゾニア（アマゾン河流域の低地）では「すばる」は五月頃地平線に没して消え、六月にふたたび現れる時、増水期が始まり、鳥の羽の生え代わりと植物の成長が始まるとされる。この短い消失のあいだ「すばる」は地下の井戸に降りて渇きを癒すのだとも言われている。この挿話はアサレの兄弟が穿《うが》った井戸を思い出させずにはいない。

レヴィ=ストロースの引くある報告によれば、シェレンテにおいては「すばる」が太陽に先んじて昇る六月が乾期の始めで、かつ一年の始めである。そして「すばる」が太陽と一緒に昇る五月が一年の終わりを印している。いっぽうアサレの神話を報告したクルト・ニムエンダジュ（わたしたちはすでにこの名に一度出会った）によれば兄弟が「すばる」になったのに対してアサレはオリオンのχ星となったとされるという。

季節変化を告知する「すばる」の重要性をさまざまな異伝によって確かめるレヴィ＝ストロースの議論に立ち入ることはできないが、わたしたちにとってはまたも意外な展開が示されることだけを簡単にふれておこう。

アサレ神話が明示的に天体に結びつけられ乾季の始まりを示すのに対して、ボロロの基準神話にはこうした天体のコードは一切無関係なのだろうか。そんなことはありえない、とレヴィ＝ストロースは答える。じつは「鳥刺し」の名はゲリギギアトゥゴ（Geriguiguiatugo）といいそれはatugo＝ジャガーとgeriguiguiからなっている。そして後者は陸亀と同時に星座の「からす」をさしているというのである。

その細心な論証は省略せざるをえないが、この名は「天の水」の起源を語るM1が、主人公の名によってジェ諸族の火の主ジャガーに結びつき、さらに天体コードの共有によってM1の変換としてのアサレ神話とも共鳴していることを示す。そしてそのことはM1が天の水すなわち雨つまり嵐が雨を運ぶ雨季と星座「からす」が結びつくことで裏書きされるのである。「すばる」が乾季の始まりを告げるように、「からす」は雨季の到来を告げる。こうしたレヴィ＝ストロースの論旨の展開を共感をもってたどれるか、あるいは牽強付会として距離を置くかによってその評価は大きく分かれるであろう。

レヴィ＝ストロースに共感をもつ限りで、こうして天の水、地上の水、地上の火、料理、食料としての獣、栽培植物という、人間がこの世界で生きてゆくためのさまざまな条件が感覚的な与件を連結した命題に統合され、世界はなぜこのようにあるのかを人に語ることが理解される。さらに、季節の変化を告知するものとして、天体の動きがこの命題群にとりこまれるわけである。

それを語る人々の居住地の緯度を調べ、その位置における星座の動向を確認し、降雨の年間分布と引き比べつつ、さまざまな異伝を対照し、神話の細部を解読するレヴィ=ストロースの考察の行程は、あたかも神話に、この宇宙の微細な運動を写し取り、それに言葉を与えることで人間にもそこに参与することを可能にするための、生命ある物質系という知的な装置あるいはコンピューターにも似た何かのイマージュを見ようとしているかのように思える。

あるいは、物的で生命活動に満ちたこの世界を宇宙と呼ぶのもまだあまりにも抽象的すぎるかもしれない。「世界はなぜかくあるのか」という問いには、始原の言葉によって答えなければならないということを認めれば、それがなぜ神話として語られるのか納得される。

神話的思考

ここまでの考察では、天と地、水と火という対比から見ればまだ「天の火」という重要な項が欠けている。ただそれはM10の「火の起源」で、火を知る以前、人は肉を天日に干していたという細部によって予感されてはいる。それは天体としての太陽と月をめぐる膨大な神話群の存在を予想させる。そしてそれらは『蜜から灰へ』そして『食卓作法の起源』ではとりわけ森羅万象にわたる多様な「周期性」の起源と結びつけられて詳細に分析されることになる。『生のものと火にかけたもの』の段階で天体をめぐって、あと二つの興味深い問題にふれておくべきだろう。

一つは、ボロロの「鳥刺し」が天体コードに関わるという指摘の意外性をある意味では弱め、天体コードが広く浸透していることを示す論拠が、M5の「病いの起源」神話によって与えられることである。それは一見唐突な結末すなわち、二人の兄弟が病いを吐き出した妹を殺し、死体を分断して東西に投げ捨てた(湖に捨てた)という部分に関連する。

結論から言えば、この東西に分断され湖に捨てられる女は「虹」なのである。虹は雨季の終わりに、雨によってつながれていた天と地がふたたび「分離」されたことを示す一方、南アメリカの多くの地方で、天と地を不吉な仕方で「結合」し病いをもたらすものとされ、しばしば蛇の姿で考えられている。レヴィ=ストロースによれば、虹は豊饒のしるしである夜に見られる「天の川」の昼の領域における対立項でもある。したがって病いの起源の女の背景にも天体と気象のコードがあることになる。

それればかりでなく、蛇としての虹は水界の主として魚を支配し、さらに土器作りのための粘土の主でもある。ところがボロロの女はこの点で両義性を示している。というのも、魚を食い過ぎるばかりでなく、木の上に残した子供は白蟻塚に変わってしまうのだから。白蟻塚の土は乾燥して固く、粘土とは対照的なものである。さらにジェ諸族の神話には火を知る前には人間は白蟻塚のかけらを食料にしていたとも語られているとおり、土器用の粘土と白蟻塚は対立項をなしているからである。

いずれにせよM5の「病いの起源」においては、レヴィ＝ストロースによれば、病い―天体・気象―土器用の粘土―魚、というこれもまた意外な連関が見いだされることになる。

もう一つの問題についてはレヴィ＝ストロースが示す結論的なシェーマを示すだけに留めておこう。ほとんど全ての神話で太陽と月は対で登場するが、いくつかの異伝から読み取られることは、太陽および月と地上との距離が適切でなくなる時、地上界は危機に瀕する。近すぎる時には地上界は焼き尽くされる。遠すぎる時には地上界は光を失って腐ってしまう。そして適切な距離にある時に、初めて正常な生活が営まれ料理の火が媒介として有効に機能する。こうした太陽および月と地上との適切な距離（その変奏として日食）の問題は、神話的思考にとっては「関係における適切な隔たり」一般のレベルにおいて、ただちに婚姻関係さらには、M1、M2、M124にあからさまに提示されているインセストの問題に変換されうるのである。

こうして神話的思考の描く宇宙大の円環の、『生のものと火にかけたもの』による最初の素描が終わる。

第七章

新石器のビルドゥングスロマン 2

——北半球への旅

1　カヌーの旅、徒歩の旅

太陽と月の旅

「バラ模様型測量」によって織り出される神話のタピスリーの密度と厚みを感じ取るためにひと先ず、著者が独立し完結した作品として読まれることを期待しているという『生のものと火にかけたもの』の論旨の枝分かれし意味を増殖させてゆく複雑な展開の全体をなるべく忠実に追うことを試みた。同じ密度で『神話論』全巻を要約することは本書の目的にもそぐわないし、また必要もないであろう。第一巻の構成と展開の概観を念頭において、この節では南半球で検出された神話の問いが、北半球でどのような展開を見せるのかという点に焦点を絞って見てゆきたい。

数万年といういきわめて息の長い尺度で立証された南北アメリカのインディアンの移住の歴史と、ある文化的な共通の基盤を前提として、ふたつの大陸にまたがる規模で神話群を比較するという試みは、その壮大さと細部への走査の緻密さにおいて、レヴィ＝ストロースが常に敬意をもって名を引いているデュメジルによる印欧神話の比較研究を別にすれば、今世紀でおそらく空前絶後のものであろう。それが可能であった背景にはボアズを筆頭とする南北アメリカの人類学者たちの持続的な神話誌の蓄積があった。しかし同時にボアズとその弟子たちが、全アメリカ的な展望を犠牲にして、地域ごとのモノグラフィーの詳細さと厳密さを獲得していたこともおそらく事実であろう。その落差をレヴィ＝ストロースは鋭敏に感じ取り、それを埋めることに自らの資質と学問的な可能性とを賭けたとも言えるのではないだろうか。

そうした広範な探究がいかなるものであったかを、ボロロの「基準神話」から始まった鳥刺しの足跡を追って確かめ、さらにこうしたレヴィ＝ストロース自身の知的な探究の旅とも重なってくる「旅の神話」を概観することで見てゆくことにしたい。

南アメリカ神話を中心とした第二巻までの探究に対して、第三巻の『食卓作法の起源』の主要な部分は北半球の神話を取り上げている。その素材における南から北への移行がカヌーによる旅の神話で始められているのは、いかにもレヴィ＝ストロースらしい洗練された構成といわなければならない。その旅は探究の空間的広がりとともに、南北アメリカ・インディアン自身の大陸移動の息の長い経験とも重ね合わせることを読者に促している。またカヌーの旅の神話解読は、ブラジルにおける著者自身の困難なカヌーによる旅の経験によっても裏打ちされていることが感じられる。

第三巻の「基準神話」ともいえる南アメリカのトゥクナ族の「狩人モンマネキとその妻たち」という表題を与えられた神話は主人公が何の脈絡もなく次々に妻を換えてゆくという単なる思いつきの列挙に過ぎない、構造を欠いたもののように見える。カエルから始まりアラパスと呼ばれる鳥、地虫、オウムそして最後に同じ部族の女と結婚するという、民族誌家ニムエンダジュが細心に書き留めた展開の細部が、実は緻密に組み立てられた構造を示すというレヴィ＝ストロースの分析は「小説的」展開に近づきながら神話であり続けている物語の分析の「模範演技」ともいえそうな見事なものである。ただここではその分析のうち、第四の妻を追って主人公がカヌーで旅すること、その後主人公は四度の極端な「外婚」（なぜなら妻は人間ですらないのだから）から第五の妻との「内婚」（人間でしかも同族）へと転換すること、第四の妻が魚を創造し、第五の妻が独特の方法で魚をとることを指摘するにとどめておかざるをえない。

独特の方法とは、下半身を岸に残して上半身だけが川に入って自分の血の臭いで魚を引きつけ手摑みにするというのである。神話のこの部分は分断された身体による漁という神話素として、南アメリカにおける漁期、魚の産卵期を印す星座の起源神話に結びつくという分析をレヴィ＝ストロースは詳細に展開している。

いっぽう、ここでとりあげるカヌーの旅はいくつか注目すべき点で、星座とは別の重要な天体を主題とした、南アメリカ各地から報告される「月と太陽のカヌーの旅」に結びつくという。たとえば「太陽のカヌー」という題でニムエンダジュが報告した同じトゥクナ族のある神話では、あるインディアンの男が、誘われるまま太陽のカヌーに乗り、男は舳《へさき》で漕ぎ太陽は艫《とも》でカヌーの舵をとり、やがてカヌーは天に昇り、太陽が泳いできたピラルク（アマゾンの大型魚）を捕らえて二人で食べた、という神話がある。その後、太陽は残った骨と鱗を形通り並べて水に戻すとそれは魚の姿になって泳いでいった。

この断片的な神話でもカヌーの旅の物語では常にそうであるように、誰が艫《とも》に座り誰が舳《へさき》に座るかという点に注意が向けられている。ところが南アメリカ各地にカヌーの側面の前方と後方とに太陽と月あるいは日輪で表された太陽を描くという慣習が報告され、それはまたさまざまな異伝の形で伝えられる、太陽と月が一緒にカヌーの旅をするという神話に対応するとレヴィ＝ストロースは指摘する。これらの神話はレヴィ＝ストロースの細心な分析を乱暴に要約すれば、月と太陽の運動といういわば人間生活の自然な規範ともいえる周期性がいかにして始まったかという天体のコードとともに、遠い土地に妻を求めて旅をするという婚姻をめぐる社会学的コード、さらにはユニークな地理学的コードを組み込んでいる。そうしたなかで一見、かなり特殊な異伝に見えるものとしてベネズエラのオリノコ川下流のタマナク族の次のものがある。

M415タマナク族：「結婚を強いられた娘たち」

タマナク族の先祖アマリバカは全てのインディアンを溺れ死にさせた洪水の後にやってきた。残っていたのは山の頂上に逃げた一人の男と一人の女だけだった。アマリバカはカヌーで移動しながらエンカラマダの岩に太陽と月の絵を描いた。彼は兄弟であるボチと一緒に地面の形を作った。彼らの努力もかいなくオリノコ川を二方向に流れるようにはできなかった。

アマリバカの娘たちは度を越して旅が好きだった。アマリバカは娘たちが定住するよう足を折り、タマナク族の土地の人がふえるよう強いた。

この極端に切り詰められた異伝では太陽と月の周期性は岩に描かれることで固定され、娘たちは自分の土地で婚姻することを強いられる。そして川が両方向に流れるという特異なかたちで地理的なコードが表現されているのである。この細部の解釈はレヴィ゠ストロースの旅の経験に裏づけられた「野生の思考」を端的に表現している。すなわちカヌーの旅には、出発地から離れつつ目的地に近づくという物語的な時間の経過が組み込まれていると同時に、目的地からひとたび帰路につくと、川の流れに沿うか否かによって往路と復路の時間は著しく不均衡となる、すなわち太陽と月の個別の周期性のずれと同質の問いが地理学のコードによっても問われているという。この異伝では太陽と月の周期は固定され、川の均衡は実現されず、女は近隣で通婚することになっているのである。

さらにレヴィ゠ストロースはこうした「太陽と月のカヌーの旅」が、もとは世界を夜だけが支配した状態、あるいは逆に昼だけが支配していた状態から、昼夜が交代するという周期性の起源の神話群につながり、また天体との婚姻という上下方向の移動の水平方向への変換として基準神話M１とも結びつくということを詳細に論証しているが、ここではその事実だけを指摘するにとどめざるをえない。

女たちの旅

北アメリカには中央平原北部を中心に「太陽と月のカヌーの旅」とはさまざまな点で対比できる女

たちの移動に焦点を当てた神話群が見いだされる。女たちが垂直に移動する時、「星（ここでは太陽と月を指す）と女の結婚」の神話となり、水平に移動する時、ここでかりに「女たちの徒歩の旅」と呼んでおきたい一群の異伝となる。それらは重要な細部によって互いに結びつき、ともに女性における生理的周期性の起源と女性の身だしなみの起源を解き明かしている。

その分析は「モンマネキとその妻」における、適切な妻とは誰かという問いで始まった女性をめぐる神話の考察（あるいは神話が女性についておこなう考察）の一つの頂点をなすと同時に分析者であるレヴィ＝ストロースにとっては『親族の基本構造』の結論に提示された「他者としての女性の謎」へ神話が与えた一つの解答でもあろう。『食卓作法の起源』の「模範的な娘たち」と題する第四部の扉にはトルストイの『クロイツェルソナタ』の「女性というこの深淵」という言葉が引かれ、その二つの章には女子教育をめぐるルソーの『エミール』の引用が置かれていることにも作者の意図が表現されている（章頭などに置かれた引用の多彩さは、それだけで引用をめぐるレヴィ＝ストロースの文章論を試みる素材となろう。ここではもちろんその余裕はないが）。

たとえば中央平原のほぼ中央を占めるアラパホ族の細部の豊かなM428「星の妻」(5)の概要は次のようなものである。多くの細部は割愛せざるをえない。

「天に暮らしていた太陽と月の兄弟はそろそろ結婚する時期になったと両親に相談した。二人は『鷲

ヤマアラシ（*Erethizon dorsatum Brehm*, “*Brehms Tierleben*” 1890-93より）。

の川』にそって反対方向へ向かった。弟である月は人間の妻を求め、兄である太陽は、人間が自分を見上げる時は眼を細め顔をしかめるが、水中から自分を見るカエルは眼を見開いて美しいと主張した。やがて月はある村に行き着き、薪拾いをする二人の娘を見かけて素早くヤマアラシに変身した。娘の一人がその針を母に上げたいといってヤマアラシを追って樹に登り、いつのまにか樹が高く伸びたのにも気づかなかった。立派な若者の姿にもどった月が気に入り娘は天についてゆく。一方カエルを連れて帰った太陽は、娘の美しさにたちまちカエルに嫌気がさしてしまう。しかもカエルはしょっちゅう小便をもらすだらしなさで、月はそれを嘲《あざけ》って『流れ女』と命名した。娘は妻の務めを次々身につけたが、ものぐさなカエルは何も学ばない。星の母は煮た内臓を二人に与え、どちらの方がおいしそうにコリコリ音を立てて噛むか試した。カエルは口に含んだ炭のぶつかりあう音でごまかそうとしたが、口からきたない唾が流れてばれてしまう。ある時、娘が突然叫んで義母を呼ぶとすでに足の間に赤ん坊が生まれていた。その美しさをみながほめたが、カエルだけは承知せず自分を見下している義弟の胸に飛びつくとそこから離れなくなった。親たちは突然の出産には不満で月の旅の日数、最初の交わりの日を確かめ、出産までの月数を月経がとまってから十月と定めた」。

この要約自体からも、娘の教育あるいは身だしなみに、『生のものと火にかけたもの』ですでに出会った「音を立てて食べる」というモチーフが表れていること（それは丈夫な歯を持ち健康である証拠だという）、教育の頂点には女性の生理的な周期性の設立が置かれていること（それはまた月の隈の起源とも結びついている）がうかがえよう。女性の周期性が月と太陽の動きの周期性に結びつけられていることは、両者の妻捜しの旅の期間がことさら強調されていることにも表れている。

この神話にいくつかの異伝があり、また娘が天と地の間の栓であった蕪《かぶ》を引き抜き、子供を連れて地上に降りるという後半の部分、そして子供がさまざまな冒険の後、天に戻り星座になるという後日談もある（この神話は太陽を見つめるしぐさをともなう、一般に「サンダンス」と呼ばれる儀礼の起源を語るものであり、また中央平原の年齢階梯の儀礼にも結びついているという。それはすでに五〇年代の「構造と弁証法」で取り上げられた主題である）。

しかし月が変身するのがなぜヤマアラシなのだろうかという謎が残されている。その答えはレヴィ＝ストロースによって女性の教育に密接に結びつけられて明らかにされている。すなわちヤマアラシの針は北アメリカでは広範囲に見られる刺繍工芸の貴重な素材であり、一定の年齢に達した婚姻の近い娘はただの家事の手伝いを止め、この芸の習得に専念しなければならなかった（したがって針を手に入れて母に上げたいと言ってヤマアラシを追う月の妻はまだ婚姻の年齢に達していなかったことになる）。それは、針が手に刺さり、切った針先が眼に飛び込んで失明の危険もある厳しい修業でもあったが、同時にさまざまな意味を籠めた、生涯に数点しか完成できない作品を作り上げる機会でもあった。

五大湖の北側に居住するオジブワ族には姉妹である娘たちの移動を水平方向に転換した神話が知られている。その展開のクライマックスにヤマアラシとの遭遇が置かれ、最後は悪霊から逃れるために天に上った姉妹の、妹は若く美しい男と結ばれ、愚かな振舞いを繰り返して妹を悩ましてきた姉は老人と結ばれることになる。この二人の困難な徒歩の旅は冬に敢行される。というのもアラパホ族のある異伝が示すとおりヤマアラシは冬の獣とされているからである。それはヤマアラシの針が冬にもっとも密になり刺繡の素材として適したものになるという観察に基づいている。出会った獣から時には虐待されながら旅を続ける二人は、レヴィ＝ストロースが同様の細部を含むアラパホ族のいくつかの異伝について「思慮深い『O嬢の物語』と組み合わされた異国的で絵画的な『創世記』」とユーモアをこめて評した言葉をそのまま当てはめることもできよう。

こうしてカヌーにのった「太陽と月の旅」、そして太陽と月の妻としての「女たちの旅」はさまざまな周期性、女性の身だしなみという大きな主題と、太古以来インディアンにとって生活のリズムそのものであった「旅」と移動の感覚を、世界の始まりの経験として伝えているのである。そしてこれらの神話が垂直あるいは水平の移動として南北アメリカの神話群の描くバラ模様にどう組み込まれるかは後に確かめられることになる。

2 北西海岸の鳥刺したち

アイシシュとその養父

北アメリカの北西海岸に近い地域に、心を騒がせずにはいないほど「基準神話」に相似した神話群が見いだされるとレヴィ＝ストロースは指摘する。その変奏の一つは次のようなものである。

M530a クラマス族：「鳥刺し」(1)

時の始まりに、息子であるアイシシュと一緒に暮らしていた造物主のクムカムチュはさまざまなものや存在、とりわけ魚を創造することを試みた。南の風が吹いて川床が乾く度にインディアンたちがたくさん魚を漁れるよう一か所で水をせきとめた。

しかしクムカムチュは息子の妻の一人が気に入り、息子を片づけてしまいたくなった。そこでケナワット（kennàwat）の樹の上にワシがいると詐《いつわ》って息子に、上着を脱ぎベルトと鉢巻きをとってから鳥を捕まえにいくよう命じた。アイシシュは裸になって樹に登ったがそこにあったのはつまらない種の鳥の雛にすぎなかった。その間に樹はとても高く伸びてアイシシュは降りることができなくなってしまった。そこで巣の中に隠れ待つことにした。

クムカムチュは息子の服を取り上げて身につけ外見は息子のようになった。一人彼の気に入った嫁だけが騙《だま》されたが、息子の他の妻たちは夫ではないと確信してはねつけた。

樹の天辺で食べ物もないアイシシュは痩せて骨だけになってしまった。二匹の蝶々娘がアイシシュを発見した。娘たちは水と食べ物を運び、髪を洗ってやり、肉のそげ落ちた身体に油を塗ってやり、彼女たちの籠に乗せて地上に降ろしてやった。

アイシシュは妻たちに会いにいった。チカ（アトリ）、クレティッシュ（カナダヅル）が野生の根を抜こうとしていた。チカの子供がまず彼に気づいた。これら二人の妻とさらに三人目のトゥユシュ（アメリカオオバン、Fulica americana）が、死んだと思っていた夫を喜んで迎えた。三人の妻にアイシシュは、彼が捕らえたヤマアラシの刺で作った首飾りをプレゼントした。

息子の帰還を聞いたクムカムチュは迎えの準備を整えた。アイシシュは自分の息子に、遊びながらクムカムチュのパイプを奪い火に投げ込むように命じた。それが燃え尽きるや否やクムカムチュは死んだ。その後クムカムチュは息を吹き返し、天に樹脂を塗ってそれに火をつけ息子に復讐しようと試みた。地表は溶けた樹脂の溜《たま》りで覆われたが、アイシシュは自分の小屋の安全をまもるすべを知っていた。三人目の妻であるトゥユシュ（アメリカオオバン）は外を見ようとして、額に樹脂が一滴落ちて付いてしまった。バンにはこの跡が今も残っている。

この異伝においても「基準神話」との親密な変換の関係は感じ取ることが確かにできると思われる。ここでもふたたびレヴィ＝ストロースの指摘を要約して、ボロロとクラマスを対照してみよう。前者はB、後者はKで表しておく。

◇Bの鳥刺しはまだ未成年であるにもかかわらず、母を強姦するのに対して、Kでは母がなく、成人して結婚し、しかも複数の妻をもっている。

◇Bでは若者は男にとってほとんど唯一の「着衣」であるペニスケースさえつけていないのに対して、Kでは主人公は多彩な服を身につけている。「父」は息子になりすますためにその服を欺し取らなければならない。

◇アイシシュという名は「美しい者」という意味であり、BにおけるM1の変換であるM2の主人公のバイトゴゴすなわち「閉じ込められた者」という名と結びついている。というのも「閉じ込められた者」とは、アメリカ・インディアンに広く見られる慣習によって、その美しさのために人目に触れることのないよう隔離されて育てられる子供のことをさしているからである。

こうした対比は細部にいたるまで一貫している、とレヴィ＝ストロースは主張する。M1における父の妻との近親相姦は息子の妻との近親相姦に置き換えられ、Bにおいては若者が復讐のために樹に登らされるのに対して、Kでは若者の妻を奪うというもくろみのために樹に登らされる。つまり出来事の順序も逆転している。またBにおいては若者はハゲワシによって外部から身体を損なわれるのに対して、Kでは飢餓のために内部から痩せ衰えてしまう。そしてBにおいては、人を食う雄のハゲワシによって助けられ地上に降ろされるのに対して、Kでは人を害することのない雌の蝶々によって助けられるのである。さらに生還した主人公は、Bでは兄弟の助けを借りて復讐するのに対して、Kでは小さな息子の助けを借りて復讐する。復讐された父はBでは水によって、Kでは火によって消滅することになる。

生き返ったクムカムチュの仕返しもまた、BとKのいちじるしい対照を示している。Bでは主人公の帰還がもたらした嵐と雨のために、主人公の祖母の炉の火以外の火がすべて消えてしまうのに対して、Kにおけるクムカムチュは「天に樹脂を塗ってそれに火をつけ」火の雨を降らせ、地表は樹脂がおおってしまうが、主人公は自分の家だけはこの火の雨からも樹脂の湖からも守ることができるのである。Bにおいては一点の火が水にとりまかれてもちこたえるのに対して、Kでは主人公の家だけが火の湖にとりまかれてもちこたえるのである。この二つのイマージュの対比は鮮やかである。

アイシシュの物語にもクラマス族とモドック族を中心にさまざまな異伝があるが、「父」が「息子」の妻を奪うために欺して樹に登らせるという点では共通しているという。またある異伝では、アイシシュは火に身を投げて死のうとした母親の背から奪い取られ、養父になることを決めたクムカムチュの身体の一部（膝など）に埋め込まれた後ふたたび産み落とされたとも語られている。

アイシシュの物語

この謎めいた細部も含めて、北西海岸の「鳥刺し」には南半球のそれとは異なった、たいへん込み入った生誕までの物語が伝えられている。しかもその物語の詳細な異伝が奇跡的に、あるクラマス族の女性によって記憶され、一九六〇年代に初めて研究者によって刊行された。こうした貴重な口頭伝承の発見が今もおこなわれうるということは感動的なことではないだろうか。

その異伝を一つの核心として、レヴィ＝ストロースは北アメリカにおける放射状の、きわめて錯綜した神話素の連鎖をたぐりよせてゆくことになる。

ここでは、その長大で意表をついた細部にみちた物語のごく粗筋の紹介にとどめるしかない。M538「アイシシュの物語」と題されたその概要は次のようなものである。

「あるところに髪の長い女とその兄弟がいた。女は結婚していたにもかかわらず末の弟に思いを寄せ、いつもつきまとい、あるとき旅の途中、夜になって弟の寝床に忍びこんできた。恐れをなした弟は腐った木を身代わりに置いて逃げてしまった。朝になって気づいた女は怒り狂って家族を追い、母以外の皆を焼き殺してしまった。母は息子の妻の一人が、身ごもった胎内の子を腹ばいになって守りながら焼け死んでいるのを見つけ、男の子と女の子の双子を取り出した。女の子が性悪な伯母に似ることを予感した祖母は、双子を樹脂でくっつけてしまった。あるとき男の子は祖母に禁じられたことを破り、まっすぐ上に向けて矢を射た。落ちて来た矢は双子の背を切り離した。女の子は自分が妹であると名のった。女の子はいつも男の子について回り、自分たちが何者であるのかしつこく聞き、太陽の頬を矢で突き通して脅し、真相を聞こうとした（これが太陽の黒点の起源である。眼の良いインディアンは霧を通した太陽の黒点が見えるという）。その後二人は魚を漁しながら、水に棲んでいた伯母を殺してしまう。祖母の怒りを予想した二人は、祖母のもとから逃げ、女の意志によって夫婦となり、女は身ごもった。祖母は二人を追い、男が狩りで殺した熊の毛皮を見つけそれをかぶって熊に変身し、男と出会うと殺して食べてしまい、女の家に行き着いた。熊が水を飲んでいる間に、女は熊の尻の穴から焼けた石を差し込み、飲みすぎた水を押し出すという名目で腹の上に乗って足踏みし、水を腹の中で沸騰させて熊を殺した。女は祖母である熊を火葬にするために積んで火をつけた薪に、背に負った生まれたばかりの子もろとも飛び込もうとした。その様子を見ていたクムカムチュは、子供が気にいり子供だけを棒で打ち飛ばして助け、拾いあげた子供を膝に埋め込んで家に帰った」。

この先はすでに紹介したアイシシュの物語に続くが、樹から助け降ろされた後、まだ衰弱している間にアイシシュをからかいにきたヤマアラシを、回復した後で殺してその刺で装身具を作るといった細部の説明もある。こうした細部が「女たちの旅」の神話に結びつくことはいうまでもない。

「アビおばさん」と「淫蕩な祖母」

この興味深い異伝にも表れているとおり、北西海岸においては「アイシシュの物語」は、豊かな神話群の創造の源泉となっている。レヴィ＝ストロースが、北米海岸の鳥刺しの物語への「序曲」とも呼ぶアイシシュの誕生以前の物語は、「アビおばさん」と名づけられた一群の神話、「淫蕩《いんとう》な祖母」という表題でまとめられる一群の神話と、その変換群に展開する。

それらの神話群は、「序曲」に含まれたいくつかの女性のタイプに焦点を合わせることで形成され、互いに密接に結びついているとされる。すなわち弟に激しい思いをよせ、思いがかなわない時に家族を皆殺しすることさえ厭《いと》わない、インセストに憑《つ》かれた姉。その棲みかが水の中であることにも表れているとおり、この女を中心にした神話は、インディアン世界でさまざまな意味を付与された水鳥である「アビおばさん」を主人公とした神話群を形成する。またアビが思いを寄せる弟は、じつは人目から隔離されて大事に育てられる「閉じ込められた者」に他ならないことがいくつかの異伝から判明する。いっぽう、この貪欲な女とは逆に、貞節で慎しい女を主人公とする対照的な変換形も存在する。

右に見た、北アメリカでももっとも大きな熊であるグリズリーに変身して孫を食べてしまう祖母は、孫を苦しめるM5のボロロ神話の祖母と遠く響き合っている。そしてこの祖母はさらに慎しみを失って、隣に住む老人と交わる（あるいは獲物の牡トナカイの下半身と交わる）という自分の淫蕩な所業を見せつけ、怒った孫に殺されてしまうまでになるのである。この変換群はさらに、意表をつく細部をつうじて人間の生の短さの起源を明らかにする神話となっている。その点もまたボロロの「病いの起源」を思い出させるのである。この変換群が「淫蕩な祖母」の群を形成する。

また貪欲な姉妹と、同じように貪欲な祖母に挟まれた、死んでも子供を守る母性的な母もまた、対照的な変換によって別の「序曲」においては子供を食う母親として登場する。

こうした女性の役割に焦点をあてたアイシシュの物語への「序曲」の変換群には、何が読み取られるのだろうか。

これらの異伝に共通する大きな特徴は、インセストが繰り返されることである。レヴィ=ストロースの神話研究の起点となった「神話の構造」の言葉を援用すれば、そこには「過大評価された親族関係」が表現されていると言うこともできよう。背中合わせに接着された双子は、近すぎる関係を具体化した形象だと解釈される。

またアイシシュが「閉じ込められた者」としての一面をもち、「アビおばさん」の欲望の対象としての弟につながっているように、これらの異伝には、北西海岸の「鳥刺し」を構成するさまざまな神話素の変換形が見いだされるという。たとえば「アビおばさん」の異伝のなかには、貪欲な姉が弟に裏切られた腹いせに家族を焼き殺した時、父親と弟だけは遠くに吹き飛ばされ、身体を地中にめりこませながら生きのびた、と語るものがある。食べ物もなく地中で痩せ細った男（この異伝ではオオヤマネコと呼ばれる）は助けられ、元気を回復するとやがてすぐれた狩人となる。分析の詳細には立ち入ることはできないが、この男は上昇の代わりに地中への下降へと方向を逆転した「鳥刺し」に他ならないとレヴィ=ストロースは解釈する。

北西海岸の「鳥刺し」の「序曲」となるこれらの変換群は、それ自身が「鳥刺し」の変換となっているということになる。一つながりの物語の連鎖を構成する各部分それ自身が、互いに変換群となっているという視点は、「神話の構造」ですでに打ち出された視点であったことを思い出しておこう。

3 「唯一の神話」

北西海岸地方の神話地理学

北西海岸にも南アメリカのそれに緊密に対応する「鳥刺し」の神話が見いだされるという発見は、レヴィ=ストロース自身にとっても大きな驚きだったに違いない。あるいはこの発見の驚きこそが南北アメリカの広範な神話の比較と、共通な神話の構造の探究という大胆な企ての導きの糸となったのではないだろうか。すでにふれたように、その発見はおそらく五〇年代の終わりには確信をもって把握されていたであろうと考えられる。『裸の人』においてその企ての佳境に入るとも言えるが、また四巻の『神話論』のなかではこの最終巻はもっとも圧縮され、難解なものになっていると言わざるをえない。

その理由の一端は、レヴィ=ストロース自身がエリボンとの対話で説明している。すなわちこの巻を執筆しながら、マイクロフィルムを取り寄せて読んだソシュール晩年の神話研究の未完のノートに照らして、自分のこの神話研究もまた未完に終わるのではないかという危惧を感じ、本来なら数巻分に匹敵する内容を一巻に凝縮してしまったのだという。コレージュ・ド・フランスにおける講義録によってみても『裸の人』の内容はすでに六六年から講義が始められ六八年、七〇年、七一年と四年度にわたって持続し、その間に六七年には翌六八年に刊行される『食卓作法の起源』の後半、六九年には九一年に『大山猫の物語』として刊行される「間奏曲：霧と風」という表題の講義がおこなわれているのである。

しかし『裸の人』の錯綜《さくそう》した主題は、単にこうした執筆の過程からくる制約によるだけではなく、この巻における探究のフィールドに選ばれた北西海岸地方の社会固有の条件もまた、大きく作用していると考えられる。アメリカとカナダの国境にあたるこの地域の神話研究のための歴史的、物質的基盤とも呼べるもののレヴィ=ストロースによる位置づけの要点を見ておこう。

◇この地域は、今から数万年前ベーリング海峡を渡ってアジアから移動してきたインディアンの祖先たちが南北アメリカ大陸で広く居住域をひろげる時の北半球における拡散の中心地であったと考えられる。つまりこの地域にはインディアン文明の、したがって神話のきわめて古い層が見いだされると考えられる。いくつかの小さな集団で採集される異伝はきわめて古い形態を保持しているとみなされる。
◇この古さにもかかわらず、ここは同時に北米大陸でもインディアン固有の通商交易がもっとも発達した地域でもある。白人世界から導入された馬が交易に与えた影響も大きい。したがって神話の古層は歴史的な交通の結果、相互の借用など大幅に変更を加えられ原形を見きわめることはたいへんむずかしい。そのことはとりわけ交易の要衝《ようしょう》の位置をしめていたセイリッシュ諸族の神話にあてはまる。また毛皮交易に従事していた白人商人の伝えた西欧の伝承がインディアン神話にとりいれられたと判断されるものも多い。この主題は『大山猫の物語』で詳しく分析されることになる。
◇南アメリカの神話と対照すれば、この地域においては「自然」から「文化」への移行という大きな主題は、料理の火の獲得ということとともに、ある意味ではそれ以上に、この地域における「文明」の規準ともいえる通商と交易の起源として、より多く語られている。「人間」の誕生とはすなわち交換し交通する人間の誕生に他ならなかったのである。
自給自足、互恵関係、共有といった広い意味でのさまざまな交換関係の起源を動物に託して語る一群の神話が、そうした視点から注目される。食料を分かち合うピューマと大山猫の神話などがその代表となる。
◇料理と対をなす食用動物や栽培植物の起源に相当する神話素は、南アメリカとは異なり、この地域においてはサケに代表される魚類の起源、より正確にいえば、さまざまな魚類が種の違いによって、なぜある川には遡行し別の川には遡行《そこう》しないのか、また魚の遡行を妨げる滝などの地形がなぜ生じたのかという、「魚類資源」の配分における自然的な不均等の起源の説明として語られる（クラマス族のクムカムチュが魚を創造し水をせきとめたと語られていることを想起されたい）。この主題はとりわけセイリッシュ族における「鳥刺し」の神話に接続する、鳥刺しの父であるコヨーテ（あるいはキツネ）の功績として語られる。

またレヴィ＝ストロースの説得力のある分析によれば、魚の不均等な配分という現象は、神話においては婚姻関係の問題と密接に結びつけられている。すなわち自分のプロポーズを受け入れるか受け入れないかという態度の違いによって、主人公のコヨーテはその地域の住民に魚を分かち与えるか与えないかを決めると、神話に語られているのである。またそうした神話には、魚の不均等な配分（どの地域の住民でも魚を獲得できるわけではない）に対する、通婚関係における女性の均等な配分（どの男も原則として妻を獲得できる）という、食料と妻という二通りの貴重な財の配分の関係についてのインディアンの暗黙の対比も含まれていると解釈されるのである。

強い変換と弱い変換

右に示したような大きな主題が、息をつかせぬように次々に展開され大部な『裸の人』を構成している。たしかにそこには『神話論』の企てを何とか完成させようとする著者の執念といったものが感じられる。その反面、他の巻から伝わってくる、道を切り開く困難を半ば楽しむような余裕は影をひそめて、ある切迫した感じのようなものが漂っているといわなければならない。

たしかに、レヴィ＝ストロース自身いうとおり、北西海岸の神話の背景にある複雑な文化的文脈と比べて振り返れば、探究の起点となった南アメリカの状況はよりシンプルな枠組みによって対処できるものだった。逆に問題が複雑になるのに応じて、問題を不適切に単純化するのでなく、分析の枠組みを拡張し複雑化することをいとわず、いわば問題に合わせて分析の解像度を一層向上させ、神話が世界について何を語ろうとするか聞き逃すまいとするレヴィ＝ストロースの神話への真摯《しんし》な取り組み方はきわめて印象的である。

そして『裸の人』の論述を通じて、「基準神話」として選ばれた南北アメリカの「鳥刺し」の神話の位置づけが次第に明確なものとなってゆく。

レヴィ＝ストロース自身のまとめにしたがえば、それは次のように要約される。すなわち、クラマス族およびモドック族における「アビおばさん」の変換群においては、交換の拒否に他ならない「インセスト」と、人間の生の短さに表れた「時間的」な周期性が主題となっている。より北の地域ではインセストよりは「外婚制」が、そして魚資源の「現実の地理的な分布」と「過去」における開放（コヨーテはサケの遡行を妨げていた下流の住民のダムを破壊したと語られる）およびその「季節ごとの回帰」（サケの回遊）という周期性が主題となっている。

いっぽう北西海岸の小さな集団に伝えられる、より古い形態を保持しているとも思われる異伝のなかには、鳥刺しの神話の骨格をなす対比が、より強い形で組み込まれているものがあるという。「クース族の鳥刺し」という題を付された、そのM793ａの要点は次のようなものである。

「息子の妻を奪おうと企んだ父が息子をだまして、キツツキの奇麗な赤い羽根を取るために樹に登らせると、樹は伸びて天にとどく。鳥刺しは天の世界で、人の胃袋を食料とする『太陽の女』と出会い、氷の男根を用いて交わり、太陽を冷やして人間にとって適切な暖かさに変えることに成功する。鳥刺しは天に住む海のカワウソと結婚したあと、鳥たちの助けを借りて地上にもどる。息子は天で獲得した呪力を用いて父を海の彼方に送り出してしまい、自分は家族とともに天に登る。父はクジラの体内に入って旅して陸にもどり、やがて『食べ物』なるものの存在を思い出して、まず野生の果実、次に焼いたサトイモ科の植物、最後に煮たサケを食料とする」。

食事の作法を想起するという後半部分では、生のもの、焼いたもの、煮たものという過程がたどられ、サケの回遊の起源が語られるばかりでなく、息子の天へ向かう垂直方向の運動と、父の海の彼方への水平方向の運動が、Ｍ１の基準神話における最初の霊の棲む水界への派遣、次いで樹の上へという二つの動きに対応する（順序が逆転し、第二の行為者は息子から父にかわる）ことも眼を引かずにはいない。さらに、クジラの体内で痩せて骨だけになってしまった父が最初に口にした果実はそのまま排出されてしまったので、草で肛門に栓をしたという細部までが南アメリカの鳥刺しを思い出させると指摘されている。

ただそうした意外な共通点以上に注目されるのは、この異伝では、鳥刺しが天に登り天の住人になってしまうという点である。この異伝は、「地上vs樹上」という鳥刺しに含まれた対比よりもコントラストの強い、「地上vs天上」という対比を内包している、地上の人間と天体との結びつきを枠組みとする「星との結婚」と呼ばれる「強い」変換群の一部となるとされる。

ところが「星との結婚」よりさらに強い対比は、北西海岸沿岸部のいくつかの小集団に伝えられる「天と地の戦い」という表題でまとめられる変換群に見ることができるとレヴィ＝ストロースは言う。その戦いで賭けられているのは、火である。そして地上の生き物たちが協力して天の存在と戦い火を手に入れた後、天と地の間に架けられていた交通路はとりかえしのつかない形で破壊されてしまい、地上には火が残され、その代償として天との交通は失われてしまった、と神話は語るのである。

こうした一連の変換群のなかで「鳥刺し」の神話は、神話の骨格が弱い対比によって作られた変換群であることが確かめられる。ただこの「弱い」変換群には天体への親密な関係が影のように寄り添っていることも確かである。そのことはたとえば、アメリカ東部のいくつかの集団に見いだされる、インセストを犯した姉弟が氷結した湖で姿を消したあと、神秘的な声で鳴くアビの姿となって天に昇りオリオンの星座になったというワバナキ族の伝承（M575a）に表れている。

いずれにせよこの「弱い」変換群は、南北アメリカに広く共有された神話の基層を形成し、南北アメリカに拡散して移り住んだインディアンたちの神話的思考を解読するためのきわめて適切な導きの糸を提供していたのである。こうした「強い」変換群と「弱い」変換群の南北アメリカにおける分布は地図によって示されている（地図参照）。

『神話論』以後

十年以上の年月とほぼ二千ページにのぼる四巻の著作に凝縮された神話研究は、レヴィ＝ストロースに何を教え、そしてわたしたちに何を伝えるのだろうか。そのことを、神話の細部に繊細に働かされたレヴィ＝ストロースの分析の感受性のありかたそのものを簡潔に提示することを通じて示すよう試みてきた。そのレヴィ＝ストロースの探究を貫く問いかけとは何か、あらためて終章で手短に考察する前に、このライフ・ワークを完成した後の著者レヴィ＝ストロースの業績を振り返っておくことにしたい。『神話論』が構造人類学の探究の頂点に位置することは確かであろうが、その最終巻が刊行されてから、もうすでに四半世紀もたっていることは、この著作への全体としての行き届いた評価がまだ十分に出されていないことと対比してもあらためて驚かされることではある。そしてその四半世紀の間、著者レヴィ＝ストロース自身は、『神話論』を補いさらに展開する試みを着実に、持続的に実現していった。『裸の人』の完成が著者六十代前半の仕事であることを考えると、その精神の若々しさは驚異的である。

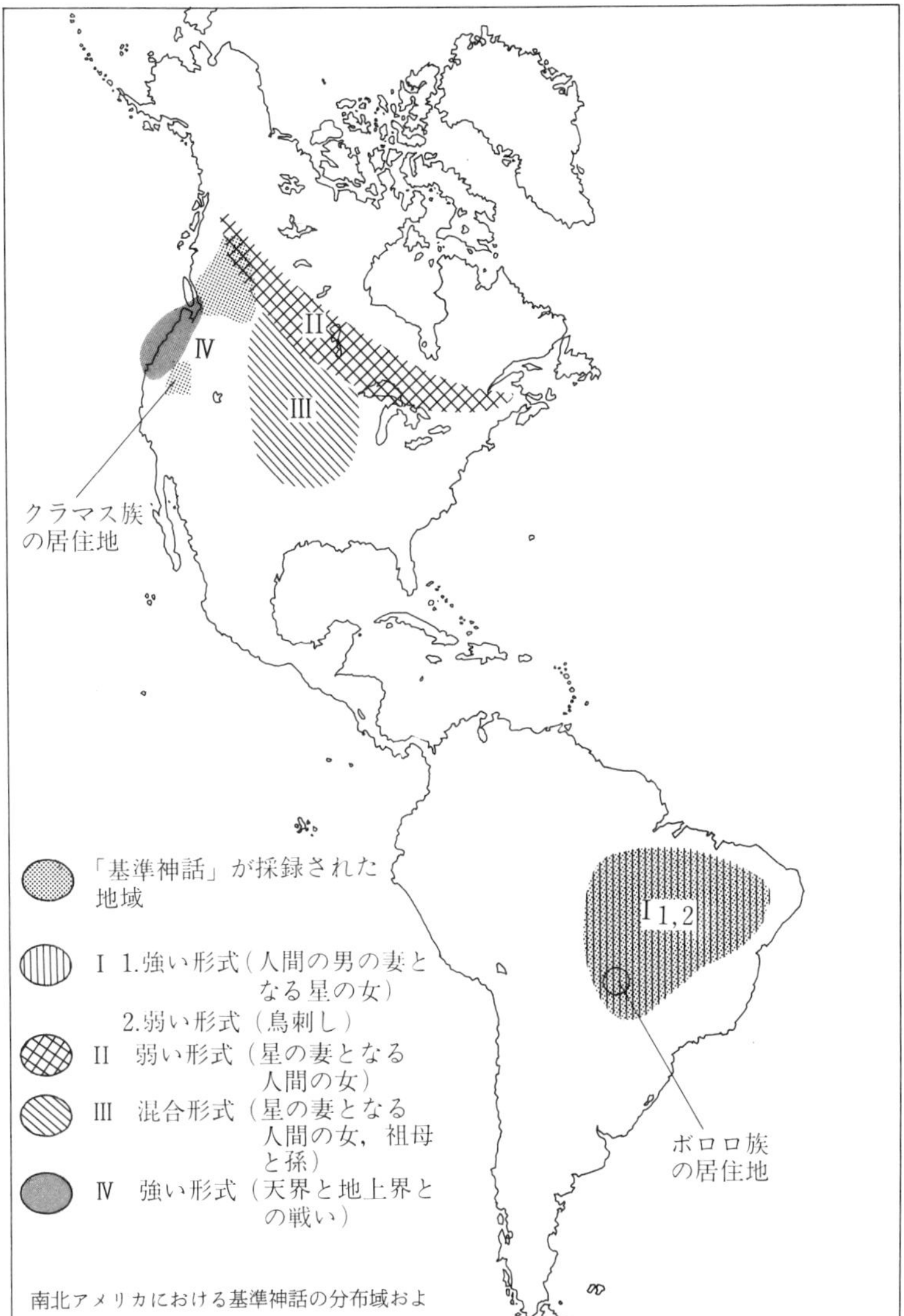

南北アメリカにおける基準神話の分布域および基準神話の強い形式と弱い形式（『裸の人』24・530ページの地図より合成）。

ライフ・ワーク完成後しばらくは、見た目にも疲労の影があったという、身近に接した人のコメントがある。しかしすでに四年後の一九七五年には、おそらく『神話論』ではあえてふれずにおいたのであろう、クワキウトル族を中心とした仮面の造形を構造の視点から分析した『仮面の道』を、美術書の出版で知られたスイスのスキラ社の叢書の一冊として刊行した。それは北西海岸のきわめて特徴的な集団であり、またボアズによる古典的な研究が蓄積されている。そこに展開された関心はすでにふれたとおり「アジアとアメリカの芸術における図像表現の分割性」から、カデュヴェオ族の女性の顔面の装飾を見たブラジルでの経験にまで遡るものである。

さらに、すでにふれたとおり八五年、九一年には、前から予告されていた『神話論』への補遺とも言える『やきもち焼きの土器つくり』『大山猫の物語』が刊行された。これらの比較的小さな著作（『仮面の道』と合わせて「小神話論」三部作と呼んで見たくなる）は、未知の森に対比して小さな神話の花園にたとえられている。とりわけ前者は土器作りの技術の創造をめぐって、南北アメリカ神話の簡潔で印象的な比較研究の例を示して大『神話論』四部作へのコンパクトな導入となっている。

また後者は、『裸の人』にも登場するオオヤマネコとコヨーテが、親子ではなく外見も性格も微妙に異なる双子として活躍するセイリッシュ族を中心にした神話群を分析して『裸の人』を補っている。九三年には大家による芸術閑談といった趣もある『視る・聴く・読む』という美術と音楽の造詣《ぞうけい》にみちたエッセーも出版されている。

そうした書き下ろしの新著の出版の間を縫って多くの論文集も刊行されている。七三年には『構造人類学2』、八三年には「構造人類学3」とも呼びうる『はるかなる視線』（ただこの題名は世阿弥の「離見の見」を人類学者の立場になぞらえて借りたものだという）、八四年にはコレージュ・ド・フランスからの退官記念に講義要録集を『与えられた言葉』（この表題は「交わされた約束」と読むこともできる。コレージュで探究することを約束したことがいかに果たされたか示しているとわたしは解釈してみたく思う）として刊行した。そこには『親族の基本構造』から継承された親族関係の問題が、アジアやオセアニアにおける「家」の観念の問題として一連の講義であらためて提起されたことが示されている。こうした問題は後続の研究者によって継承され展開されてゆくべきものであり、そこにも新たな問題を提起し続けるレヴィ=ストロースの姿勢がよく表れている。また七七年には、七五年にコレージュ・ド・フランスでおこなわれたゼミが『同一性』という表題で刊行された。

『神話論』完成後、一九七四年にはフランスにおける学者・文人の最高の栄誉といってよいであろうアカデミー・フランセーズの会員に選出され、カイヨワとの演説の交換があった経緯はすでにふれたとおりである。

また七七年、八〇年、八六年の三度にわたって日本を訪れて講演をおこない、各地を旅行して、さまざまな機会に、子供の時、ご褒美として浮世絵をもらって以来培われた日本への愛着を語っている。

終章

「構造」の軌跡

光と影

レヴィ=ストロースは一九九五年に、ほぼ六十年前のブラジル滞在時に撮影した多くの写真を編集して『ブラジルへの郷愁』という表題の写真集として刊行した。その表題はブラジルに滞在した経験をもとにした作曲家ダリウス・ミオーの曲名を借りたのだという。

そのモノクロームの画面には三〇年代後半の、開発と都市化の最前線であったブラジル、とりわけサンパウロの、亜熱帯の光と影そのものが鮮明に写しとられている。その光と影はそのまま都市と奥地の森の対比に置き換えられるものかもしれない。サンパウロを後にし、困難な陸路をたどって、ボロロ族やナンビクワラ族のもとへ到達するための『悲しき熱帯』に描かれた旅は、そのまま開発の先端としての都市空間を脱して、そこに体現された文明世界とは異なった世界に身を浸すための異空間への旅であったことが、モノクロのイマージュに切り取られた移動の軌跡を通じて感じ取られる。

そこに写された事物の輪郭の鮮明さは、六十年経った今も古さを感じさせない、撮影者の写真への熱中と被写体への愛着を伝えているが、著者自身の言葉によれば「ブラジルでしかわたしは写真愛好家ではなかった」のだという。ブラジルに休暇を過ごしに来ていた父親と、最新式のライカを買い込んで、どこまで鋭くピントを合わせて撮影できるか、どのくらい引き伸ばしても細部の輪郭が明確なままであり続けるかを競いあったのだという。肖像画家であった父は、ポートレート制作の助けにカメラを使い、レヴィ=ストロース自身若い時から父を手伝って写真には親しんでいた。そしてブラジルを離れた後は、ほとんど二度とカメラを手にしなかったという。

『ブラジルへの郷愁』に語られたこの写真との出会いと熱中と別れは、何か象徴的にも見える。そこでは構造主義以前の構造への感受性の軌跡が印画紙に定着されているとも言えるかもしれない。親しくカメラの腕を競いあう父と子の関係は、そのまま語らずしてレヴィ＝ストロースにおけるフロイト批判の原点としての、エディプス複合あるいは権威と抑圧という言葉とは異質な父子の親密な関係を暗示してはいないだろうか。

そして鋭敏な焦点合わせによる、明瞭な輪郭と陰影の対比への好み。あるいはこうした光と影の出会いこそが構造主義の感受性の基層をなしているというべきなのかもしれない。光と影の競い合いから、初めてブラジルへ向かう船上でレヴィ＝ストロースを魅了したあの日没の「色彩の競演」も生まれるのではなかったか。

そして写真に象徴される新たな技法への集中力。新たな課題に取り組むと徹底してそれをほりさげ、味わい分析しつくし「新石器時代の人間が平原に火をかけるように」その領域で燃焼しつくし、自分の熱中に一つの形を与えた後は、もうそれとは違う主題に眼を移している。ブラジル時代の写真、ニューヨークにおける親族関係研究、パリにおける神話研究、それがレヴィ＝ストロースが次々に切り開いた沃野だったのではないだろうか。

「二十世紀の知的青春」

写真という、当時はまだ比較的若かった表現技法への、撮影者自身の若々しい熱中ぶりにはまた、構造主義が二十世紀の若い感受性から生み出されたことが象徴されている。

レヴィ＝ストロースよりも十二歳年長のヤコブソンもまた、ロシア革命に並行した詩的沸騰に理論的な言葉を与えようとすることから言語学の探究を始め、生涯の終わりまでその領域の前衛であることを止めなかった「二十世紀の知的青春」（ヤコブソンを評した山口昌男の言葉）の体現者であった。

同じ言葉を、ヤコブソンの構造言語学に学び構造人類学を構築したレヴィ＝ストロースに使うことは誤りではないだろう。そしておそらく、ヤコブソンがロシア革命への違和感を抱き、政治に一定の距離を置いて言語学をほりさげていったことと、ロシア革命からほぼ二十年の後、ロシア革命の形成した現代史の磁場のなかで成立したフランス人民戦線をブラジルから遠望しつつ、文明と歴史の余白に打ち棄てられていた人々の土地へと分け入ったレヴィ＝ストロースが構造人類学を構築していったことは、単なる偶然の符合ではないだろう。

そこには二十世紀の新たな知を予感しつつ、自分とはもっとも遠く異質な存在を起点として世界を測量しなおそう、政治的な性急な変革とは違ったしかたで世界を構成しなおそうという若い意欲が、ある意味では無垢に近い形で保持され続けていったともいえるかもしれない。それが構造主義が思想としての新鮮な問いかけでありえた、また既成の伝統的な西欧の思想に対する若々しい挑戦でもありえた理由だったのではないだろうか。

『神話論』にいたるレヴィ=ストロースの探究の行程は、ブラジルでの出会いから、ニューヨークでの民族誌との出会いを経て、ほぼ二十年にわたる神話世界への没頭にいたる、インディアン世界にますます深く自らを貸し与える試みだったように見える。

それは同時に、彼らの歴史がどのようなものであり、彼らの歴史と「文明」世界の歴史がいかに異質であり、「文明」世界が自らの歴史をいかに彼らに強制してきたか、ということへの問い直しでもあった。すでにふれたように「彼らの」歴史への関心はブラジル滞在当時から、『ブラジルへの郷愁』にいたるまで一貫して持続されている。

そのようなレヴィ=ストロースの歴史への関心を、一般向けのラジオでの対談で簡単に提示したように、西欧を中心とした歴史のある「熱い社会」と、出来事を構造に吸収して歴史を無化してしまう「冷たい社会」の対比に、過度に単純化してしまうことはおそらく見当はずれというものであろう。著者自身が、こうした区別があれこれの社会の存在様式を示しているわけではなく、それぞれの社会のあり方の一定の側面を表しているのだと断っていたはずである。

レヴィ=ストロースの歴史への問いかけのもっとも深い部分は、わたしの理解ではおそらく、『人種と歴史』で素描され、『野生の思考』にほりさげられ、『神話論』の探究の基調をなすことになった、人類史の起点に遡行して近現代史に照明をあてるという、歴史の遠近法の提示であろう。そのことは、すぐに思いつく限りでも、少なくとも三つの重要な問題を含んでいる。

三つの問い——「歴史」「同一性」「世界」

一つは、そうした遠近法が近現代史を見るためのアルキメデスの支点を、近現代史そのものの外に置くということである。このことはある逆説をはらまざるをえない。あるいは近現代史のもつ逆説を明るみに出す。というのも狭い意味での「歴史」、つまりとりもなおさず「神話」から脱却して自己を形成したと自覚している歴史、すなわち近現代史は、歴史意識の支点を現在の外におくことは不可能だからだ。しばしば「現在の意味を知るためにこそ過去に問いかける」という言い方がされる。したがって過去は現在に意味を送り込む限りで明るみにひきだされる。その光は現在から発しているのであってみれば、過去の鏡に映されて見えるのも現在にほかならないという循環をどう逃れるというのだろうか。『人種と歴史』が、この循環とはいかに異質な位置から歴史を提示していたか、わたしたちはすでに見た。

第二の問題は第一のそれとも密接に結びついている、近現代史を支える「主体」の意識、あるいは主体の「同一性」という問いである。「現在の意味」はそれをひきうけ意味を賦活し支える存在を必要とする。いいかえれば近現代の歴史は「日本人」の支える日本の歴史であり、「フランス人」の支えるフランスの歴史であり、要約していえば「X国人」の支える「X国史」なのだ。近現代の「歴史」はナショナルな主体の「同一性」と表裏一体となっている。だからこそ、そうした主体たちが形成する

「国」際関係の余白に打ち捨てられた人々を「未開人」として、「主体」以前の人類の小児として扱って誰もが疑わなかったのだ（そして自分たちこそが彼らから「主体」である権利を奪ったということを忘れて）。

こうした人々を「他者」として、一個の完全な人格として接するための認識の方法の探究という側面がレヴィ＝ストロースの構造主義にあったことはすでに見たとおりである。そうした認識方法への無関心こそレヴィ＝ストロースがサルトルを難詰《なんきつ》する点でもあった。

ただこうした認識が可能になるためには、『野生の思考』についてふれられているとおり、われわれ自身が「彼らの位置に自分を置き」「われわれの位置に彼らを置き」、その両者が出会う場を作ることが必要なのだ。そしてそのことが可能でなければならない。その場こそレヴィ＝ストロースにとっての人類学の領域だった。その場では、両者が出会うには、われわれ自身が意識的あるいは無意識のうちにわれわれの本質だとみなしているものを、たとえ一時であれ放棄できるのでなければならない。

構造主義の展望が「哲学者」にどのような奇妙な反応を引き起こすかを述べた『裸の人』の終章の一節にレヴィ＝ストロースの視点が鮮明に読み取れよう。

説明できることを説明し、説明できないことは当面そのまま置いておくという研究者としての第一の義務を否認して、哲学者は、人格的同一性というこの貧しい宝ものが保護される避難場所を確保する。そして二つのものを両立させることは不可能であるのだから、主体なき合理性よりも、合理性なき主体を優先するのである。

近現代人にとっての「人格的同一性という貧しい宝もの」は、歴史の「主体」という譲り渡すことのできない地位と等価なのである。構造主義的な主体なき歴史の展望からの近現代史の批判は、まさに『同一性』という表題をかかげた論文集の序においても明確に示されている。多様な分野からの学際的な報告のおこなわれたゼミの主催者として、レヴィ＝ストロースは、文化による「人格」や「魂」の観念の多様性を再確認したうえで、人々が好んで口にする「同一性の危機」にふれて次のように序をしめくくっている。

同一性もまたそれ独自の不確実な関係をもっているとみなしうるのだとすれば、わたしたちが未だにそこに付与している信仰は、たかだか数世紀しか持続しない一つの文明のあり方の反映でしかないということもありうるのではないだろうか。そうだとすれば、あのわたしたちの耳をそばだたせている有名な同一性の危機は、まったく異なった意味をもってこよう。それはわたしたちのちっぽけな人格のそれぞれが、自らを本質的なものと取り違えることを放棄するという地点に近づきつつあることの、心暖まる、幼い徴候とも見えてくるだろう。本質的なものとは、すなわち実体的な現実ではなく不安定な機能であり、協同と交換と闘争との同じように束の間の場と契機であり、そこにはその都度微分的な差異をもって自然と歴史の力だけが、われわれの自閉的状態にはまったく無関心に関与しているのである。

読者が読まれたとおり、わたしは構造主義が何でないかを示すために、何度か「同一性」という補助線を引くことを試みてきた。その当初は、レヴィ=ストロース自身がこれほど明確に「同一性」の観念を構造主義の視点に対置していることを知らなかったということを告白しておかなければならない。レヴィ=ストロースの構造主義は、近現代人の見果てぬ夢としての「同一性」という不幸への明断な判断を内に含んでいたのだ。

しかし、認識の方法として、近現代的な意味での歴史とともに主体を放棄するのだとすれば、構造主義の知には方向も目的もないというのだろうか。それが第三の、わたしたち自身『人種と歴史』の検討のなかで提起した問題であった。

『裸の人』の終章には「構造主義は断固として目的論をとる」と記されている。しかしその目的論は何らかの信仰に依拠するものではまったくない、とも断言されている。そうした立場の表明にいたる論理の筋道を少し追ってみよう。

「哲学者」が「合理性なき主体」を選ぶという右に引いた文章に続いて、レヴィ=ストロースは、神話の問題に立ち戻って、一見不条理な物語にしか見えない神話が、不条理なものの間の「関係」のレベルに、ある論理を隠しているように、非合理の極みとも見える思考にもすでに、この世界あるいはこの宇宙に内包された、思考にとって「外部」に存在する合理性が浸透しているのだと言う。思考は合理性を主観的あるいは主体的なものとするに先立って、まずそれを外部から受け取らなければならない。レヴィ=ストロースの視点を敷衍《ふえん》すれば、この世界あるいは宇宙に内包された合理性、人間の「貧しい宝もの」の見せかけの下にある真の宝、を再発見するための導きの糸が「構造」の概念なのだ。それは認識の問題として言えば、人間の自己中心的な世界への「投企」の可能性ではなく、サルトル的な主体への自閉に窓を開け、世界から人間へといたる通路を提示する。

構造主義は、対象の観察のレベルを変えて、たとえ「もの自体」が知的に把握できないとしても、ものの間の関係は理解可能であることを明らかにするという。そしてさらに構造主義は人間を自然の内部に再統合する。こうした議論の上でレヴィ=ストロースは、構造主義こそが、機械論と経験主義に支配されていた時代に、科学の名のもとに追放されていた目的論を復権させるのだと主張しているのである。

この主張に続く文章では、虫を惹き寄せて受粉するための蘭科の花の複雑な進化の過程と、そこで形成された装置——たとえば雌の形を再現することで雄を惹きつける装置など——を例としてあげていることにもうかがえるように、ここで言う目的論とは、とりわけ生物種における、時には奇跡的ともいえる多様なコミュニケーションの様態の生成を意味していると理解してよいのだろう。

神話あるいは世界とのコミュニケーション

ヤコブソンとともに、コミュニケーションに目的づけられた言語という視点を堅持し、それを拡張して親族関係論の新たな地平をひらいたレヴィ＝ストロースは、それでは神話においてはどのようなコミュニケーションへの方向づけを見ているのだろうか。

しかし、『神話論』全体が、神話によって人間が世界とコミュニケーションをもち、また神話をつうじて集団間のコミュニケーションがおこなわれることを示しているのではなかったか。神話をつうじたコミュニケーションという言い方も不正確だろう。神話自体が多様な変換の過程によるコミュニケーションなのであり、レヴィ＝ストロースが別の文脈で用いている言い方を借りれば、『神話論』は、神話がなぜコミュニケーションでありうるのかを示すのではなく、それがいかなるコミュニケーションであるのかを明らかにしているのだ、とも言えよう。

神話がいかなるコミュニケーションであるのかを探究するとき、しばしばレヴィ＝ストロースが真新しい世界に対面した新石器時代の人間のイマージュに言及することは興味深い。おそらく新石器時代人とは、余りに近現代的な「主体」という呪縛からも、宗教的な信仰といった個別的な伝統の束縛からも、歴史という制約からも、機械論的な科学のドグマからも自由な様式のもとで、いいかえれば感性の領域と理性の領域が切り離されることなく、世界との接触に五感をあげて動員されていたと想定された人間のイマージュに他ならない。それはまたおそらく、学問の世界から田舎の家にひきこもって自分自身の時間を近くの森の散策などで過ごすという時の、レヴィ＝ストロース自身の姿とも重なるものであるに違いない。

「焦点の深度を変えるだけで」森では遠い土地に見いだされる以上の不思議に出会うことができる、とレヴィ＝ストロースは「二年の後に」というエリボンとの対話の文庫版への付録で語っている。「私のきのこや菌類への愛着は、食べるのが好きだということだけではありません……というのもその場で土に生えているのを見ると、きのこは素晴らしいオブジェなのです。それぞれの種が、まるで芸術作品のように互いに異なった自分のスタイルをもっているのです」。

こうした森に営まれる生命の多様性との五感をつうじたコミュニケーションの可能性の再発見こそ、そしてその可能性を基礎として、自然のなかでの人間の位置を問い直すことこそ構造主義に内包された、強くまた明確な方向だったのである。

レヴィ=ストロース略年譜

一九〇八年――十二月、両親の滞在先のベルギーに生まれる。一ヵ月程でフランスのヴェルサイユに帰る。

一九二五年――高校時代、フロイトに接する。また、ベルギー人の社会党員によってマルクスを教えられる。

バブーフについての知られざる処女論文をベルギー社会党の出版物として上梓。

学生時代、社会党系の学生組織で書記などを務める。

一九二八年頃――大学で法学・哲学士号取得。

一九二八～三〇年――社会党若手代議士、ジョルジュ・モネの秘書を務める。

一九三〇年――アグレガシオン（哲学教授資格試験）に三位で合格。

一九三一年――アルザスで兵役。

一九三二年――十月、結婚し、高校の哲学教師として南フランスのモン=ド=マルサンに赴任。

一九三四年頃――ローウィの『原始社会』を読み感嘆する。

一九三五年――先行き、同じことの反復に耐えられず高校教師を辞任。ブラジル行きを決める。

二月、サンパウロ大学社会学講師に赴任。最初から休暇中にインディアン調査を試みるつもりであったらしい。

十一月～三六年三月、大学休暇中、カデュヴェオ族、ボロロ族調査。

一九三六年――五月、パリにおける総選挙、人民戦線内閣の成立を短波放送で聞く。モネ、農業相に就任。

論文「ボロロ・インディアンの社会組織研究への寄与」を書き、『アメリカ学会誌』に掲載される。これが最初の人類学論文。

暮れ、パリへ戻りインディアン文化展示会を行う。モースなどの支援を得る。また次の長期調査旅行の資金などを獲得。

一九三七年——サンパウロ大学を辞職。

一九三八年——五月、クイアバで調査旅行の準備。

六月、ナンビクワラ族調査。

十一月、トゥピ=カワヒブ族の一団と遭遇。


一九三九年——年の初め、調査旅行を終えた町で、ミュンヘン協定の締結、フランスにおける動員令を四ヵ月遅れの新聞で知る。

フランス帰国直前、サントスの港町で、メトローと初めて会う。

ブラジルから帰国。最初の妻と離婚。

開戦後、動員されルクセンブルグ国境のマジノ線に配属される。


一九四〇年——五月、花を見ていて「構造」の直観を得る。

ドイツ軍と交戦、所属する部隊は南フランスに退却後、兵役解除される。

南仏に滞在し、一時高校の哲学教師を務めるが、ユダヤ系市民排除のため失職。

グラネの『古代中国における結婚のカテゴリーと近親関係』を読みさまざまな着想を得る。


一九四一年——ニューヨーク「社会研究院」講師としてアメリカへ亡命。船上でブルトンと出会う。

「研究院」で南アメリカの現状についての社会学的考察を講義する。

ナンビクワラ族の論文を書き始める。アメリカ民族学局の出版物を知り、買い始める。

『アメリカン・インディアン・ハンドブック』南アメリカ篇に参加しいくつか論文を書く。エルンストなどシュールレアリストと交流し始める。ボアズに会う。このころ二番目の妻と結婚か？
D・トムソン『生物のかたち』読む。
一九四二年——亡命フランス人学者が中心となった「自由高等研究院」に参加、親族関係の問題について講義。ヤコブソンと出会い、その『音と意味についての六章』の講義を聴く。
一九四三年——ヤコブソンの勧めで『親族の基本構造』書き始める。
一九四四年——パリ解放後、一時帰国。その間にアグレガシオン以来会っていなかったメルロ＝ポンティと再会する。
一九四五年——春、文化参事官としてニューヨークに戻る。
一九四七年——このころ『親族の基本構造』完成。二番目の妻と離婚。四七年末または四八年初頭、パリに戻る。自然博物館、人類博物館副館長に着任。レイリスを知る。論文審査を受ける。現妻と同居（五四年結婚）。
一九四九年——コレージュ加入に失敗（五〇年にも失敗）、社会科学高等研究院（エコール・プラティック・デ・オートゼテュード）講師（フェーヴルの推薦で）着任。
一九五二年——ユネスコから『人種と歴史』刊行。
一九五三年——高等研究院（第五部門）教授、ユネスコI・S・S事務長に着任。東パキスタン調査をおこなう。
一九五四年——十月〜五五年五月、『悲しき熱帯』執筆。
十二月〜五五年一月、カイヨワのレヴィ＝ストロース批判「逆しまの幻想」『新フランス評論』に掲載。
一九五五年——『現代』誌にカイヨワへの反批判「寝そべったディオゲネス」を掲載。

一九五八年――『悲しき熱帯』刊行。
一九五九年――『構造人類学』刊行。パリにおける構造主義の流行始まるという。
一九六〇年――メルロ＝ポンティの助力もあってコレージュ・ド・フランス教授に着任。
一九六一年――一月、コレージュ・ド・フランス教授開講講義。
『人間（L'Homme）』創刊。
ジョルジュ・シャルボニエとの共著『レヴィ＝ストロースとの対話』刊行。
一九六二年――六月～十月、『野生の思考』執筆。
『今日のトーテミスム』『野生の思考』刊行。サルトルの『弁証法的理性批判』への批判が注目される。
六月～六三年七月、『生のものと火にかけたもの』執筆。
一九六四年――『生のものと火にかけたもの』刊行。
五月～六五年七月、『蜜から灰へ』執筆。六六年刊行。
一九六六年――二月～六七年九月、『食卓作法の起源』執筆。
一九六七年――十月、『食卓作法の起源』脱稿後ただちに『裸の人』執筆にとりかかる。
一九六八年――『食卓作法の起源』刊行。
『ニューヨークタイムズ』がブラジル・インディアン保護局（ＳＰＩ）についての調査報告の内容を報道。
ブラジル大統領への公開書簡（三月二十六日付）。
五月、フランス「五月革命」。構造主義の流行終わるという。
一九七〇年――九月、『裸の人』書き終える。刊行七一年。
一九七二年――三月、アメリカで講演。
一九七三年――学士院、アカデミー・フランセーズに選出。ロジェ・カイヨワとの演説のやりとりがあった。

『構造人類学 2』刊行。
一九七四年――夏、カナダのブリティッシュ・コロンビア旅行。
一九七五年――『仮面の道』刊行。
一九七七年――十月、来日講演。隠岐、九州、韓国旅行。
一九七八年――十二月、カナダのラジオで「神話と意味」の講演。
一九八〇年――サントリー財団主催シンポジウムに参加するために来日。
一九八二年――コレージュ・ド・フランス退官。
一九八三年――『はるかなる視線』刊行。
十二月~八五年四月、『やきもち焼きの土器つくり』執筆。刊行八五年。
一九八四年――イスラエル訪問。コレージュ・ド・フランスでの講義要録を中心とした『与えられた言葉』刊行。
一九八五年――ミッテラン大統領に同行し、ほぼ五十年ぶりにブラジル再訪。軽飛行機でボロロの村を訪ねようと試みるが、離着陸のむずかしさのため断念。
一九八六年――四月、経団連の招待で来日、「現代世界と人類学」講演。
一九八八年――エリボンとの対談『遠近の回想』刊行。
一九八九年――~九〇年『大山猫の物語』執筆。九一年刊行。
一九九三年――『見る・聴く・読む』刊行。
一九九五年――『ブラジルへの郷愁』(三〇年代調査時の写真集)刊行。
一九九六年――『サンパウロへの郷愁』(サンパウロの情景を集めた写真集)をブラジルで刊行。

主要著作ダイジェスト　（　）内は原著の出版年。

『親族の基本構造』馬渕東一・田島節夫監訳、番町書房、一九七八年（一九四九年）

ブラジルのインディアンのもとで見聞した結婚の制度を手がかりに、人類学の主要な研究領域とみなされてきた親族関係と婚姻制度の研究に新しい視点を導入しようとした試み。新しい視点とは、ヤコブソンから学んだ構造言語学の方法と、それと組み合わされた交換論の視点である。後者は、マルセル・モースが『贈与論』で展開した、人間における普遍的な行為であるもののやりとりを通じたコミュニケーションとしての交換という視点である。レヴィ＝ストロースはこれらの視点を一貫して適用し展開することで、蓄積されていたオーストラリアやアジアの親族関係研究の資料を統一的に理解できることを示そうとする。

親族関係の基本構造とは、親族のカテゴリーが、そのままその社会の成員に結婚可能な人と結婚の禁じられた人の区別を示す意味を付与された親族関係のあり方をさしている。そうした関係のあり方が端的に表れているのはイトコを「平行イトコ」と「交叉イトコ」に区別し後者との結婚を好ましいとするような交叉イトコ婚の制度である。

こうした親族関係と婚姻制度の研究において「構造」の概念はいくつかのレベルで少しずつ異なったニュアンスで用いられている。まず婚姻関係が「交換」の一つのあり方であることを示す論拠として、交換関係を支える普遍的な人間の精神構造という意味で。第二に、交換としての婚姻関係がチチ・ハハ・コ・オジといった個人間の関係のありかたにどう影響するかという「親族の原子」と名づけられたものの意味で。第三に交換のシステムとしての婚姻関係がその社会全体の組織化にどう反映するかという意味で。

そうした親族関係の領域のいくつかのレベルが「構造」という共通の視点で理解され、未開と文明の二分法を素朴に前提した見方や、社会進化論や、さまざまな制度を偶然の寄せ集めに分解してしまう歴史主義の限界を批判し、新しい人間理解を提示できることを示した。

『悲しき熱帯』 川田順造訳、中央公論社、一九七七年（一九五五年）

一九三〇年代後半におけるブラジル滞在中のインディアン社会への調査旅行の経験を中心に、それまでの知的形成や読書経験の記憶などを織り込んで書かれた半生の回想記。そこに、旅行中のノートからの引用という形で引かれた、船上で見た「日没のノート」がもともと小説の一部に使おうと計画したものだったというとおり、著者の文学的な感受性が横溢する作品となっている。小説は三十ページほど書かれて放棄されたというが、最新の音響機器をもった山師がインディアン世界に入り込んで、この機器を魔術の道具のように用いて支配者になるというジョゼフ・コンラッド風のものだったという。

『親族の基本構造』の続編として『親族の複合構造』執筆の計画をたて、また実生活の上でも現在の夫人との結婚から間もない時期で、限られた時間に書き上げることを強いられ、それまでに公刊されていた論文などを巧みにコラージュしてある。それにしてもわずか六ヵ月で書かれていることは驚きである。

当時著者は、二度にわたるコレージュ・ド・フランスへの立候補と落選のあと、戦後世界があまりにも複雑なものになりすぎてしまったという知的な絶望感もあって、この回想録にはあるペシミズムが漂い、それがインディアンたちの生活の情景の描写にも独特の沈痛なトーンと思想的な深みを与えている。とりわけナンビクワラ族のいくつかの集団と次々に出会いながら、それぞれの集団の個性的なあり方ごとに人類学的な大きな主題を取り出してくる観察力と洞察力は読む者に知的な緊張感と興奮を覚えさせずにはいない。

この書物の最後の言葉が「猫」であることは、訳者の川田順造氏がお教え下さった。

『構造人類学』 川田順造、荒川幾男他訳、みすず書房、一九七二年（一九五八年）

一九四〇年代から五〇年代に書かれた論文を一巻に編集したもの。著者自身によればこの論文集の表題は、戦後のフランスの思想界への構造主義のマニフェストとしての意味がこめられていたという。この論文集の刊行をきっかけにしてパリでは構造主義が流行の思想となり一九六八年の「五月革命」まで続いたという。

『親族の基本構造』と並行して書かれた親族関係分析に関するいくつかの論文を始めとして、歴史と人類学、社会構造論、図像表現、方法論、人類学の教育の問題など主題は多岐にわたって構造主義的視点からのパノラマとなっている。なかでも「民族学における構造の観念」の論文はかなり詳しく「構造」の概念を説明していて参考になる。そこでは人類学における異文化社会理解がモデルの構成をつうじて試みられること、そのモデルには現象と同じ尺度で構成される「機械的モデル」と現象より大きな尺度で作られる「統計学的モデル」とがあること、社会構造論には「社会静態学」の視点からとらえられる「コミュニケーションの構造」と「社会動態学」からとらえられる「従属の構造」が区別されることなど興味深い視点が示されている。コミュニケーションの構造においては、言葉によるものが言語学の対象となり、財の交換によるものが経済学の対象となり、女性の通婚によるものが人類学の親族研究の対象となるという、多くのコメントを呼ぶことになった見方が示されている。

『人種と歴史』『悲しき熱帯』とともにこの論文集は、サルトル的な思想の主題とは違ったやりかたで戦後の状況に取り組み、冷戦下での問題を考えたいと模索していた若い人々に、「近代的な自我」といった視点とは異なった展望を示すものとして受け止められた。

『野生の思考』 大橋保夫訳、みすず書房、一九七六年（一九六二年）

『今日のトーテミスム』とともに、六〇年代の神話研究への理論的な跳躍台ともいえる著作。この著作を評した哲学者のリクールのように、むしろそれまでのレヴィ=ストロースの一つの総決算と受け取った人も多かったようである。そうした評価もまったくまちがっているわけではないだろうが、神話論を展開するために神話という「具体の科学」の文法を総覧するという側面が強い。と同時に、その野生の思考の文法という新たな展望によって、『親族の基本構造』で描写された「社会構造」がどのように理解しなおされるか、さかのぼって新たな視点の効力を確認しておくという意図もあったと思われる。

　その思考の文法の核心には、自然の種の多様性すなわち生命形態の多様性、そしてさまざまな感覚的な質の差異が思考によってどのように活用されるのかという問いがあった。もっと正確にいえば、すでに思考が与えられているのではなく、むしろ生命形態の多様性、感覚的な質の多様性がどのように人間の思考を開花させるのかという問いがあった。その意味では『神話論』とともにこの著作も、始源の思考の探究という一面をもっている。と同時にある徹底した自然主義ともいうべき方向がある。そして始源の思考がそもそも神話的思考として始まるとすれば、それは思考がとりわけ比喩という形をとる「関係づけ」の能力だからだということになる。『野生の思考』では『今日のトーテミスム』に続いて人間の集団と自然の種を関係づけ、後者が前者を考える枠組みとしてどのような機能を果たすかが検討される。集団が種というカテゴリーにならって概念化されるとき、それはどのような特徴を帯びるのか。集団に帰属する個体はどのように命名されるのか。そうした問題は、広い意味での同一性（アイデンティティ）の問題といえるが、野生の思考はわたしたちにとって見慣れた、人間と自然を明瞭に分断するやり方とはきわめて異なった仕方で、人間の同一性を自然の生命形態の多様性へ向けて開放するととらえている。

『やきもち焼きの土器つくり』渡辺公三訳、みすず書房、一九九〇年（一九八五年）

　四巻にのぼる大冊の『神話論』が完成したあと、まだ二冊の神話論が残されている、と予告されていたものの一冊として刊行された。その素材は一九六五年の講義で取り上げられたものだったという。もう一冊は一九九一年に刊行された『大山猫の物語』である。

　人間の集団を自然の種に類比して特徴づけるという人間の習性がきわめて普遍的であること、ところが西欧の職人の土器作りの特徴づけがなぜか見当たらないということから始めて、土器作りがきわめて細かな神経を使いやかましい規則を守るべき仕事とされていることが、西欧ばかりでなく南アメリカでも同じであるという観察から、南アメリカにおける土器作りの神話が読み解かれてゆく。

その神話には、太陽あるいは月の妻であったヨタカが逃げた夫を天に追って行き、地上に落下してその体が陶土になったというもの、陶土の主としての蛇が登場するもの、土器が天と水界の霊の戦いで争奪の対象とされているものなどがある。ヨタカはその貪欲さとやかましさが、神経質な配慮の必要な土器作りの技を象徴するかっこうの「動物素」となり、余りものを食べず排泄も少ないナマケモノ、意地汚く食べ排泄し散らすホエザルと対比されて、土器作りの神話がさまざまな動物神話と織り合わされてゆく。こうした動物素は摂食と排泄という身体のコードを基礎にして、身体の比喩としての土器と、器としての身体、というもうひとつの神話の主題につながり、神話そのものも南アメリカから北アメリカにまで研究の対象は広がってゆく。

考察の最後には、身体のコードがこうして神話にもすでに組み込まれているのを見るとき、人間精神の構造に身体のコードの果たす役割を考察したフロイトの業績は、けして新しいものでも独創的なものでもないし、性のコードを優先するのも誤りだと批判される。南北アメリカの比較がおこなわれ、フロイト批判が試みられている点でもこの比較的小さな本は『神話論』へのコンパクトな導入となる。

構造

レヴィ＝ストロースの構造の概念の直接の源泉は、トゥルベツコイおよびヤコブソンがプラハ言語学サークルを拠点に作り上げた構造言語学における音韻論の発想である。その最新の成果をニューヨークの自由高等研究院におけるヤコブソンの講義『音と意味についての六章』で聞いたことがたいへん大きな意味をもった、と語られている。その講義は漠然と思い描いていたことに明確な表現を与えてくれたのだとレヴィ＝ストロースは言う。

「構造」の観念が最初に徹底して検討された親族関係の領域では、それは、女性の授受という広い意味での交換行為が人間のどのような精神構造によって成り立つかという意味での「精神構造」、交換行為としての通婚関係がチチ、ハハ、コ、オジといった個人間関係をどう規制するかという「親族の原子」とよばれる「関係の束」、交換関係が集団のカテゴリー間の関係としてとらえられた社会全体の組織にどう影響するかという「社会構造」のレベルという、いくつかのレベルをつらぬいて作用する組織原理として考えられていた。

親族関係の問題が人間の作る固有の社会にある意味で閉ざされた領域だとすれば、『野生の思考』以後の「構造」は、人間が社会を考えるための思考のカテゴリーばかりでなく人間の思考が自然に触発されて生成する過程そのものを、神話研究をつうじて明らかにしようとして、より抽象度の高い定義を与えられる。「構造とは要素と要素間の関係からなる全体であって、この関係は一連の変形過程を通じて不変の特性を保持する」とされる。ここで言う関係は、とりわけ構造言語学が明らかにした、言語の基礎にある言語音を区別する「弁別特性」のように、感覚でとらえられる性質が形成する対立関係であり、「生のもの」と「火にかけたもの」といった対比に集約される。

構造主義

一九五八年に出版された『構造人類学』によって流行の発信地であるパリでは、「構造主義」という名詞は一挙に広がり、サルトルの主導する実存主義にかわる戦後の新しい思想として注目されることになった。日本で本格的に論じられるようになるのは、もう少し時間がたってからである。

新しいものへの過剰な期待も働いたのであろうが、サルトル的な主体の哲学とは一線を画す思想が一緒くたにされて「構造主義」と呼ばれたという一面もあった。すなわち人類学におけるレヴィ＝ストロース、精神分析におけるラカン、マルクス主義におけるアルチュセール、認識論におけるフーコー、文芸批評におけるバルトなどである。ただ主体の哲学への否定的な評価という共通性はやはり無視できない意味をもっていたことも確かだと思われる。ただ、それぞれの思想の探究の領域の違いを超えて共通の「構造」概念が描かれていたとは思えないことも否定できない。これらの「構造主義」の代表者と目された人々の個人的な関係や思想的な交渉は微妙な陰影のある興味深いものだが、その「構造主義」の全体像を描き出す試みはまだないように思われる。

ソシュールの言語学やプロップの民話の形態学から直接ヒントをえているとされるバルトの「記号論」は感性的なものの対比への鋭敏な感覚において、レヴィ＝ストロースの神話研究と共通するものがあるようにも見える。アルチュセールとフーコーの個人的な影響関係、アルチュセールのラカンへの高い評価、ラカンとレヴィ＝ストロースの一時期の親密なつきあいなど、彼ら相互の少しずつずれながら部分的に重なっている関係は、戦後のフランスの思想の意味を考え直す上でも興味深い。たとえばインディアンの神話的思考の基層を探究するレヴィ＝ストロースの方向と、近代西欧の人間科学のディスコースの基層をとらえようとしたフーコーの志向は、ある距離を置いて見れば思いのほか近いかも知れない。

神話

時間の流れを超えた「始まりの時」におこった出来事を語ることで、人間の生きるこの世界が、なぜ今あるようにしてあるのかを解き明かす物語。ただレヴィ=ストロースの神話論でとりあげられる南北アメリカの「神話」は、日本語では民話とかおとぎ話と呼ばれるようなものも多く含まれ、あからさまに下がかったような話さえも少なくない。日本の『古事記』『日本書紀』のように、何らかの意図で文字化され編集された神話というありかたは、いわゆる「無文字社会」の神話とは著しく異なっている。

レヴィ=ストロースはこうした神話の素材を、ボアズが中心となって広く、そして緻密なやりかたで採集し、テクストの校閲をおこなって蓄積したアメリカ・インディアンの膨大な神話群の資料集成に求め、それを読み解く方法のアイディアを構造言語学の方法論に求めた。地域ごと集団ごとに詳細ではあるが、相互に結びつけられることなくいわば無秩序に集積されていた神話誌の資料に、統一的な解釈の枠組みを見いだそう、というのがその研究の出発点であった。

そのために、神話は言語と同じくある普遍的な原理を内包するはずだということが前提される。その文法は、通常の言語の運用のさらにもう一つ上位のレベルにあることになる。いいかえれば一つ一つの文を基礎単位として、その文を連鎖させて作られたより上位の文のまとまりが神話であり、「神話素」と呼ばれる単位としての文の内容が、通常の言語における音素のように感性的な対立関係を形成して、時間の流れとは独立した体系を作るということが仮定される。たとえば「人は肉を焼いて食べる」という文と「ジャガーは肉を生で食べる」という文があるとすると、これらは対立関係にあるものとして体系をなす。これらの対立を逆転した「かつてはジャガーは火の支配者だった」と「人間は火を知らなかった」という対比からもうひとつの対立への移行を物語として語る時それが神話となる。

種操作媒体

『野生の思考』では人間の思考が自然の生命形態の多様性つまり自然種の豊かな差異によっていかに目覚めさせられ、複雑な思考のシステムを形成していったかという問題が検討されている。それは具体的には人類学的な調査報告によって明らかにされたさまざまな文化の例にもとづいて検討されているとはいえ、レヴィ＝ストロースはそうした例の向こう側に、人類史という長い時間の流れで見た時の、新石器時代の「文明の諸技術」つまり機織り、土器作り、動物の家畜化、植物の栽培化、金属加工などがいかにして創出されたかという問題への解答を見ようとしている。つまり具体的な感性的な特質に注目して、それに依拠して運用される人間の思考能力が、どのように蓄積され伝えられ、単に効率の追求だけに還元されない知の体系を作り出しえたのかという問いへの解答である。

効率を追求する近代の科学的な「飼いならされた思考」と対比された「野生の思考」は自然の種の多様性によって目覚めさせられ、種の多様性を思考の手段とするとレヴィ＝ストロースは考える。そうした思考の媒体として使われた「種」の観念を「種操作媒体」と呼ぶ。

動物素

神話の構成単位としての神話素が、とりわけ一つの動物種として成り立つ時「動物素」と呼ぶ。というのもレヴィ＝ストロースの神話分析によれば、動物の行動習慣上の特徴、形態や色彩上の特徴、分布上の特徴、人間との関係など、観察しうるすべての経験的なデータをさまざまに組み合わせて神話は著しい特徴をもった一定種の動物を、神話の素材として利用するという例が数多く見られるからである。そうした動物素は神話素そのものと同様、ひとつだけでは孤立した意味をもちえず、さまざまな対比の網の目によって相互に結びつけられ、神話における動物たちのロンド（円舞）を作り出す。

人類学的な「民族科学」の最近の研究が明らかにしたように、南北アメリカ・インディアンを含めて人類学の研究対象とされ「未開」とか「原始」とか形容されてきた人々は、きわめて細心でしかも熱心な自然観察家であることが多く、動物素として使われる動物の観察も、現代生物学の知識をもったナチュラリストが科学的に区別しうるレベルに匹敵する正確な種の区別に基づいていることも多い。ただそうして区別された種が思考の手段として活用される時には、われわれには直接理解しにくい「野生の思考」の文法にしたがって神話に組み込まれてゆくのである。

読書案内

以下に示す参考文献は、(1)レヴィ＝ストロースの著作で主要著書にはあげなかったが日本語訳があり大事だと思われるもの、(2)構造主義的な視点を独自の方向に展開していると思われる日本語で書かれたものにしぼってあげてある。またその他の邦訳文献・参考文献の表題をあげておいた。（　）内は原著の出版年。

(1)

『アスディワル武勲詩』西沢文昭訳・内堀基光解説、青土社、一九七四年（一九五八年）

神話分析の模範演技（解説の言葉）というように、アメリカ北西海岸のいくつかの民族集団における神話を天文学的コード、地理学的コード、社会学的コード、生態学的コードの重なりと、神話変換のなかでの対比の強弱といったレヴィ＝ストロースの神話分析の基本にしたがって分析してみせた論文。

『レヴィ＝ストロースとの対話』多田智満子訳、みすず書房、一九七〇年（一九六一年）

ラジオ放送としておこなわれたインタヴューを本にしたもの。そののちしばしばとりあげられることになる「熱い社会」と「冷たい社会」という対比が示されている。またレヴィ＝ストロースの絵画や音楽への見方がくわしくふれられている。

『はるかなる視線』1　2、三保元訳、みすず書房、一九八六・一九八八年（一九八三年）

おもに『神話論』以後の時期に書かれた論文を編集したもの。『構造人類学』『構造人類学2』につづいて「構造人類学3」ともいえる論集。とりわけ『人種と歴史』の姉妹篇としておこなわれた講演「人種と文化」はさまざまな議論を呼んだ。

『**遠近の回想**』竹内信夫訳、みすず書房、一九九一年（一九八八年）
若く鋭敏なジャーナリスト、ディディエ・エリボンを相手に八十年にわたる生活と研究の軌跡を回想し語ったもの。レヴィ＝ストロースの学問の個人史的背景を知るには不可欠の資料であるとともに、フランスの戦後思想史の読み物としてもたいへん面白い。本書も伝記的事実についてはこの対談に多くを負っている。

『**ブラジルへの郷愁**』川田順造訳、みすず書房、一九九五年（一九九五年）
一九三〇年代後半のブラジル滞在中に撮影した数多くの写真を厳選して編集した写真集。モノクロの画面に切り取られた当時のブラジルの都会、インディアンの住む森とサバンナの印象は鮮烈でレヴィ＝ストロースの写真家としての才能が発揮されている。ブラジルを離れてからはカメラをほとんど手にしなかったというのは驚きである。

神話論「生のものと火にかけたもの」序曲、大橋保夫訳、『みすず』一九九二年一、二月号（一九六四年）
翻訳の待たれる『神話論』の第一巻の長い「序曲」の訳。『神話論』全体の目的を簡潔に提示した前半と、神話研究がなぜ音楽の形式にしたがっておこなわれるか、著者はなぜ神話と音楽を親密な関係にあると見るのかを説明した後半からなる内容豊かな序論。

その他の邦訳文献

「**戦争と交易**」原毅彦訳『ＧＳ』冬樹社、一九八七年（一九四二年）

『**サンタクロースの秘密**』中沢新一訳著 せりか書房、一九九五年（一九五三年）

『**詩の記号学のために**』ヤーコブソン、レヴィ＝ストロース他 花輪光編訳、水声社、一九八五年（一九六二年他）

『**構造・神話・労働**――クロード・レヴィ＝ストロース日本講演集』大橋保夫編、みすず書房、一九七九年（一九七七年）

『**神話と意味**』大橋保夫訳、みすずライブラリー、一九九六年（一九七八年）

『**現代世界と人類学**』川田順造・渡辺公三訳、サイマル出版会、一九八八年（一九八六年）

上野千鶴子『**構造主義の冒険**』勁草書房、一九八五年

日本ではいち早く構造主義を先端的な思想の課題として受け取り、独自の問題提起へと展開しようとした著作。親族構造を女性の交換としてとらえるという視点に、フェミニズムからどうこたえるかという問いはまだ開かれたままだと思われる。

橋爪大三郎『**はじめての構造主義**』講談社現代新書、一九八八年

きわめて平易なスタイルで、本質をはずすことなく構造主義の基本問題を提示してくれる。同時に一九六〇年代のラディカル（徹底してものを考えようとするという意味で）な精神形成のありかたにとって構造主義がどのような意味をもっていたかということの証言と読むこともできる。数学的な構造概念から人類学への流れが分かりやすく説明されている。

小田亮『**構造主義のパラドクス**』勁草書房、一九八八年

日本の人類学者でレヴィ＝ストロースの構造主義（イギリス流の改訂を経たものでなく）と正面からとりくんでいる研究者は意外に少ないが、この本はその貴重な例の一つ。同じ著者による『構造人類学のフィールド』（世界思想社、一九九四年）とともに構造主義がどのように新鮮な問題提起をおこないうるかが探究されている。

池田清彦『**構造主義生物学とは何か**』海鳴社、一九八八年

レヴィ＝ストロースの構造主義にとって、自然科学（厳密な方法論によって定義される認識の方法という以上に、「自然」を対象とする学という意味で）は重要な意味をもち、とりわけ自然の生命の形態の多様性はその根幹にある主題である。したがって構造主義という形容を冠した生物学との対比は読者にとって興味深い課題となろう。

出口顕『**名前のアルケオロジー**』紀伊国屋書店、一九九五年

人類学をベースに、文芸批評の領域などまで視野に入れながら構造主義の可能性を探究している著者による『野生の思考』の主題の再検討。レヴィ＝ストロースの思想がいかに多くの誤解によって狭い視野にとじこめられてきたかをあきらかにしてくれる。

その他の参考文献

R・ローウィ『原始社会』河村只雄・河村望訳、未来社、一九七九年（一九二〇年）

J・ラカン『家族複合』宮本忠雄、関忠盛訳、哲学書房、一九八六年（一九三八年）

M・グラネ『古代中国における結婚のカテゴリーと近親関係』谷田孝之訳、渓水社、一九九三年（一九三九年）

S・デイヴィス『奇蹟の犠牲者たち』関西ラテンアメリカ研究会訳、現代企画室、一九八五年（一九七七年）

小林康夫「レヴィ=ストロースと《西欧》の啓示——『日没のノオト』を読む」『不可能なものへの権利』書肆風の薔薇、一九八九年

あとがき

一九六九年だったと思うが、誘われて『野生の思考』の読書会の末席に加わったことがあった。わたしを入れても八人ほどの小さな会だった。まだ翻訳はなく、フランス語も初歩だったわたしは、既修者の失笑をかいながら、この訳《わけ》の分からない難解な言葉の迷路をたどるのに、何となく晴れがましさのようなものも感じていた。

腑に落ちない感じは、見事な翻訳が出版され大半が氷解したが、核心の部分ではまだ残っていた。人類学研究科に進み、同僚などが明快な言葉で『野生の思考』の主題を解説するのを耳にして、なるほどと思いながらまだ解き切れないものがあった。

正直に言えば本書を書きおえた今も、『野生の思考』の理解には何か半端な感じがぬぐえず、無責任かもしれないが、第五章はとても読み辛いまま読者に対して投げ出してしまった感じがある。『野生の思考』までの経路は、自分なりに理解できたと断言できる。理解のために仮説をたて、レヴィ＝ストロースのさまざまな論文に当たって検証するという作業のなかで予想通りの思考の展開を確かめて一人悦に入るということも何度かあった。また『野生の思考』以後の神話論の展開も圧倒的な量と細部の緻密さは別として、基本的な主題ははっきりしていると思う。

『野生の思考』の主題は「社会とは何か」という問いが意味を失ってしまうような社会への視点を設立することだ、と仮に言ってみても自分で分かったとも思えない。そこでいう社会とは他人との関係とか日常の不如意とかのありふれた意味での社会をさしている。神話とは、人間の、社会についての洞察力が無効となる地平線の向こうに開けたイメージの世界だ、と言えば今度は余りにも自明の理のようでもある。いずれにせよ『野生の思考』はほとんど挑発にも近いしかたで社会についての現代の「科学的」な考察の無効を宣告しているようにも読める。あるいは『社会契約論』を消去したルソー主義？　もしこうした読み方が当たっているのならいわゆる社会科学の専門家からもっと激烈な批判が出てもいいようにも思える。少なくとも議論の起点として。

七〇年代以後の構造主義をとりまく知の動向は、レヴィ＝ストロースの思想に内包されたこの社会の不在もしくは消失に大きく方向づけられてきたのではないかとわたしは考えている。しかしそのことはまた別の場で問われるべきだろう。

専門家へ一言。「まえがき」に記したとおりレヴィ＝ストロースについての論評はほとんど参照されていない。したがってすでに指摘されていることをあたかもわたし独自の見解のようにして書いていると読める箇所があったとしてもその責めはわたしの無知に帰せられる。既存のレヴィ＝ストロース論の勉強は今後の課題としたい。

レヴィ＝ストロース自身の業績についてはClarke S. “The Foundation of Structuralism” 1981、巻末のビブリオによった。そこにあげられているもののほぼ九割は参照した。そこには記載のない七〇年代後半以降の文献表が付加されていると思われるHénaff, M. "Claude Lévi-Strauss" 1991はとうとう入手できなかった。したがって八〇年代以降の文献検索には不十分な点がある。

編集の宇田川眞人氏には最後の最後までご心配をおかけした。国立民族学博物館、中牧弘允教授および茨城大学、落合一泰教授にはいくつか資料をご教示いただいた。また多数の方々から有形無形の助力をいただかなかったらこの本は完成できなかった。感謝いたします。妻ひろみと長女の舞は難産につきあってくれた。ありがとう。最後にこの拙い試みを一読者からの感謝をこめたオマージュとしてレヴィ＝ストロース教授に捧げることをお許しいただきたい。

一九九六年三月五日

アビジャンにて　渡辺公三

野生の思考　32・165・176・192・208・213・216・218・219・221・223・224・225・230・231・232・235・238・274・319・324
『野生の思考』　32・35・42・104・125・134・157・165・170・172・175・176・179・192・202・203・204・206・213・214・215・218・221・222・223・224・225・227・228・233・235・236・239・248・253・303・305・314・318・319・321・323・327・329・330
「病いの起源」　249-250・267・268・286
山口昌男　302
優先的結合　66
抑圧　166

〔ラ　行〕

ラカン，ジャック　11・131・149・154・155・166・167・168・170・180・322・328
ラディン，ポール　188
ラング　181・182
リヴァーズ，ウィリアム・H・R　205・208
リヴィエール，ジャック　144
リクール，ポール　218
理性　94・95・309
リベイロ，D　28
料理の起源　241・242
料理の火　190・258
累積的歴史　141
ルイ=フィリップ王　42
ルソー，ジャン=ジャック　40・47・66・275・330
『ル・モンド』　26・27
ルロワ=グーラン，アンドレ　191
レイシズム（人種主義）　141
レイリス，ミシェル　144・180・313
『レヴィ=ストロースとの対話』　314・325
歴史　125・126・139・140・141・142・143・144・145・146・147・148・149・153・162・165・233・234・235・236・302・303・304・307・309・318
「歴史学と民族学」　135・162
歴史主義　316
歴史の主人公　148
歴史の主体　126・134・135・142・145・146
『レ・タン・モデルヌ』　→『現代』
レーニン，ウラジミール・I　45・83
ローウィ，ロバート・H　50・77・78・82・99・100・101・103・108・111・122・123・311・328
ロシア革命　45・83・94・302
ロートレアモン　14

〔ワ　行〕

ワグナー，ヴィルヘルム・R　41
ワバナキ族　293
ワロン，アンリ　155

ボーヴォワール，シモーヌ・ド　49・69・130
法人類学　173
胞族　66
亡命　62・82・86・132・171・312・313
亡命者　83
「北西海岸の芸術」　84・135・136
ポスト構造主義　11
ボードレール，シャルル　192・195・197・198
ポーニー族　180・186・187・189
ホーピ族　124・155
ポモルスカ（ヤコブソン夫人）　86
ボロロ族　28・53・54・55・56・58・63・64・65・66・68・69・73・75・78・79・82・108・141・174・175・204・239・243・244・249・250・251・253・259・260・262・263・265・267・271・281・282・285・286・295・300・311・315
「ボロロ・インディアンの社会組織研究への寄与」　55・67・312
ボロロ神話　69・244

〔マ　行〕

マオリ族　136・138
マトリックス（行列式）　182・183・189
マリノフスキー，ブロニスラウ・K　22・121・207
マリー・ボナパルト　46
マルクス，カール　47・66・162・311
マルクス主義　47・322
マンダン族　187
未開人　152・305
水の起源　241・259・263・265
『蜜から灰へ』　239・266・314
「南アメリカ・インディアンにおける戦争と交易」　72
「南アメリカにおける双分組織」　78
ミュリー，ジェームス　94
ミュンヘン蜂起　45
『視る・聴く・読む』　296・315
民族学　61・162
「民族学におけるアルカイスム（古代的なもの）の概念」　62・78・135・141
「民族学における構造の観念」　75・318
民族虐殺　27
『民話の形態学』　172
無意識　91・92・93・125・149・156・161・164・165・166・167・170・177
無文字社会　31・134・323
『無文字社会の歴史』　71
ムルンギン型　118
命名　211・212・221
命名体系　230
命名の論理　212
メトロー，アルフレッド　82・180・312
『メラネシア社会の歴史』　205
メルロ=ポンティ，モーリス　49・130・133・149・154・155・156・157・158・167・168・170・180・191・313・314
モーガン，ルイス・H　95・96・97・98・99・100・101・107・108・122・123
文字の発明　71
モース，マルセル　46・48・51・108・135・151・159・173・312・316
『モース論文集』　164
モドック族　291

〔ヤ　行〕

『やきもち焼きの土器つくり』　16・236・241・242・257・296・315・319
ヤコブソン，ローマン　14・44・45・62・63・82・83・85-90・91・92・93・95・96・102・104・109・121・131・136・149・152・153・154・158・159・160・165・175・182・189・192・193・194・196・197・198・199・208・257・302・309・314・316・321

認識人類学　216
「寝そべったディオゲネス」　313

〔ハ　行〕

ハイダ族　137
「ハコの儀礼」　187
『はじめての構造主義』　327
バタイユ，ジョルジュ　131
『裸の人』　41・174・204・231・238・240・242・287・288・290・291・294・295・296・305・307・314
母方交叉イトコ婚　115・117・119・120・121
バブーフ，グラックス　47・311
バラ模様型測量　248・251・270
『はるかなる視線』　297・315・325
バルト，ロラン　11・322
パロール　181
バンヴェニスト，エミール　149, 158・159・160・180・191
半族　109・117
ハント，ジョージ　94
ピアジェ，ジャン　150・152・153・155・156
ヒダッツァ族　124・187
ヒトラー，アドルフ　45
火の起源　241・253-255・261・266
ヒューロン族　52
フィールドワーク　22
フェーヴル，リュシアン　133・135・313
プエブロ・インディアン　138・180・184・189・258
フェミニズム　327
フォルマリスト　45
『不可能なものへの権利』　328
複合構造　105・121・133
フーコー，ミシェル　11・322
ブラジル　24・25・26・28・49・51・53・54・56・62・63・64・70・76・77・78・103・105・125・126・130・138・141・156・171・174・296・300・302・303・311・315
『ブラジルへの郷愁』　72・76・79・137・300・301・303・315・326
プラハ言語学サークル　321
フランス革命　47・148・170・233
ブリコラージュ　42・219
ブルトン，アンドレ　84・144・312
フレイザー，ジェイムズ・G　51・114・205
フレッシュ，フランシス・ラ　94
フロイト，ジークムント　46・47・91・122・123・124・150・153・161・163・165・166・167・170・184・202・206・209・257・301・311・320
フロイト主義　46
フロイト的無意識　92
フロイト批判　301・320
プロップ，ウラディーミル　172・322
文化相対主義　36・141・144・146
分割性　159
分割表現　136・138
文化の記号　68
文化的多様性　94・106
文化の退化　58・79・109
文明　23・25・28・29・58・302・303・324
平行イトコ　107・113・114・316
ペナン族　229
ペニスケース（陰茎鞘）　67・68・244・250・281
ベルリオーズ，エクトール　42
変換　179・181・183・186・189・191・226・252・259・262・268・281・286・293
『弁証法的理性批判』　148・203・233・314
弁別特性　88・89・90・91・92・105・257・321
ボアズ，フランツ　91・92・93・94・99・141・162・206・219・270・296・313・323

『知覚の現象学』 130
父方交叉イトコ婚 115・120・121
父殺し 170・206
「中部および南部ブラジルにおける社会構造」 224
治療儀礼 162
対の思考 136
通婚 73・105・106・109・110・111・112・113・115・116・117・118・119・120・166・205・274・290・318・321
冷たい社会 303・325
デイヴィス，シェルトン 328
停滞的歴史 141
提喩 194
ティンビラ族 253・255・258・259
『出口なし』 23
デュヴァーユ夫人 82
デュメジル，ジョルジュ 133・181・270
デュモン，ルイ 51・180
デューラー，アルブレヒト 13
デュルケーム，エミール 48・104・107
デリダ，ジャック 11・71
同一性 17・18・19・22・35・36・70・122・123・124・125・232・304・305・306・307・319
『同一性』 297・306
トゥガレ半族 251
トゥクナ族 271・272
トゥピ=カワヒブ族 52・60・63・64・312
トゥピ語 64・260
動物素 221・257・320・324
ドゥルーズ，ジル 11
トゥルベツコイ，ニコライ・S 86・87・321
トーテミズム 65・107・170・203・205・206・207・208・209・210・211・212・213・215・225・226・228・229
『トーテミズムと外婚制』 205
トーテミズム批判 203・205
トーテム 123・170・205・206・207・209・211・212・220・222・226・228
トーテム・クラン（氏族） 222・225
トーテム集団 123
トーテム動物 123
『トーテムとタブー』 122・123・124・165・166・170・202・206
トムソン，ダーシイ・N 313
鳥刺し 175・204・243・248・252・253・258・259・265・267・271・279-280・281・283・285・286・287・290・291・292・293・295
トリックスター 185
トリンギット・インディアン 92・136
トルストイ，レフ・N 275

〔ナ 行〕

ナチス 86・134・135
名づけ 213
名付け親 68
ナポレオン三世 42
『名前のアルケオロジー』 327
生のものと火にかけたもの 191・242・277
『生のものと火にかけたもの』 41・174・204・238・239・244・260・267・268・270・314・326
ナンビクワラ族 57・58・59・63・64・69・70・71・72・73・75・77・78・79・103・105・125・141・260・300・312・321
『ナンビクワラ――その家族・社会生活』 69・130
ニザン，ポール 51
虹 267
ニムエンダジュ，クルト 78・264・271・272
『ニューヨーク・タイムズ』 25・314
『人間（L'Homme)』 191・192・314

278・285・286・287・288・289・290・291・292・293・294・296・303・304・307・308・309・320・322・323・324・325・326・330
神話学　133・181・322
神話研究　55・164・172・174・175・176・179・180・181・182・214・218・224・236・286・288・294・301・318・321・322・326
神話素　182・183・185・195・221・257・272・283・289・323・324
神話的思考　218・240・268・294・319・322
「神話と意味」 315・326
「神話と儀礼」 178
「神話と儀礼の関係」 180
神話の研究　20
神話の構造　177・189・203・204・223・226
「神話の構造」 172・178・180・181・258・286・287
神話の変換　179・181・189・263
神話の論理　203・239
神話分析　55・174・182・195・196・324・325
神話論　35・36・199・223・228・318・319・323・329
『神話論』 20・22・23・24・28・32・41・43・55・69・94・126・127・171・172・174・175・176・178・190・192・202・204・218・220・230・231・238・239・241・242・270・287・290・294・296・297・303・309・319・320・325・326
スキディ・ポーニー族　94
スーステル，ジャック　51
ストラヴィンスキー，イゴール・F　41
ストロース，イザーク　41
精神分析　46・47・131・149・154・161・162・163・164・166・167・172・176・177・257・322
精神分裂　47
『生物のかたち』 313
生命形態の多様性　32・94・215・216・225・310・319
セイリッシュ族　289・290・296
世界の起源　22
戦争　72・73
「戦争と交易」 326
全体主義　30
善良な野蛮人　32
相互性　156
相対性原理　140
双分制　203・209
双分組織　66・72・77・78・100・108・109・111・112・136・250
「双分組織は実在するか」 224
双方交叉イトコ婚　115・117
贈与　108・110・113・149・151・159・178
『贈与論』 46・108・151・316
ソシュール，フェルディナン・ド　88・89・90・91・181・288・322

〔タ　行〕

第一次世界大戦　45
対偶婚　99
第二次世界大戦　63・133
対象としての歴史　139・141・143
他者　1・2・22・23・110・122・123・124・125・126・127・135・145・146・149・151・153・155・156・158・164・170・171・172・173・179・190・199・202・225・235・275・305
旅の神話　271
タマナク族　273
多様性　14・24・30・36・106・109・215・216・217・218・226・227・232
単婚　99
単婚家族　100
断念の共有　154

主体　11・76・91・125・126・134・142・145・146・148・149・153・165・170・171・222・234・238・304・305・306・307・309・322
主体の形成(生成)　149・156
主体の死　11
主体の哲学　322
首長　66・71・73・74・75・76・77
首長権　66・73・75
「出エジプト記をめぐる小喜劇」　68
種としての個体　35・36・233
種の詩学　216・217・218
種の消滅　31
種の多様性　35・216・219・226・232・233・238・319・324
シュールレアリスト　84・94・145・313
シュールレアリズム　14・83・144
小神話論　296
「象徴的効果」　162・163・176・177
象徴の体系　126・134・161・162・176・177・178・186
食卓作法の起源　29
『食卓作法の起源』　23・127・239・254・266・271・275・288・314
女性の交換　102・116・120・126・321・326
女性の授受　120・321
女性の贈与　120
人種差別　135
人種差別主義批判　139
人種主義　141
「人種と文化」　325
『人種と歴史』　62・126・134・135・139・141・143・144・173・217・303・304・307・313・318・325
新石器革命　71・142・217・238
新石器時代人　309
親族関係　12・16・36・43・92・95・96・97・99・101・102・103・104・105・106・110・111・112・114・120・121・122・123・124・125・126・134・146・153・161・178・179・183・189・203・205・208・214・224・225・232・286・301・309・316・318・321
親族構造　327
親族集団　97・101
『親族の基本構造』　36・43・46・62・69・73・78・95・96・103・104・105・106—109・116・120・122・125・126・127・128・130・131・132・134・136・149・154・158・161・165・166・170・179・196・202・203・214・223・232・235・275・297・313・316・317・318
親族(関係)の原子　112・113・166・316・321
『親族の複合構造』　104・317
親族名称　95・96・97・98・105
身体装飾　54・58
シンタ・ラルガ族　26
『新フランス評論』　144・313
人民戦線　48・56・302
人類学　1・16・19・22・29・41・46・50・51・53・55・56・66・101・108・115・122・124・125・131・132・141・144・146・149・162・164・165・171・173・176・191・202・205・206・211・214・217・224・305・317・318・323・324・327
神話　12・17・20・21・22・23・24・25・28・29・32・41・55・69・92・93・127・134・138・156・163・164・172・174・177・178・179・180・181・182・184・185・186・187・188・189・190・192・194・196・203・204・206・218・219・220・221・223・224・226・230・233・234・236・238・239・240・242・243・244・248・250・252・253・254・255・257・258・259・262・264・266・267・270・271・272・273・274・275・277・

コレージュ・ド・フランス　29・132・133・156・157・171・172・191・197・202・203・241・288・297・313・314・315・317
コロンブス，クリストファー　25・52・78
婚姻　73・75・121・166・268・273・274・277・290・320
婚姻関係　65・107
婚姻クラス　111・115・116・117・119・120・214
婚姻交換　111
婚姻制度　97・98・316
『根原の彼方へ（グラマトロジー）』　71
『今日のトーテミスム』　125・165・175・192・202・207・226・318・319
コンラッド，ジョセフ　317

〔サ　行〕

差異の体系　89
栽培化された思考　32・216・218
「栽培植物の起源」　259・290
サルトル，ジャン=ポール　23・48・49・130・146・148・153・156・170・203・217・233・234・305・308・314・318・322
サルトル批判　203・233
サンクレティズム（混融性）　153・155
『サンタクロースの秘密』　326
サンダンス　277
『サンパウロへの郷愁』　315
ジェ語(諸)族　77・78・204・253・254・261・264・265・268
シェレンテ族　259・260・261・262・263・264
自我　159
詩学　14・175・202
『詩学から言語学へ』　86
自己同一性　125
死者祭宴　66
自然から文化への移行　190・241・243・258・289
氏族（クラン）　65・66・69・75・111・112・113・117・119・122・123・124・206・207・214・225・226・231
実存主義　23・322
視点としての歴史　139・143
児童心理学　150・151・153・154
『詩の記号学のために』　326
自文化中心主義(エスノセントリズム)　146
姉妹交換　99・100・118
市民社会　171
社会科学高等研究院　133・134・180・184・191・203・204・313
『社会契約論』　330
社会主義　48・132
「社会組織および宗教表象における双分制」　104・203・224
社会党　47・56・311
シャトーブリアン，アルフォンス・ド　190
シャバンテ族　26
シャルボニエ，ジョルジュ　314
「シャルル・ボードレールの『猫たち』」　165・176・192・195・198・199
種　30・31・33・34・35・36・212・213・214・215・220・221・224・225・227・230・232・319・324
周期性の起源　274・275
宗教人類学　173・181
宗教表象　204
自由権　29・33
自由高等研究院　86・87・313・321
集団婚　99
「自由についての考察」　29
呪術　162・186
「呪術師とその呪術」　162・163・176・177・186
種操作媒体　215・216・219・220・223・224・225・226・227・228・229・231・323・324

クラン　→氏族
『クロイツェルソナタ』 275
クローバー，アルフレッド・L　99
クワキウトル　92・94・136・162・296
結婚制度　43・44
「ゲームの規則」 178
言語学　14・15・16・64・122・322
「言語学と詩学」 208
「言語学と人類学における構造分析」 95
言語的無意識　92・161・162・196・257
言語の象徴性　164
『原始社会』 50・100・311・328
原始乱婚　98
『現代』誌　130・144・156・313
現代数学　16
『現代世界と人類学』 326
限定交換　117・118
交易　72・73・75
交換　72・74・75・96・99・102・103・104・105・106・108・110・111・112・113・116・119・124・125・126・150・159・160・306・321
交換する主体　170
交換の体系　111・118・125・146・214・225
交換論　124・127・316
交叉イトコ　73・107・113・114・115・118・125・316
交叉イトコ婚　43・73・100・107・108・111・114・115・116・120・121・126・203・316
構造　10・11・12・13・14・17・22・50・62・75・76・77・79・83・85・94・102・105・106・110・112・114・116・119・120・152・153・156・161・172・173・177・178・179・181・182・187・191・196・202・203・204・214・218・219・222・223・226・272・296・301・308・312・316・318・321・322
構造言語学　14・16・83・85・86・88・90・94・95・103・109・114・120・149・170・172・174・302・316・321・323
構造主義　1・10・13・14・16・29・36・48・62・75・76・82・125・147・175・209・301・302・305・306・307・308・310・314・318・322・325・326・327・330
『構造主義生物学とは何か』 327
『構造主義のパラドクス』 327
『構造主義の冒険』 326
構造人類学　62・294・302
『構造人類学』 10・62・75・137・224・314・317・322・325
『構造人類学 2』 297・315・325
『構造人類学のフィールド』 327
『構造・神話・労働』 13・326
「構造と形態」 172
「構造と弁証法」 172・180・185・277
構造分析　14・16・96・192・197
『行動の構造』 130
合理性　306・307・308
五月革命　10・25・314・318
互酬性　74・108・110・111・149・150・151・154・156・158・178・209・214
『古代社会』 97・99
個体性　233・234
『古代中国における結婚のカテゴリーと近親関係』 83・312・328
コード　182・190・235・252・255・256・257・259・265・267・273・274・320・325
子供と「未開人」 150・151
コミュニケーション　102・103・122・123・124・143・154・159・179・204・225・308・310・316・318
ゴルドマン，リュシアン　180

エルンスト，マックス　14・84・313
『エロティシズム』　131
オイディプス神話　178・183・184
王殺し　170
「オウムとその巣」 244-247
『大山猫の物語』 236・242・288・289・296・315・319
オジブワ族　205・206・278
オセージ族　231
『遠近の回想』 12・18・40・315・326
『音と意味についての六章』 82・87・90・95・96・313・321
オフェンバック，ジャック　42
オマハ族　94・231
音韻論　90・94・121・321
『音韻論の原理』 86
音素　88・89・90・91・182・194
音素論　96

〔カ　行〕

外婚制　107・108・205・291
外部　23・308
カイヨワ，ロジェ　43・44・134・135・143・144・145・146・147・148・171・297・313・314
カインガング族　53・55
核家族　112・165・166
カースト　214・226
家族　33・123・124・165・166・167
家族形態　97
『家族複合』 155・166・167・328
カチン族　118・119
割礼　68
カデュヴェオ族　53・54・55・58・63・85・135・136・137・138・260・264・296・311
『悲しき熱帯』 26・46・47・48・50・51・53・57・58・59・60・63・65・70・76・77・84・105・132・134・145・146・173・198・234・239・300・313・314・317・318
「神にされたアウグストゥス」 76
カミュ，アルベール　130
仮面　136・138・296
『仮面の道』 85・236・296・314
カヤポ族　258・260
カリエラ型　116
カリエラ族　116
カリエラ体系　117
カリブ族　52
カロ=デュヴァーユ　42
川田順造　45・71・79・317
「間奏曲：霧と風」 288
換喩　194・208・215・230
記号論　322
基準神話　175・204・243・244・248・249・262・265・271・274・279・281・291・292・295
『奇蹟の犠牲者たち』 328
機能主義　207・212
基本家族　112・126
基本単位　102
共産党　45・47・156
器用仕事　→ブリコラージュ
鏡像段階　155
儀礼　134・164・177・180・185・186・187・206・209・219・277
『金枝篇』 50
近親相姦　→インセスト
近代主義　76
近代文明　23・28・29
供犠　206・208・209
具体の科学　318
グッゲンハイム，ペギー　84
クナ族　163・177
クラス　226
グラネ，マルセル　83・88・104・312・328
クラマス族　281・282・283・290・291・295

索　引

人名・書名・事項を一括して，50音順に配列した。『　』は書名，
「　」は論文・講演名を示す。

〔ア　行〕

アイザックス，スーザン　150
アイデンティティ　→同一性
アインシュタイン，アルバート　140
アウグストゥス　76・77
アカデミー・フランセーズ　12・43・44・147・171・297・314
「アジアとアメリカの芸術における図像表現の分割性」　85・135・136
『アスディワル武勲詩』　172・189・204・259・325
『与えられた言葉』　297・315
熱い社会　303・325
アピナイエ族　254・255・259・260・263
アボリジニー　43・78
アメリカ・インディアン　16・21・22・23・24・26・28・29・55・57・58・68・69・78・84・92・93・104・126・155・162・170・171・190・228・239・270・271・272・273・278・279・281・284・285・288・289・290・294・303・311・312・316・317・322・323・324・326
『アメリカ・インディアン言語のハンドブック』　91・93・313
「アメリカ動物寓話集」　257
アラパホ族　275・278
アルチュセール，ルイ　322
アンガジュマン　48・148
一般交換　118・119
一夫一婦制　74・122
イトコ　43・45・51・73・107・115・116・316
イトコ婚　72・75・118・120
異文化　36・152・153・213
入墨　136
イロクォイ族　52
印欧神話　270
インセスト（近親相姦）　102・103・107・184・251・252・268・281・285・286・291・293
インセストの禁止　99・100・102・103・106・107・108・111・115・122・131・154・166・206
インディアン　→アメリカ・インディアン
インディアン虐殺　25
インディアン芸術（美術）　84・94
インディアン神話　174・183・191
インディアン保護局（SPI）　25・27・28・53・314
インディオ　24・58
隠喩　194・208・209・215・230
ウィネバゴ族　188・189
「ウィネバゴの四つの神話」　172・181・188
ヴェイユ，アンドレ　116
ヴェイユ，シモーヌ　49
浮世絵　45・297
嬰児殺し　66
『エクリ』　168
エコール・ノルマル　132
『エスプリ』誌　218・235
エディプス・コンプレックス　124・167・184・301
『エミール』　275
エリボン，ディディエ　12・47・49・84・127・132・148・157・168・175・239・288・310・315・326
エルキン，A　207・212

著者略歴

渡辺公三（わたなべ　こうぞう）

一九四九年生まれ。東京大学大学院修士課程修了。専攻は文化人類学。国立音楽大学助教授を経て、現在立命館大学教授。主な論文に「同一性のアルケオロジー①②③」（国立音楽大学研究紀要）。著訳書に『病むことの文化』（共著　海鳴社）『やきもち焼きの土器つくり』（みすず書房）『個人主義論考』（共訳　言叢社）など。

現代思想の冒険者たち Select

レヴィ=ストロース——構造

二〇〇三年　六月一〇日　第一刷発行

著者——渡辺《わたなべ》公三《こうぞう》

発行者——野間佐和子

発行所——株式会社講談社

東京都文京区音羽二丁目一二—二一

〒一一二—八〇〇一

電話（編集部）〇三—三九四三—二六一二

（販売部）〇三—五三九五—三六二四

（業務部）〇三—五三九五—三六一五

印刷所——株式会社東京印書館

製本所——株式会社大進堂

ISBN 4-06-274352-3 Printed in Japan

定価はカバーに表示してあります。

落丁本・乱丁本は購入書店名を明記のうえ、小社書籍業務部あてにお送りください。送料小社負担にてお取り替えいたします。なお、この本についてのお問い合わせは、学芸局あてにお願いいたします。

N. D. C. 080　342p　20cm

現代思想の二重遭難者たち

作・いしいひさいち